REMINISCENCES *of*
A STOCK OPERATOR

股票大作手
|回忆录|

（超值畅销版）

［美］埃德文·拉斐尔（Edwin Lefèvre）◎著　　秦凤鸣◎译

人民邮电出版社
北　京

图书在版编目（CIP）数据

股票大作手回忆录：超值畅销版／（美）拉斐尔
（Lefevre，E.）著；秦凤鸣译.—北京：人民邮电出版
社，2014.4

ISBN 978-7-115-34914-9

Ⅰ.①股… Ⅱ.①拉… ②秦… Ⅲ.①股票投资—经
验—美国 Ⅳ.①F837.125

中国版本图书馆 CIP 数据核字（2014）第 036373 号

内 容 提 要

　　本书系由《华尔街日报》资深记者根据连续采访整理而成，以拉瑞·利文斯顿的第一人称撰写，记述了这位 20 世纪 20 年代华尔街的风云人物在股票交易方面的传奇经历和感悟，探讨了股票市场的本质、股票交易的原则以及参与各方的心理与策略。

　　出版 90 多年来，本书一直是金融从业人员以及股市参与者必读的经典作品之一。

　　◆ 著　　[美] 埃德文·拉斐尔（Edwin Lefèvre）

　　　　译　　秦凤鸣

　　　　责任编辑　王飞龙

　　　　责任印制　杨林杰

　　◆ 人民邮电出版社出版发行　　北京市丰台区成寿寺路 11 号

　　　　邮编 100164　电子邮件 315@ptpress.com.cn

　　　　网址 http://www.ptpress.com.cn

　　　　北京市艺辉印刷有限公司印刷

　　◆ 开本：720×960　1/16

　　　　印张：18.5　　　　　　　　2014 年 4 月第 1 版

　　　　字数：240 千字　　　　　　2025 年 10 月北京第 64 次印刷

定 价：49.00 元

读者服务热线：(010) 81055656　印装质量热线：(010) 81055316

反盗版热线：(010) 81055315

中文版前言

　　这本书是以第一人称叙事的方式写作的，如同大作手本人正在与你促膝交谈，将他经历的每一个惊心动魄的瞬间和感受向你倾吐，不时自然地爆出一些会在你脑海中萦绕日久的人生格言和交易警句。尽管故事很长，但是你绝对会有听下去的欲望，即使是本能地抗拒以股票投机谋生的局外人也会为其引人入胜的故事情节和杰西·利弗莫尔叱咤股市的雄才大略所深深吸引，更不必说那些职业或业余投身于股市交易的芸芸众生，无论你是职业操盘手还是经纪人，是基金经理人还是内部人士，是贴士传播者还是普通公众中的一员，都有可能从不同的角度得到某些启迪，或者领略某种境界。

　　本书剖析了一位著名股票操盘手的内心世界和交易生涯的不同侧面。

　　首先，杰西·利弗莫尔，或者作者笔下的拉瑞·利文斯顿有着坚韧不拔的性情。在他的眼中，股市是投机者的乐园。他在几十年的股票交易中曾大获全胜，也曾折戟沉沙，然而，无论处于何种境地，哪怕身无分文，哪怕债务缠身，他都能做到百折不挠、另辟蹊径、东山再起。

　　书中刻画了一位操盘手的勤勉、智慧与悟性。的确，杰西·利弗莫尔在股票市场这样一个舞台上总是有一种如鱼得水的感觉，无论是少年时小试牛刀，还是年轻时的大额操作，他常常游刃有余，似乎他就是为投机而生。然而，透过主人公的自述，我们分明看到了一个勤奋好学、不断进取的交易者。如果说他的成功或多或少得益于他的数字记忆和对纸带行情的敏感，那么，观察与经验以及对人性的理解和抵御诱惑等品质绝非是天赋所能解释的。无论是谁，对贪婪与恐惧都不具有天生的免疫力。此外，如果像有些人所杜撰的那样凭预感这只黑猫取胜的话，那么，他何以会有大起大落、滴汰出局的惨败经历呢？说到预感，虽然当时并不清楚具体的理由，但其实是他从职业化的角度，在多年的实践中对事物的思考、观察以及积累而萌发的一种感觉。

在交易中学习交易，观察、经历、记忆以及数学能力都是成功的交易者所必须具备的。"他必须自己提出问题，用自己的眼睛而不是用别人的眼睛来观察问题。他不仅要准确地观察，还要在任何时间记住所观察到的全部内容。"杰西·利弗莫尔反复强调的是，一个成功的交易者必须研究基本的市场条件，捕捉能够影响股市方向变化的因素，预测未来事件发生的可能性。真正的投机者绝不会盲目赌博或者只在乎驾驭这种游戏的技巧，而是通过精心的研究和深思熟虑来获取成功。在多年饱受缺乏经验、年少无知和资金不足之苦后，利弗莫尔对投机交易的态度有了根本的转变，并尝试用新的钥匙打开市场大门上的另一把锁——时机之锁！

其次，杰西·利弗莫尔更看重错误和失败的警示。

错误和挫折引领利弗莫尔进入了股票投机游戏更广阔的天地。他总是在亏损的经历中积累经验，积攒另一种财富。在穷困潦倒、身无分文的时刻，他不认为他的失败是彻底的失败，确信自己还有其他的机会，对于决不重犯同样的错误这一点，他充满自信。读者将感受到，正是他的错误和失败，尤其是他对错误的态度和失败的分析构成了他精彩的人生和这部传记最具价值的部分，诚如他在自述中所说的，"如果世间都是寻常事，那么人与人之间就没有区别，生活就会变得很乏味。这种游戏就变成简单地加加减减，那我们这些人也只是像记账员一样郁闷地忙着记录数字。"正是因为有那些跌宕起伏，才构成五彩缤纷的生活画面，才鼓励了人们对生活的渴望。"如果一个人不犯错误，用不了一个月就可以拥有整个世界，但是如果他不能从错误中取得真经，则会一无所获。"

在杰西·利弗莫尔看来，失败令人刻骨铭心，只会刺激和加速学习的过程，破产本身就是最有效的教育方式——尽管有时学费过高。事情往往就是这样，从失败中所能学到的并不亚于成功之时，而且，没有什么比丧失在世间拥有的一切更能教导一个人怎样奋起。懂得游戏的真谛并明白为达到既定目标应有所为和有所不为的道理，这才是学习的开始。虽然一个人的无知算不上是错误，但是，很多的错误及其重复的错误却是源自无知，所以，学习是一个长期的过程。

第三，杰西·利弗莫尔透过自己的交易生涯，精辟地分析了人性的弱点。

人之所以会犯错误甚至重复错误，乃是人类的本性所致，比如轻信与贪婪。人们常常倾向于让他们感到愉悦的东西。人类的恐惧与希望是永恒的，研究投机者的心理因素在任何时候都具有重要的价值。书中引用了托马斯·F·伍德洛克对股市所做的最精辟的总结："股票投机成功的原则是建立在一个假设基础之上，那就是，人们在将来会继续重复过去的错误。"在华尔街，重复不断地上演着繁荣与恐慌的历史。游戏规则不变，人类的本性犹在。所以，今天的股市投机者与历史上的股市投机者如出一辙，几乎看不出任何区别。这就是为什么这位股票大作手要反复强调，投机者最主要的敌人总是由投机者自身而生。希望和恐惧均是与生俱来的天性，不可能将它们分割。"成功的交易者必须与这两种根深蒂固的本能作战。他必须与被称为自然冲动的情绪逆向而行。在自然冲动显示为希望时，必须有恐惧心；反之，在自然冲动为恐惧时，必须怀有憧憬与希望。他必须担忧他的损失是否会酿成更大的亏损。"在实际操作中，交易者最需要严加防范的是自己，正确的交易方式需要动用两种力量，这就是基本的市场条件和自己的对立面即错误的一方。

第四，杰西·利弗莫尔在股市上喜欢单枪匹马玩一个人的游戏。

从家乡的对价商号到华尔街的经纪公司，杰西·利弗莫尔一向是天马行空独往独来，这就是他的性格和处事方式。他坦承这是他发挥才干的一种方式，要依据自己的所见所想来做交易。不过，他将影响股市的基本条件作为他交易生命中最强大和最可信赖的同盟军。这是他将股市拟人化的延伸，读者时常可以感觉到这一点，比如，他对市场的心理与行为的描绘，他对市场的力量和运动以及市场的最低阻力线的感知等。

　　利弗莫尔对自己选择独立交易的解释是，无论对错与亏盈，他都可以自己忍受和自我承担，避免意外的烦恼。此外，还有另一个原因，独立交易是最明智并且成本最低的方式。他只想利用自己的头脑和其他交易者的头脑公平竞争，与竞争对手既无需见面，也无需交谈，更不会贩卖自己的观点或者将自己的观点作为资本。如此，赢输都适得其所。他总是对贴士和流言飞语敬而远之，而且可以完全超越对投机的偏见。

　　第五，杰西·利弗莫尔崇尚诚实而公平的交易，对以欺诈与蒙骗、巧取豪夺的行为及手段深恶痛绝。

　　由于杰西·利弗莫尔的成功及其对华尔街的影响力，他被指责为很多股票行情崩跌的始作俑者。对此，他常常会觉得百口莫辩，心中积郁。人们只关注他的成功与财富，却对他的观点置之不理。他认为诚实是最佳的交易策略。大笔盈利的机会来自公正的交易而不是靠赖账或者欺诈。但是，如果由于尊崇信守承诺的理念而沦为欺诈的牺牲品，那将是难以忍受的。对骗子信守承诺只能助纣为虐，达不到公平交易的目的。他从不认为股市交易是倾轧与竞赛，也从没有与某个人或某个投资群体争执。至多是和朋友或者对手对市场基本条件的看法有分歧，仅此而已。生意场并非人类之间的争斗，而仅仅是对行情洞察力的相互检验。他按规则做交易，也以真诚与善意待人。他坚持以恩报恩的交友原则，因为"人情和善意也只能用善意来偿还"，尽管他曾为这种道义之交付出了惨重的代价。

　　杰西·利弗莫尔对身外之物有一种超然的态度。"金钱并不会给交易者带来更多的愉悦，原因在于，不论是贫穷还是富有，人总是会犯错误，而犯错误本身是一件令人沮丧的事情。当一个百万富翁交易正确之时，金钱不过是他的一群奴仆之一。"从他的叙述中可以看出，他更享受交易的过程，用实际交易检验他判断的正确性和盈利同样重要，因为一旦测试正确，结果便是盈利，此时，利润只是正确的代名词而已。当然，身无分文时首先必须设法生存，既无法享受生活也没有资金来检验对市场的判断正确与否。在利弗莫尔的眼中，亏损所带给他的烦恼是所有烦恼中最无足轻重的。

他所感受的最大的伤害是损失了理想的市场时机。因为，机会常常是转瞬即逝，一去不返。他可以忍受没有游艇的日子，但真正的煎熬是市场行情不佳，没有给他卷土重来的机会。

从杰西·利弗莫尔的时代至今，历史已经翻过了厚重的一页。华尔街几度遭受重创，千疮百孔，然而，正如杰西·利弗莫尔所预见的："股票投机这个行业永远都不会消亡。人们并不希望看到它的消亡。无论如何警示它的风险也不可能制止投机。"

当我们一起跟随杰西·利弗莫尔回首往事，漫步华尔街，再观察一下他身后所发生的变化，我们看到，股票交易所、交易规则、商业习俗等，都在发生着变化。华尔街 20 世纪初最大的神话似乎渐渐从人们的视野中淡出。然而，市场的本质与人类的天性依然如故。杰西·利弗莫尔所阐述的股票投机思想仍然适用于今天的市场。

据说杰西·利弗莫尔在 20 世纪 30 年代的大萧条中因做空而获利 1 亿美元，这是毫不足怪的，以他对市场基本条件的敏感和独到的分析，这应该是很自然的事情。他首先是一个交易者，而且作为一个交易者，他几乎是完美的。不幸的是，他最终在几年之后饮弹自尽。我们无从得知他在大萧条及此后的交易生涯中的一些具体细节。但至少从某种角度上依然可以证明他的正确——"没有任何人可以赢得整个股票市场！"他的这句话不幸而应验于自身。美国社会崇尚的是自由竞争和机会均等，尤其是在华尔街，一夜暴富或沦落街头的大起大落的结局对任何人都是不足为奇的。从利弗莫尔的自述中，他的心态已相当健全，从豪赌少年到大作手，从百万富翁到一文不名，他对金钱与世事的超然似乎不至于导致这样的结局，然而，他最终还是无法战胜整个市场，也无法摆脱人类的某些天性——来自自身的或来自他人的。枪打出头鸟，面对周遭的猜忌和攻击，他心中的积郁和沉默寡言，他那种天马行空独往独来的性格和过于专注以及偏执的生活，或许还有面对交易规则变化所表现的无奈，都可能是他沉沦的导火索。毕竟，他是人而不是神。这种结局在华尔街是寻常事，人们对他的离云唯有一声叹息。这也许是华尔街都市风景中最残酷的一面。

　　原著内容共分为24章，每一章都将时代特征与逻辑的主题融会贯通，因而译者为每章加入了一个标题，标题的选择是在翻译过程中自然跳入译者脑海之中的，不带有任何刻意的成分，这要感谢主人公拉瑞·利文斯顿或者杰西·利弗莫尔严密的逻辑头脑和生动的叙述，或者要归功于作家埃德文·拉斐尔挥洒自如的妙笔。总之，透过这些激扬飞舞的文字，我们可以共同分享一幅五彩斑斓的画卷。

秦凤鸣

Reminiscences of
a Stock
Operator 目录

1

第一桶金

初中刚毕业我就外出打工了。我在一家股票经纪行的营业部找到了一份工作，在股票行情板上抄写数据。算术是我的强项。在学校读书的时候，我只用了一年时间就学完了三年的数学课程。我最擅长的是心算。作为一个抄写行情的小男孩，我在客户们的营业间穿梭往来，在他们的大黑板上登记着有关行情的数据。通常会有一位客户坐在自动报价机旁边，不停地喊叫着价格。无论他喊的有多快，我总能将这些数字烂熟于心，从不会出错。

这家营业部还有许多雇员，我很快就和他们混熟了，交上了朋友。不过，我的活儿太多，只要市场交易活跃，我就得从上午 10 点一直忙到下午 3 点，难得有空闲和我的同事们聊天。好在，我并不介意股市营业期间忙一些。

无论忙得多么不可开交，我总是不由自主地盯着我抄写的这些行情数据，脑海里不停地在翻腾着这些数字。对我而言，那些报价并不代表股票的价格，或每股值多少钱，我在意的是这些数字本身。当然，这些数字别有意味。它们总在变来变去，这正是我的兴趣所在——数字的变动。至于这种变化的原因，我不懂，也不在乎。我并不想深究，只是看着它们在变。平时每天的 5 个小时加上周六的 2 个小时，需要我来操心的仅仅是这件事：行情在永无休止地变化。

这就是最初激起我对价格行为感兴趣的缘由。我对数字的记忆非同寻常，如果股票的行情出现了上涨或下跌，我可以清楚地记得此前各只股票价格变动的每一个细节。心算的特长让我得心应手。

我注意到，无论行情上涨还是下跌，股价都会显现出一定的特征，也

1

可以说是某种习性。相似的情形无休无止地出现，这对我的未来有所启迪。年仅 14 岁的我，在观察了成百上千的行情之余，脑子里已经在不知不觉地比较着每只股票在两个交易日内的价格行为，计算和检验着这些数字的准确度。随即便开始预期价格的变动。我说过，唯一能引导我预期的是我对这些股票以往行情变化的记忆。我心里揣着一纸"赛马简报"。我期待着股价朝某种趋势变动，就像我在卡着秒表，你懂我的意思。

例如，你可以看出在什么时候买进要比卖出更有利，哪怕只是一点儿。股市如战场，纸带①便是你的望远镜，十有八九都不会出错。

早年的经历让我觉得，华尔街那一套不过是老生常谈。投机本是人类天性。无论今天的股市何等瞬息万变，其实都是在上演着昨天的故事——我始终记得这一点。我自认可凭记忆掌握股市行情的行踪。事实上，我的这种记忆天分也的确造就了我此后投资生涯中的辉煌。

渐渐地，我越来越喜欢上了我的这些游戏。我有一个小本子，用来将我观察到的股市行情记录在册，然后急切地期待着所有这些活跃的股票价格上涨或者下跌。很多人喜欢在小本子上记下价格权作虚构交易，赔赚都无关痛痒，既不会因数百万美元的虚构进项而趾高气扬，也不会因巨额亏损而荡尽家财。我所做的则完全不同，我只是记下我判断得正确或失误的数字，以此推断随后可能出现的价格变化。我最感兴趣的事情是验证我观测的准确性，换句话说，我要看我的判断是否准确无误。

假如我研究了某只活跃的股票在当天的每一次波动，我可以推论，其价格行为将一如既往，而后突破 8 个点或 10 个点，那么，我就会在周一迅即记下这只股票和它的价位，根据对这只股票以往表现的记忆写下它在周二和周三应该出现的价位，在实际交易发生后查看纸带上的真实记录，从而确认我的判断。

这就是最初我何以会对纸带上的记录感兴趣的起因。价格的波动首先是和我脑海中所记忆的这只股票价格升降的数字相联系。当然，股价的波动总有这样或那样的原因，但是纸带记录本身并不关心这种变化的因果，

---

① 纸带是指股票行情自动收录器所用的纸条。

也不会给出任何的解释。我在 14 岁的时候从没有试图在纸带上探究原因，到了 40 岁的年纪，我依然不会这样做。因为，造成今天的某只股票价格波动的原因，人们在几天、几周甚至数月前都一无所知。那么，追踪这些魔鬼又有什么意义呢？

对原因可以置之不理。但是，你必须立即行动，否则就会被市场淘汰。我一次又一次地看着这一幕在股市上不断地上演。

你可能会记得，有一天，就在大市急剧上扬之时，霍洛管道公司的股票却下降了 3 个点。这就是事实。

在接下去的星期一，你读到一则消息，董事会通过了分红方案。这就是原因。

他们对自己下一步的计划心知肚明，即使他们不打算卖出自己的股票，至少他们不会买进。既然没有内部人买进，股价下滑就顺理成章了。

回头再来说说我记录了大约 6 个月的行情手册。每天在营业部忙完之后，我并不急于下班回家，而是赶着记下我所需要的数字，观察着它们的变化，总在不停地寻找着价格行为的重复或相似之处——学着去读那些记录行情的纸带，尽管我当时并没有清楚地意识到我在做什么。

直到有一天，我正在吃午饭，营业部一位比我年长的男孩儿来找我，悄悄地问我有没有带钱。

"干嘛问这事儿?"我说。

"是这样，有一条关于伯灵顿的好消息，想找个人合伙儿玩一票"。他回答。

"玩一票，什么意思?"我诧异道，在我看来，那些玩家或能玩得起的客户都是一些敢赌能赢的富翁，因为要花上成百甚至上千美元才能进得去这个游戏圈儿。这就像一个阔佬儿拥有自己的私人马车，再配上一个带丝绒帽的马车夫。

"就这意思，怎么样? 玩一把!"他说，"你有多少钱?"

"那你需要多少?"

"嗯，我可以交易 5 股，5 美元下单。"

"你打算怎么玩?"

　　"我要找一家对价商号②买进所有的伯灵顿，能买多少就买多少，就用这笔钱做保证金。"他说，"这事儿铁定能赚钱，跟白捡的一样，看着吧，一会儿咱们的本钱就能翻番儿。"

　　"你先等会儿，"我对他说着，掏出我的赛马简报小手册。

　　我并不介意我的钱能不能翻番，但是，他说伯灵顿公司股票的价格要上涨。如果他此言不虚，那我小册上的记录应当有所显示才对。我翻看着，果然，根据我的数据，伯灵顿公司股票的市场行为正像先前所预示的那样，在上行之前表现得一如既往。在我14岁的人生经历中，我还从没有买过或卖过任何东西，也从未想过和我的同伴一起赌过什么。在这一刻，我唯一想做的就是，趁此大好机会来验证我的努力和我的嗜好到底是不是准确。我突然想到，假如我的赛马报表在实践中行不通，那么说得再好听也不会有人对此感兴趣。于是，我倾囊而出，他带着我们俩一起凑的这笔钱去了附近的一家对价商号，买了一些伯灵顿公司的股票，两天后卖出兑现，我赚了3.12美元。

　　小试牛刀之后，我就开始用自己的赌本在这家对价商号做投机生意。我在午餐时间里买进或卖出，日复一日地买与卖，每天带给我的感觉别无二致。我按照自己的一套规则来做，不会对那只股票特别青睐或者求助于什么理论。我所了解的全部就是行情所显示的数据。事实上，我按这套规则在对价商号里玩股票可谓畅通无阻，因为这里的交易者所需要做的一切，就是按报价机打印的纸带上所显示的行情波动下注。

　　不久，我在对价商号里赚的钱远远超过了我在股票经纪公司营业部做行情抄写员的报酬。于是，我放弃了这份工作。亲友们不赞成我这么做，但是，他们看到我赚到的钱就不再多说什么了。我不过是一个男孩儿，一个在营业部抄写行情的男孩儿拿不了多少薪水，而我的投机生意倒做得不错。

　　15岁时，我赚到有生以来的第一桶金——1000美元，除了平时我带回去贴补家用的之外，这是我在对价商号里几个月交易所得到的全部。我将

---

② 对价商号（bucket shop）是指非正规的股票经纪行，是股票经纪公司的雏形，更接近于赌场，只不过赌的是股票。

这笔钱放到我母亲的面前，她的脸上多少有些不快，她让我把钱存到储蓄银行，以免放到手边容易受到诱惑。母亲说，她从来没听说过一个 15 岁的孩子白手起家竟然能赚这么多的钱。她甚至不敢相信这些钱是真的。她常常担心，变得烦躁不安。而我唯一关心的是如何继续求证我对行情推算的准确性。这是我全部的乐趣所在——运用你的头脑来保持一贯的正确。如果我做 10 股的交易来验证我的推断，证明我是对的，那么，我用 100 股的交易再来验证，我就是 10 倍的正确。这就是持有更多的保证金对于我的全部意义所在——重点在于证明我的正确。

是要从中获取更多的勇气？不！当然不是！如果我只有 10 美元就敢于全部拿来冒险，那么，拿 100 万美元来冒险并不需要太多的勇气，只要我在银行里另有 100 万美元的存款。

总之，15 岁的我在股票市场的游戏中自得其乐，生活得很舒服。我是从小对价商号的交易起家的，在这样的商号里，如果有人一次交易 20 股，就会被怀疑是约翰·W·盖茨乔装打扮或 J. P·摩根隐姓埋名在做交易。那时候的商号很少拒绝前来交易的客户，他们也没有必要这么做。他们有很多高招，足以掏空客户的腰包，即使客户押对了宝也无济于事。这些对价商号利润丰厚得令人吃惊。如果这些商号照章行事——我的意思是只要这些商号不做手脚——仅仅靠行情的波动就足以维持它们的小本经营。如果要吞蚀客户的保证金，只要一个点的 3/4 就够了③，也不会激起太大的反响。被欺诈者没有任何机会再卷土重来，也不可能再参与任何交易。

我对自己的交易秘诀秘而不宣，也没有什么人跟我的风。无论如何，这是我一个人的买卖，是我自己的头脑，难道不是吗？价格要么按我猜测的那样一路走下去，无需任何朋友或合伙人来指指点点，要么向相反的方向变动，没有人能够阻止这种变动，即使是出自对我的善意。我看不出有什么必要和别人谈我的生意。当然，我有很多朋友，但是，我的买卖从来都是一成不变的——就是一个人的游戏。这也是为什么我总是在股市上单枪匹马的原因。

---

③　每点（point）为 100 美分。

　　事实上，没过多久，这些对价商号就感觉到我对他们的杀伤力，他们对我恼火了。我走进这些商号，将我的保证金摊开在他们的面前，他们只是盯着这些钱却纹丝不动，也没有要收钱的意思。他们告诉我，这里没有什么事可做了。从此以后，他们就给了我一个诨号——"少年豪赌客"。我不得不一天到晚地和各个经纪公司周旋，从一家商号跑到另一家商号，甚至不得不隐姓埋名。我还得佯装是新手，只从小额交易开始，每次只能交易 15~20 股。当他们对我起疑心的时候，我故意先输些钱，然后瞅准机会再赚回来。当然，他们很快就察觉我非等闲之辈，叫我带着我的生意一起消失，爱上哪儿上哪儿，只要不妨碍他们老板赚钱分红就可以。

　　有一次，我在一家大的对价商号做了几个月的生意之后，他们要赶我走，我打定主意，走前要再赚它一笔。这家商号的分号遍布全城，很多饭店的大厅和近郊也都有他们的交易柜台。我走进一家饭店的柜台，问了经理几个问题，最终开始交易。可是，当我刚刚开始用自己的特殊方法对一个活跃的股票下单时，这个经理就接到了来自上司的电话，询问是谁在做这笔交易。经理告诉我，他们正在打听我，我告诉他我的名字是爱德华·鲁宾森，来自剑桥。他喜形于色地将这个好消息打电话报告给他的老板。但是电话那头想知道我长得什么样。经理问我的时候，我这样告诉他："你就说我长得又矮又胖，黑头发，满脸胡子拉碴的。"但是经理还是如实说了我的模样，接着，他听着电话，涨红了脸，他挂了电话，让我快滚。

　　"他们对你说什么了？"我有礼貌地问他。

　　"他们说，'你这个不动脑的白痴，难道没有告诉你，不要跟拉瑞·利文斯顿做生意吗？你还故意放他进来卷走我们 700 美元！'"至于他的上司还对他说了什么，他没有告诉我。

　　我挨个跑到这家商号的其他分号，可是他们现在都知道有我这么个人，每家分号都不肯收我的保证金，好像跟钱结了仇。甚至我想走近柜台看一眼报价，那些办事员也对我恶语相向。我试着每隔一段时间轮流去各个分号转一转，找些交易的机会，免得他们认出我来。但还是无法奏效。

　　最后，我只剩下一个选择，就是去势力最大的经纪行——大都会股票经纪公司。

　　大都会股票经纪公司在这一行排名老 A，生意庞大兴隆。在新英格兰的每一座靠制造业发达的城市都有它的分号。他们马上接下了我的交易单，几个月的股票买卖我有赔有赚，但最终，这家公司和其他商号也没有什么两样。他们并没有像其他小商号那样直截了当地拒绝我在这里买卖。不，他们当然不是出自职业操守，而是因为他们清楚地知道，如果他们因为哪个同道赚点小钱就拒绝交易，这个消息透露出去，将会影响到他们的声誉。但是，他们接下来使出的花招比小商号更狠——他们强制我缴纳 3 个点的保证金，还迫使我支付追加保证金，一开始只是 0.5 个点，后来变成 1 个点，最终加到 1.5 个点。这分明是绑架，是的！他们是怎么做到的？太容易了！假设你在 90 点买进钢铁股份，那么通常你的成交单上就会这么写："$90^1/_8$ 买进 10 钢铁。"如果你缴纳 1 个点的保证金，这就意味着，当价格突破 $89^1/_4$ 时，你竟会被自动清盘淘汰。在对价商号里，他们不会强求客户追加保证金，也没有必要明示经纪人做出这样痛苦的选择——卖掉所持有的全部股票。

　　但是，大都会逼我交付保证金是一种卑劣的手段。这意味着，如果我在 90 美元的价位买进时，我的单子上写的不是 "$90^1/_8$ 买进 10 钢铁，"而是 "$91^1/_8$ 买进 10 钢铁。"怎么回事，原来，在我买进这只股票后，如果价格上涨了 $1^1/_4$ 个点，只要我平仓，就一定会赔钱。而且，只要我按他们的要求做，就是说，在开盘时缴纳 3 个点的保证金，我的交易量将减少三分之二。即使如此，这家商号毕竟是唯一肯接受我买卖股票的经纪行，我不得不接受他们的苛刻条件，否则就得退出交易，别无选择。

　　当然，我在这里的交易也是有赔有赚，二者相抵，我还是赚了钱。然而，大都会经纪行对我还是不能善罢甘休，尽管他们对我这种明目张胆的勒索足以打垮任何人。他们设法欺骗我，我没有上当，凭我的直觉而得以幸免。

　　就像我说过的，大都会经纪行是我最后的机会，是新英格兰地区最富有的商号，他们通常不限制交易量。我想我是这家商行有史以来交易额最大的个人客户——就是说，在每天做着稳定交易的客户中，我是首屈一指的。他们拥有精致的营业间，有我从未见过的最大的报价板，提供的行情也是最全面的。这个报价板占满了营业厅的整整一面墙，只要你能想象到的股票品种都有报价，我的意思是，所有在纽约和波士顿股票交易所交易的股票，以及棉花、小麦、粮食和金属——所有这些在纽约、芝加哥、波士顿和利物浦交易所买卖的品种，这里都有报价。

你知道这些股票是如何在经纪行进行交易的。你付钱给一个柜员，告诉他要买进或卖出的股票品种。他查看一下报价纸带或者报价板上的行情，记下价格——当然是最新的报价。他还要在单子上记下时间，如此这般，这张单子看上去几乎就像正规经纪商的交易报告——上面写的是，他们在这个交易所某天某时某分接受了你多少金额，就某只股票以什么样的成交价买进或卖出了多少股。如果你要求平仓，你也可以去找柜员——同一个或另外一个，这取决于各个商号的规则——告诉他你要平仓。他写下最新的报价，如果这只股票不活跃，他会等待报价纸带上出现的下一个报价。柜员在你的单子上写下报价和成交时间，签字确认后将交易单交还给你，你可以凭成交单去找出纳结算，得到应付给你的款项。当然，当市场对你不利，价格的走势超出了你的保证金所设定的限度，你的交易便会自动终结，你的交易单就成了一纸空文。

级别较低的对价商号里可以允许客户小额买卖，比如 5 股，交易单是一些小纸条——买进与卖出的单子颜色不同——有时候，比如在沸腾的牛市，这些小商号损失惨重，因为这个时候所有的客户都持有多头（买空），碰巧他们都买对了。这个时候，经纪行就要扣掉买卖佣金，假如你在 20 美元的价位上买进一只股票，单子上的数字是 $20^1/_4$。结果，在你的交易中，每个点只有 3/4 的资金可以使用了。

当然，大都会经纪行是新英格兰地区最好的商号，拥有成千上万的老客户，而我的确认为我是他们唯一觉得受到威胁的客户。既不是因为他们强加于我的具有杀伤力的高额保证金，也不是因为他们强迫我缴纳 3 个点的保证金来降低我的交易量的行径。我照样可以在他们允许的限度内来买卖股票。有时，我的买卖持有额甚至可以达到 5000 股。

是的，现在我告诉你后来到底发生了什么事。

在买卖糖业股份时，我超卖了 3500 股（卖空）。我手上有 7 张粉红色的大额交易单，每张 500 股。大都会经纪行使用很大的纸张做交易单，上面留有空间，他们可以在上面填上额外保证金。当然，经纪行从来没有要求过追加保证金。保证金越少，客户回旋的余地越小，对经纪行就越有利，因为他们的利润就仰仗于你被洗掉的保证金。在一些小的经纪行里，如果你要追加保证金来扩大交易，他们就会再给你一张单子，这样，他们就会再次收费以增加他们的佣金，也又一次给你的交易留下每个点 3/4 的下行空间，因为他们算准了，当你再卖出的时候还可以算做是一笔新的交易，照样多拿一笔佣金。

好的，言归正传。我记得那一天我的保证金加到了 1 万美元。

我积攒了第一个 1 万美元的时候年仅 20 岁。我已经跟你谈到我的母亲。你可能会觉得，带着 1 万美元的现金满世界转悠的除了老约翰，不会再有别人，我的母亲总是对我灌输知足常乐的道理，她要我去找份平常的工作。我竭力说服她我不是在赌博，只是靠数字推算来赚钱罢了。然而，她所看到的一切总是让她觉得 1 万美元是一大笔钱，而在我的眼里，这笔钱不过是更多的保证金而已。

我以 $105^1/_4$ 美元的价位卖出 3500 股糖业股份。营业厅里还有另一位同事，亨利·威廉斯，他也卖空（卖出）了 2500 股。我通常总坐在报价机旁边，替报价员喊出价格。糖业股票的价格不出我所料，价位很快下行了两点，稍作喘息后又一次下跌。股市大盘看上去相当疲软，正像我所期待的那样。就在这时，糖业股份突然之间出乎意料地徘徊起来。我开始觉得烦躁不安，我想我应该退出市场。随后，卖出的价位在 103 美元——这是当天的最低价位——我非但没有感觉更有信心，反而更加心神不定。我本能地感觉到一定是什么地方出错了，但又不能确定问题到底出在哪里。如果有什么事情要发生，而我又不知道在什么地方发生，我就无从招架。那么我最好退出市场。

你知道，我不会鲁莽行事，也不喜欢盲目行事，从来都不会。即使在孩提时代，我总要弄清楚我在做什么，为什么要做。但是这一次，我找不到说服自己的理由，我觉得坐立不安，难以忍受。我给一位熟悉的朋友戴维·怀曼打电话："戴维，到我这儿来一下，我要你帮我做点事儿。在糖业股下个报价出现之前，先别忙着下单行吗？"

他答应我说可以等，我起身将报价机旁的座位让给他，这样他可以替报价员喊出价格。我从口袋里掏出我的 7 张糖业股票的成交单走到柜台前，这里有柜员专门负责客户平仓时填写成交信息。我并不完全明白为什么此刻我要退出市场，所以，我就倚着柜台站在那儿，手里边抓着那几张交易单以免让柜员看见。不一会儿，我听见敲打电报机的声音，我看到柜员汤姆·伯纳姆迅速转过头来听着。此时的我感到某些不祥之兆，我决定不再等下去。就在这时，坐在报价机旁的戴维怀曼喊道："糖——"，还没等戴维报完价，我闪电般地把我的 7 张单子拍在柜台上，对柜员大叫道，"轧平糖业！"这样，经纪行不得不按最近的报价为我轧平糖业，这是理所当然的。而戴维喊出来的价格还是 103 美元。

按照我的秘诀，糖业股票的价位此时应该已经跌破 103 美元。可这次我的如意算盘打错了。我预感到周围有陷阱。总之，电报机像发疯了似的不定地敲，我注意到柜员汤姆·伯纳姆并没有在我给他的交易单上签字，只顾听着电报机的咔咔声，好像在等待着什么消息。于是，我对他大叫："嗨，汤姆，你是怎么回事？赶快在那些单子上填上价格——103 美元！快点！"

大厅里所有的人都听到我的喊声，开始朝我们这个方向看过来，都在问出了什么事，你看到的，尽管大都会经纪行从来没有违反规则，可谁能说得清楚呢，挤兑经纪行就像挤兑银行一样。如果一个客户起了疑心，其他客户就会跟风。就这样，汤姆看上去一脸的不高兴，但还是走过来给我签了单"平仓于 103"美元，然后胡乱塞给我那 7 张单子，一副难看的脸色。

话说从汤姆的柜台到出纳间相距不过 8 英尺。但是，还没等到我走到出纳间取回我的钱，就听到戴维·怀曼在报价机旁激动地大喊："天哪！糖业，108 美元！"但是，已经太晚了；我只是笑笑，对汤姆喊了一句，"刚才可不是这样，对吧，老朋友？"

当然，这是暗中预谋的勾当。亨利·威廉斯和我共计持有 6000 股糖业的空头。这就是说，大都会经纪行拿了我和亨利的保证金，营业厅里还有其他一些人也在做糖业股票的空头；可能全部有 8000 股到 10000 股糖业股票的保证金。假如他们拿了 2 万美元糖业股票交易的保证金，这就足够这家经纪行在纽约股票交易所使用欺骗的手段来洗掉客户的保证金。在那个年代，无论何时，只要经纪行发现在某只股票上聚集了太多的多头交易者，他们的惯用手法是找一家经纪行联手，针对这只股票打压价格，直到价格跌到足以洗掉全体持有这只股票多头的客户。对几百股的股票而言，经纪行付出的代价不会超过 2 个点，却能赚到成千上万美元。

这就是大都会经纪行对我和亨利·威廉斯以及其他做糖业空头的客户所使出的伎俩。他们在纽约股票交易所的经纪人将价格抬高到 108 美元。当然，它很快就回到起点，但亨利和很多其他客户已经被洗劫一空。只要股市出现了难以解释的急剧下跌，紧接着又即时恢复，那些天的报纸就会习惯将其称为经纪行"跑垒"。

最好笑的是，大都会这些人在企图欺骗我之后不过 10 天，一名纽约股票市场的操盘手又抄走了大都会 7 万美元。这个人是纽约股票交易所的会员，在市场上相当有影响力，曾在 1896 年的"布莱恩恐慌"中做空而一鸣惊人。他一向不按股票交易所的规则出牌，因为这些规则妨碍他以其他会员的利益做代价来施展他的某些计划。有一天，他想到一个计策，他要从经纪行的不义之财中挖出一杯羹，而且要让股票交易所或警察当局都没有什么话说。我在这里提到的这个人派了 35 个同伙假扮客户，这些人分头到各个主要营业厅和一些大的分号。在某一天一个固定的营业时间，他们全体出动，最大限度地买进某一只股票，只要商号经理允许。他们按照他的指示，当股价达到约定的盈利时就悄悄卖出。当然，他的手法就是在他的同行中散布有关某只股票的利好消息，然后到股票交易所的交易大厅哄抬价格，场内交易员也在推波助澜，因为他们都认定他是一个高手。他为此精心挑选合适的股票，轻易地将这些股票的价格推高 3～4 点。他的代理商就在经纪行按事先的策划变现。

有一位同事告诉我，这位始作俑者大捞了一笔，扣除那些代理商的支出和报酬，他净赚 7 万美元。他在全国各地施展着同样的伎俩，在纽约、波士顿、费城、芝加哥、辛辛那提和圣路易斯等地，他狠狠地惩罚了那些大商号。他最青睐的股票是西部联盟，因为这样的股票半死不活，毫无生气，可以不费吹灰之力地将这种股票的价格推高或打压几个点。他的代理商在约定的价位买进，在利润达到 2 个点时卖出，随后做空，获取 3 个点或更多的利润。顺便说一句，几天前我读到一则新闻，说这个人因贫困潦倒而离开人世。如果他是死于 1896 年，那么，他的死讯在纽约的各大报纸的头版至少要有一个专栏，而现在这条消息却登在第五版，只有两行字。

2

"交易神童"

大都会经纪公司最初强制我缴纳 3 个点的保证金和 1.5 个点的交易手续费，试图用这样的阴谋打垮我，但没有成功。我发现，他们开始对我不择手段，屡屡暗示我，无论如何不想做我的生意了。于是，我很快就下了决心，去纽约。在那儿，我可以在纽约股票交易所某家会员的营业厅做生意。我不想到任何一家波士顿分公司去，因为那里的报价要通过电报传输。我想更接近于信息来源。我带着全部的积蓄 2500 美元只身前往纽约，那年我 21 岁。

我告诉过你，我 20 岁时赚到了 1 万美元，做糖业股票交易时，我的保证金已超过 1 万美元。但是我不一定总是赢家。我的交易计划足够合理，赚钱的次数多于赔钱的次数。如果我坚持自己的游戏规则，十次有七次是正确的。事实上，当我在开仓时确定自己是对的，我总是会赚钱。打垮我的原因是我自己缺乏足够的定力来坚持我的规则——这就是说，只有当市场表现的前兆对我有利，我才出手交易。物当其时，各有佳期，可我还不懂得这一点。也正是这一点，击垮了许许多多在华尔街闯荡的梦想家，而这些人在同行中已经是非常出类拔萃的。有那么一些傻瓜，不分地点场合总在冒傻气。但是华尔街的傻瓜则是随时随地都在想着做交易。没有人总是有充分的理由来说明每日的股票买卖，换句话说，没有人拥有足够的知识使得自己的每一笔交易都是明智的。

我自己的经历已经证实了这一点。无论何时，只要我凭借丰富的经验解读纸带上的数字，就一定会有盈利。但是，如果愚蠢一时就会亏损。我也不例外，对吗？那张巨大的报价板在对面瞪着我，自动收报机在不停地响着，大厅里的人买进卖出，眼看着他们手中的单子变成钞票或者废纸。

　　当然，在这种气氛中，渴望刺激远胜于理性的判断。在经纪行这种地方，你的保证金不过是小额资本，无法做长线投资。你很快并且也很容易就被洗掉了。不顾基本的市场条件而热衷于不停地交易，这是华尔街很多人亏损的根源，甚至职业高手也不例外，这些人总觉得每天必须带些钱回家，就好像他们也和一般的工薪族一样做着例行的工作。

　　记得吗，我不过是一个毛头小伙子，我当时并不知道这会给我以后的生涯带来什么样的教训，这是指 15 年之后所发生的事，我熬过了漫长的两周，眼看着一只股票一路上扬了 30 点，才觉得到了有把握的买进时机。我亏了本，想试着扳回来，我担不起任何的鲁莽和草率。我必须万无一失，所以，我在等待。那是 1915 年的事，说来话长，随后再伺机慢慢道来。现在我们再回头接着说我在经纪行的遭遇。在经纪行的几年里，我设法教训了他们一番，其结果，大部分盈利最终还是落到他们手上。

　　更糟糕的是，我亲眼看着这一切是怎么发生的却无能为力！当然，这并不是我交易生涯中仅有的一次糟糕经历。一个操盘手不得不和自身的很多弱点作战。不管怎么样，我还是揣着我的 2500 美元来到了纽约。在这里，没有哪家商行可以信得过。股票交易所和警察联手成功地关掉了那些违纪的经纪行，管理十分严格。此外，我要找到一家经纪行，对我现有的交易头寸①没有什么限制。我那时也没有多少本金，不过我可不希望总是维持现状。要起步，首要的事情是找到一个地方，我可以安心做公平的交易。于是，我去了纽约股票交易所的经纪行，这家经纪行在我的家乡开了一个分店，我也认识那里的一些雇员。这家经纪行很久以前就关闭了。我在那里呆了没多久，原因是我不喜欢其中的一位合伙人。随后，我去了 A. R·富尔顿有限公司。一定是有人跟他们说了我早年的经历，因为我去了没多久，他们都喊我"交易神童"。我看上去一副娃娃脸，这在某种程度上对我不利，但也迫使我和我自己较劲，因为有那么多人以为我少不更事，想利用我。经纪行里那些人看我不过是一个稚气未脱的少年，总觉得我是傻人有傻福，打心眼里没把我当回事儿，这就是为什么我经常赢了他们的唯一

---

① 头寸（position），指款项，是金融业术语，在证券投资方面，头寸是指在一项资产上做多（持有）或做空（借入待还）的数量。

原因。

出师不利，不到 6 个月我就破产了。我是个相当活跃的交易者，作为赢家还小有名气。我想我的交易佣金曾有过累积。账户上的数额也有上升，当然，最终我还是亏本了。我交易谨慎，但还是输了。我可以告诉你失败的原因：正是因为我在对价行取得的非凡成功！

我只有在对价行才能按我的规则行事，因为在对价行我所赌的是市场的波动。我阅读纸带时对数字的记忆特长只适用于对价行。当我按报价板上的价格买进时，这些数字就摆在我的面前。甚至在我买进之前，我就已经确切地知道我要为我选的股票付出的价位是多少。我总是可以在瞬间卖出。我对"抢帽子"② 很在行，因为我可以闪电般地采取行动。我顺从我的幸运而跟进，或在下一秒止损。举例来说，有时候我断定一只股票至少会上升或下跌 1 点。那好，我不必太贪婪，支付 1 个点的保证金，一会儿就会翻番；或者我可以只赚 0.5 个点，见好就收。每天都有一两百股的交易，那么每月都会有不错的进账，难道不是吗？

当然，这样做下去实际上是会有麻烦的，即使对价行有足够的基金来源来应付持续的大额亏损，他们也不会这么做，他们无法忍受眼前有这么一位客户一直都在赚钱，那种滋味如同嚼蜡。

无论如何，在其他对价行所通行的理想交易模式在富尔顿交易厅是行不通的。在这里，我是在做事实上的交易，即买进或卖出股票。如果糖业股票的价格纸带上打出来的是 105 美元，我就可以感觉到价格迅即会下跌 3 个点。实际上，在纸带机打出 105 美元这个价格的一瞬间，股票交易所营业大厅的交易价格已经是 104 或 103 美元。待我卖出 1000 股糖业股票的交易指令抵达富尔顿交易厅经纪人手中时，价格可能已经下跌了。在得到来自交易员的成交报告之前，我根本无从得知我到底以什么样的价位卖出了我的 1000 股糖业股票。如果我在另一家对价行做同样一笔交易肯定可以赚取 3000 美元，但在富尔顿的交易所也许一分钱也赚不到。当然，我说的是极端情况，不过，富尔顿的营业厅的确有这样的事情发生，纸带上对我显

---

② 抢帽子（scalp）是股市上进行股票短期买卖的投机技巧之一。它指的是在同一天先低价买进预计价格要上涨的股票，待股价上涨到一定幅度时，就迅速将刚买进之股票全部抛出。

示的数字都是过时的，我的理想交易模式也成为历史了，只是我当时还没有意识到而已。

还有一点，如果我的交易指令相当大，我自己的这一笔卖出就足以压低价格。以前在其他对价行做交易时，我不必在意我自己的交易会对市场产生什么样的冲击。我在富尔顿交易厅的失手完全是由于交易规则的差异。我的亏损并不是因为我现在所做的合法交易有什么问题，而是因为我对此地交易规则的无知。周围的人早就对我说过，我纸带读得好。但是即使是一个读纸带的专家也帮不了我。也许，我应该自己去交易大厅做个场内交易员，说不定可以做成大买卖。在这样一个特殊的群体中，也许我的交易模式很快就会适应现场的条件。但是，如果按我现有的规模来操作，我照样会输掉，这是很自然的，因为我自身的交易对市场价格没有影响力。

简言之，我不懂得股票投机交易的游戏。我只了解其中的一个部分，一个相当重要的部分，它对我而言在任何时候都非常有价值。但是，如果凭我拥有的一切我还是在亏损，那么场外的那些生手还有什么机会取胜呢？或者说这些人还有什么指望来赚钱呢？

很快我就意识到，我的交易原则在哪个地方可能出了问题，但我很难判断到底是什么麻烦。有几次我的交易模式运作得很流畅，然后，突然之间，除了全垒打就没有别的了。记得那时我不过22岁，并非我固执己见而不想去探究错在哪里，而是因为这个年龄的人对什么事情都是懵懵懂懂的。

营业厅的那些同事对我都很友善。由于他们所规定的保证金要求，我无法尽情交易，但是老富尔顿和公司的其他人对我实在太宽容了，经过了6个月的活跃交易之后，我不仅亏掉了我带来的本金和我在这里的盈利，而且还欠下了公司几百美元的债务。

这就是那时的我，一个初出茅庐的男孩儿，一个破了产的交易员。可是，我知道，我并没有做错什么事；只是按我的规则在交易。我不知道我是不是说清楚了，但是我从来没有在股市上发脾气。我也从不和纸带较劲，对股市恼火无济于事。

我急于恢复交易，一分钟都没耽搁就跑去找老富尔顿，我对他说："借给我500美元吧。"

"借钱做什么？"他问道。

"我需要用钱。"

"用钱做什么？"他又问了一遍。

"当然是做保证金。"我回答。

"500 美元？"他皱着眉头再问，"你知道，他们要你保持 10% 的保证金额度，这就是说，每交易 100 股你就需要 1000 美元的资金。我最好是给你一个信用额度③……"

"不，"我说道，"我不想要这里的信用额度，我已经欠了公司的钱。我只想请你借给我 500 美元，这样我就可以拿出去赚一笔钱再回到这里。"

"那你打算怎么做？"老富尔顿问道。

"我要去找另一家商号交易，"我告诉他。

"就在这儿交易吧，"他说。

"不，"我说，"在这间营业厅交易我没有把握盈利，但是我在别的商号里一定能赢。我熟知游戏规则。我也搞清楚了在这边的交易是哪里出的错。"

他借给了我，我离开了这间使我赔光了全部家当的营业部，被称为"对价行天敌"的年轻人如今一文不名。我不能再回到我的家乡，那里的对价商号不会再接我的生意。我也不可能继续呆在纽约，在那个时代，纽约找不到任何经营股票的商号。他们告诉我，在 19 世纪 90 年代的百老汇街和新街到处都挤满了这样的商号，可当我需要找他们做生意的时候偏偏一家也找不到了。于是，我想了想，决定去圣路易斯。我听说那里有两家这样的对价商号生意做得很红火，其势力遍及整个中西部。他们的利润一定很丰厚。十几个城镇都有他们的分号。事实上，有人告诉我，在西部，没有那家商号的交易规模可以和这两家相提并论。他们公开营业，上流社会的人心安理得地在这儿交易。有一个同行甚至告诉我说，其中一家商号的老板是某地商会的副主席，但是不可能是来自圣路易斯的人。无论如何，这就是我要大展身手的地方，我要用仅有的 500 美元借款赢一笔，回到纽

---

③ 信用额度（Line of credit）又称"信用限额"，是指银行授予其基本客户一定金额的信用限度，在规定的一段时间内，客户可以循环使用这笔金额。

约股票交易所的会员经纪行——A. R·富尔顿有限公司，我要用我赚到的这笔钱作保证金，东山再起。

抵达圣路易斯之后，我找了一家旅馆洗了洗脸，就跑出去寻找这两家商号。一家是 J. G·多兰公司，另一家是 H. S·泰勒股份有限公司。我知道我能打败他们。这次我打算谨慎从事，采取保守的、绝对安全的交易策略。我唯一担心的是有人会认出我来，毕竟，全美的各个商号都听说过"交易神童"，这些商号如同赌场，充斥着各种流言飞语。

多兰公司比泰勒公司离我住的地方更近些，我先去了多兰公司。我希望在他们赶我去别的商号之前，能允许我先在这里做几天生意。我走了进去，只是一间巨大的交易厅，至少有几百人都在盯着报价板。我很开心，因为在这样一个嘈杂的环境中，不太容易引起别人的注意。我站在那里看着报价板，小心地从上到下过滤一遍，直到挑出我中意的一只股票开始交易。

我环顾四周，看到窗边有一位年长的办事员，必须要在他那儿交钱取交易单。他正在打量我，我就走过去问："你们这儿是不是交易棉花和小麦？"

"是的，小朋友。"他答道。

"我可以买些股票吗？"

"可以，只要你有现金。"他说。

"哦，我有钱，带着呢。"我说着，活脱一个吹牛夸口的男孩儿。

"你有钱，是吗？"他这么对我说，面带微笑。

"100 美元能买多少股？"我故作不高兴地问道。

"100 股，如果你真能拿得出 100 美元。"

"我这儿有 100 美元，对，我还有 200 美元呢！"我对他说。

"哦，上帝！"他有些吃惊了。

"那你就给我买进 200 股。"我直截了当地说。

"你要买 200 股什么？"他问，他开始严肃起来，毕竟这是在做生意。

我又看了一眼报价板，像是要好好猜猜，然后告诉他："200 股奥马哈。"

"好的!"他说。他收下我的钱点了点,又给我写了单子。

"你叫什么名字?"他问我。

我答道:"贺瑞斯·肯特。"

他递给我成交单,我走开到一边,坐到了客户中间,在等着我的那笔钱变多。我快进快出,一天交易了好几次。第二天也照此办理。两天下来,我赚了2800美元,我指望着他们能让我做完一周的交易。照现在赚钱的速度,做完一星期的交易会有不错的业绩。然后我再去对付另一家商号,如果有同样好的运气,我就又能带着一大笔钱回到纽约股票交易所,尽情施展一番。

第三天早晨,我假扮羞涩的模样走到窗口边,要买500股B.R.T.。只听那位柜员对我说:"哎,肯特先生,我们老板要见你。"

我明白交易又做不成了。但还是问道:"老板为什么要见我?"

"我不清楚。"

"他在哪呢?"

"在他的私人办公室。朝那边走。"他指着一扇门。

我走了进去,多兰正坐在桌旁。他转过身来对我说:"坐下吧,利文斯顿。"

他指着一张椅子。我最后的一线希望破灭了。我不清楚他是怎么识破我的,也许是旅馆的注册漏了馅儿。

"找我有什么事?"我问他。

"听着,年轻人,我对你没什么恶意,明白吧,一点儿恶意都没有,对吧?"他说话带着浓重的西部口音。

"是的,我也看出来没有什么恶意。"我说。

他从转椅上站起身来。这个人身材很魁梧。他对我说:"利文斯顿,到这边来,好吗?"他走到门边,打开门,然后指着大厅的那些顾客。

"你看见他们了吗?"他问我。

"看什么?"

"好好看看他们,年轻人。足足有300人!300多号傻瓜,他们养活我和我的一家人,300多!然后你来了,才两天呢,你两天赚到的钱比我两个星期从他们身上刮的钱还要多。这可不是什么生意，年轻人——不是我的生意！我对你没什么恶意。你赚的够多了。可你也只能赚这么多了。这儿没你什么事儿了！"

"为什么，我……"

"就这样吧。我前天看见你走进来，我不喜欢你的模样。说老实话，一点也不喜欢。我一见你就觉得你是在装疯卖傻。我把那个傻瓜招呼进来，"——他指着窗口边那位闯祸的柜员——"我问他你买了什么，他一告诉我，我就对他说：'我不喜欢那个小伙子的样子。他是一个老手！'那片干奶酪竟然说：'他怎么可能是老手，老板！他叫贺瑞斯·肯特，他只是装模作样的冒充大人而已。他没什么问题的！'那好，随他去吧。这个可恶的笨蛋让我损失了 2800 美元。小伙子，我不怨你。为安全起见，这箱子还是给你锁上了。"

"喂，你不能——"我想抗争。

"注意听我说，利文斯顿，"他说道，"你的事儿我都听说了。这些顾客是我的金矿，我就靠他们来打赌赚钱了，你不属于这里。我是个君子，你在我这儿赚到的钱就拿走好了。现在我已经知道你是谁了，你最好还是离开这儿，小伙子！"

我带着 2800 美元离开了多兰的营业厅。泰勒公司的营业厅坐落在同一个街区。我已经听说泰勒先生家财万贯，开了许多间台球房。我决定去他的商号闯一闯。我心里在盘算着用什么策略更明智些，是从小额交易开始，逐渐增加到 1000 股，还是一开始就来大额投资。我猜想我在泰勒的营业厅至多能交易一天，只要他们有亏损很快就会醒悟过来。我确实很想买 1000 股 B. R. T.。我十分确定，可以通过这笔买卖拿到 4 ~ 5 个点的盈利。但是，如果他们有所怀疑，或者如果太多的客户做这只股票的多头，他们也许根本不让我交易。我又想，还是化整为零，从小额交易开始。

泰勒公司的营业厅不及多兰的大，但是装备更讲究，而且这里的客户群看上去更富有。这对我再合适不过了。我决定买进 1000 股 B. R. T。于是，我走到专门的窗口前，对柜员说，"我想买一些 B. R. T 的股票，上限是多少？"

"没有上限。"那个柜员答道，"只要你有钱，你高兴买多少都可以。"

"我买 1500 股。"我说着，从口袋里掏出一卷钞票，柜员就开始写单子。

这时，我看到一个红头发的男人从柜台边推开那位柜员。他探出身来对我说，"嗨，利文斯顿，你还是回多兰公司那儿去吧，我们不会和你做生意。"

"等我拿了交易单就走。"我说，"我只是买了一点儿 B. R. T。"

"你拿不到交易单的。"他说道。这个时候，其他柜员都围在他的后面，拿眼睛瞪着我。"别再来这儿做交易了。我们不会与你做生意的，懂了吗?"

无论是争辩或发火都是毫无意义的。我回到饭店，结了账，搭乘当天开往纽约的第一列火车。世事艰难，我想实实在在地赚点钱，泰勒公司竟然一次交易都不允许我做。

我回到纽约，还清了老富尔顿 500 美元，用在圣路易斯赚的钱重开交易。我的运气时好时坏，但我总能收抵有余，毕竟是轻车熟路；只要我抓住一点，那就是，对于股票投机的游戏而言，除了我来富尔顿营业厅之前我所想到的交易策略，我应该学得更多。我就像一个谜题游戏的爱好者，在报纸星期日增刊填写纵横字谜，完不成决不罢休。是的，我当然要找到解决我的谜题的答案。我以为我已经在那些对价商号的交易中找到了答案，但是我错了。

在我回到纽约几个月以后，富尔顿的办公室来了一个怪人，他认识老富尔顿，据说他们曾经共同拥有一个赛马群。看得出来，他也曾风光一时。有人给我介绍说，他是老麦克迪威特，他正眉飞色舞地跟周围的人谈论一群西部赛马场的骗子，他们刚刚在圣路易斯设骗局得手。他说，这群骗子的头目是一家台球厅的老板，名字叫泰勒。

"哪个泰勒?"我问他。

"就是泰勒，H. S·泰勒。"

"我认识这个人。"我说。

"他不是什么好鸟儿。"麦克迪威特说。

"他简直坏透了。"我说，"我和他还有笔账没有清呢。"

"你想怎么做？"

"教训这群强盗的唯一方法就是从他们的钱包入手。眼下在圣路易斯我还不能碰他，但总有一天我会的。"我把自己在圣路易斯的遭遇告诉了他。

"那好啊。"老麦克迪威特说，"他一直想在纽约建立联号，但一直没做成，他只好在霍博肯城开了一家。听说那里不设交易限额，生意做的很大，相比之下，直布罗陀山可是小巫见大巫。

"他做什么生意？"我以为他说的是台球房。

"商号啊。"老麦克迪威特又说道。

"你确定开始营业了？"

"没错，已经有好几个人跟我说起这件事。"

"那只是道听途说而已，"我说，"你能不能确认一下这家商号是不是真的营业了，再看看他们允许客户交易的最大量是多少？"

"没问题，小伙子，"老麦克迪威特说，"我明天早上亲自跑一趟，回来再跟你说。"

他真的亲自去了。泰勒的生意好像已经做得很大了，只要有人交易他就接单。这天是星期五，那一周的股市一路上扬——别忘了，这可是在20年前——可以确定的是，银行周六的财务报告显示出其超额准备金大幅下降。这对于交易大户而言，通常是一个适当的借口，可以借此机会干扰市场，通过震仓将一些实力弱的对价行客户清出市场。这在营业日的最后半小时通常有所反映，尤其是公众交易最活跃的股票，表现得更为明显。当然，这也是泰勒分号的顾客们做多头最重的股票，商号也乐意看到一些空头交易者抛出这些股票。这样一来，他们就可以从两个方向围堵这些待宰的羔羊，没有比这更容易的了——只用一个点的保证金即可。对他们而言，这是再开心不过的情境了。

就在那个星期六的早晨，我一路赶往霍博肯城泰勒的分号。他们装修了一间很大的客户交易厅，内设华丽的报价板，有一群底气十足的柜员，还有一位穿着灰色制服的保安。里面的客户大约有25名。

我去找经理谈了谈。他问有什么可为我效劳的，我告诉他没什么事。他对我说，在赛马场上可以随意将本钱全部放进去，靠赌奇数赚更多的钱，用不了几分钟就可以赚到几千美元。而在这里，像小鸡啄食似地放进一点钱，也许还要等上好几天才能见分晓。他又开始对我介绍起股市的交易是多么安全，他们的客户有些人赚了多少钱——我发誓，你听了这些介绍，一定会认为这是一间很正规的交易行，他们实际上是在股票交易所为你买卖股票——并且一定要重仓买卖，才能有足够多的盈利，且皆大欢喜。他一定以为我正想着去哪家台球厅去碰碰运气，所以，他算计着，在其他人瓜分我的钞票之前先敲我一笔。所以，他催促我赶在星期六中午 12 点收盘之前入市，这样一来，我整个周六下午就可以空出来干其他的事情——如果我选对了股票。

我看上去好像不相信他，他还是喋喋不休地对我说着。我在看着钟，时针指到 11：15，我说，"好吧，"我开始对他下达卖出各种股票的指令。我交给他 2000 美元的现钞，他喜形于色地接过来。他告诉我，他觉得我会赚到很多钱，希望我能经常光顾这里。

不出我所料。那些交易大户猛敲一些他们认为会抛出股票止损的客户，果然，股票价格跳水。在闭市的最后五分钟，当场内的交易者按惯例在收盘之前买进平仓而促使价格回升之前，我抢先买进轧平了我的头寸。

我总计有 5100 美元的盈利，我走过去兑现。

"我很高兴自己入市了。"我一边对经理说着，一边递过去我的成交单。

"听我说。"他对我嚷道，"我付不了你这么多钱，我没想到行情跑得这么快。我星期一上午一定把钱准备好，绝不食言。

"好吧。不过你可以把你现有的钱都付给我。"我说道。

"你得先让我支付那些小户。"他说，"你放在这里的保证金我可以先付给你，等我先兑现了其他的成交单，剩下多少钱我都付给你。"于是，我只好等着他先支付其他的盈利客户。当然，我知道我的钱是安全的。泰勒的营业厅生意做得这么好，他当然不会食言的。即使他真得会那么做，我最好还是把他剩下的所有钱先拿走，除此之外还能怎么样呢？我拿回了自己的保证金 2000 美元，另外还有营业厅所剩下的全部现金 800 美元。我告诉他星期一早晨再来。他发誓一定按时把钱准备好。

星期一上午 12 点以前，我回到霍博肯。我看到一个似曾相识的人正在和经理谈话，那天在圣路易斯泰勒的办公室里，泰勒让我滚回多兰的时候，我曾经见过这个人。我马上意识到，一定是这个经理给总部打过电报，于是他们派人调查这件事。骗子从来都信不过任何人。

"我来取我的余款。"我对经理说道。

"就是这个人吗？"来自圣路易斯的家伙问道。

"就是他。"经理一边说，一边从他的口袋里掏出一叠黄色钞票。

"慢着！"那个圣路易斯的家伙对他说道，然后转向我，"我说利文斯顿，不是告诉过你吗，我们不要做你的生意？"

"先把钱还给我。"我对经理说道，他把那些钞票分开递给了我，两张千元的，四张五百的，还有三张百元的。

"你刚才说什么？"我问他。

"我们告诉过你，不要在我们的地盘做交易。"

"是的，这就是我来这里的原因。"

"那好，别再来了，滚开！"他对我吼道。那个穿着灰色制服的私人保安装作漫不经心地走了过来。那个圣路易斯的家伙对经理晃着他的拳头大叫："你这个可怜的蠢材，你应该早就知道这事儿，不该让这个家伙钻你的空子。他是利文斯顿，我们早就打过招呼。"

"你，听着。"我对那个圣路易斯的家伙说，"这儿可不是圣路易斯，你耍不了什么诡计，你别指望能像你的老板对待贝尔法斯特的男孩儿那样。"

"你离这个营业厅远点儿！你不能在这儿交易！"他咆哮着。

"如果我不能在这里交易，其他人也不可能。"我这么告诉他，"你那一套把戏在这里是行不通的。"

这会儿，这位来自圣路易斯的家伙马上变了腔调。

"听我说，老朋友。"他说道，一脸的焦躁不安，"帮我们一个忙。讲点道理嘛！你知道，如果每天这样，我们承受不起。如果那老头知道是你，一准儿得暴跳如雷。发发慈悲吧，利文斯顿！"

"我很快就走。"我承诺道。

"讲讲道理嘛，好不好？看在上帝的分儿上，拜托了，离得远远的！给我们一个机会，让我们开张顺利点儿。我们刚开始营业，好吗?"

"下次我来，可不想再看到你们这副趾高气扬的架势。"我说着，离开了这间营业厅，只听见我的背后传来他对营业厅经理连珠炮似的训斥声。我已经从他们那里赢了一些钱，他们在圣路易斯对我不公，现在总算报了一箭之仇。再争执下去或反目成仇也没有任何道理。我回到老富尔顿的办公室，将事情的经过原原本本地告诉了老麦克迪威特。接着，我告诉他，如果他同意，我想请他去泰勒的营业厅，从 20 股或 30 股的小额交易做起，慢慢地和他们混熟了。然后，待我看准了好机会大赚一笔。我会打电话给他，他就可以将资金全部投进去。

我给了老麦克迪威特 1000 美元，他去了霍博肯城并按计行事。逐渐成了那儿的一位常客。后来有一天，我觉得突破点即将到来，悄悄地给老麦克迪威特传话，在他们允许的最大限度内卖出。那天，除了支付老麦克迪威特的报酬和其他费用，我净赚了 2800 美元。我猜想，老麦克迪威特可能也加进了自己的一点投资。自那次以后不到一个月，泰勒就关闭了他在霍博肯的分号。警察一阵忙乱。不管怎么说，尽管我只在这家分号交易过两次，但他们没有赚到钱。我们赶上了疯狂的牛市，股市的波动不足以洗掉哪怕 1 个点的保证金，当然，所有的客户都是多头，采用金字塔式的交易法交易，持续地盈利。全美的对价商号接二连三地倒闭。

经纪行的游戏规则已经发生了变化。老式对价行相对于正规经纪行的交易而言拥有一些决定性的优势。例如，当你的保证金触及耗竭点的时候，交易就会自动终结。这是最好的一种止损方式。你的损失不会超过你已经支付的金额，也不会出现低劣交易指令的风险等。纽约的股票经纪行从来都不会像我听说的西部对价行那样，对老客户慷慨大方。在纽约，他们惯于限制客户潜在的盈利空间，对热门股票的盈利限制在 2 个点。糖业股票和田纳西煤铁股票都在受限的热门股票之列。即使这些股票在 10 分钟之内变动了 10 个点，你的每张交易单也只能获利 2 个点。他们认为，如果不设定这样的规则，客户的盈利优势就会过大；他损失的时候只是 1 美元，而盈利时却可以达到 10 美元。不仅如此，在有些情况下，所有的经纪行，包括最大的经纪行在内，都会拒绝对某些股票的交易指令。在 1900 年的选举日之前，麦金利的胜出已成定局，当地没有一家经纪行允许客户买进股票。麦金利的选举胜算率为3:1。如果在星期一买进股票，你就会得到3～6点的盈利甚至更多。你也可以赌布莱恩获胜，买进股票，同样也有把握盈利。但是经纪行当天拒绝接单。

如果不是这些对价行拒绝做我的生意，我可能永远都不会放弃在那里的交易。那么，我也永远无从得知关于股票投机的游戏还有更广阔的用武之地，远远不只是局限于几个点的波动。

3

一个人的游戏

一个人往往要花很长时间，才能从自己所犯的全部错误中得到所有的教训。人们都说，凡事都有两面性，但是股市却只有一面，既不是多头的一面，也不是空头的一面，而是正确的一面。我用了很长时间才将这一基本原则牢记在心，这要比我掌握更强的股票投机交易技术性要领耗时多了。

我曾有耳闻，一些人有一种陋习，喜欢在股市进行模拟操作，厌想象中的美元来证明他们自己是多么正确。有时候，这些幽灵般的赌徒竟能获利几百万。这么做很容易豪赌成性。听上去有点像一则古老的故事中所描绘的那个第二天要与人决斗的人。

他的助手问他："你的枪法如何?"

"没问题。"决斗者答道，"我能在 20 步开外射断葡萄酒杯的纸柄。"听起来挺谦虚。

"是不错。"助手不为所动，继续说道，"但是，如果那个葡萄酒杯正举着一把上膛的手枪瞄准你的心脏，那么你还能做到吗?"

对我来说，我要用自己的实际操作来支持我的观点。我的亏损经历给了我教训，我不能轻易冒进，直到我确信这一点：一旦开始后我不会被迫后退。否则，如果我无法前进，我宁肯原地不动。我的意思并不是说你在犯错的时候不应该采取行动止损，当然要这样做。但是，决策时不可优柔寡断。我一生都在犯错误，但是，在我亏损的经历中，我积累了经验，获得了另一种财富。我也曾有过贫困潦倒身无分文的时刻。但是，我从不认为我的失败是彻底的失败。否则，我今天就不会坐在这儿。我总是确信自己还有别的机会，我不会重犯同样的错误，关于这一点，我非常自信。

如果一个人希望靠股票交易谋生，就必须自信，并相信自己的判断。

这就是我从不相信所谓贴士①的原因。如果我买股票是出自有关史密斯的贴士，在卖出这些股票时同样要依据关于史密斯的贴士，那么我就对他有了依赖。假设在卖出时机即将到来时史密斯正外出度假，那又该怎么办呢？不，先生，没有什么人能依靠别人告诉他该怎么去做才能有大的盈利。在我的经历中，靠别人提供给我的一条或一系列贴士来赚钱，不可能超过我依靠自己的独立判断所赚到的钱。我用了 5 年时间学会如何利用自己的聪明才智做股市交易，我的正确判断足以使我盈利颇丰。

我不是像你想象的那样，曾有着十分丰富多彩的经历。我的意思是，回首往事，学习交易的过程并没有多少戏剧性。我曾几度破产，个中滋味难以言表，但是我亏损的经历与许多在华尔街做交易赔钱的经历别无二致。做投机交易这行颇为艰难，这一过程充满着太多的不确定性，投机交易者必须自始至终全身心地投入，否则，很快就会一败涂地。

其实，我最初在富尔顿经纪公司遭遇挫折的时候就该懂得，我的任务很简单：应该换一个角度来看待投机。可是，当时的我除了在经纪行尽可能多地学点本领之外，不知道投机游戏还有那么多的奥秘。事实上，我以为赢了一家对价商号就意味着我赢了这场游戏。同时，随着纸带阅读能力的强化，再加上我长于数字记忆的自我训练，这对于在对价行做股票交易来说具有很重要的价值。作为一名交易者，我最初的成功大多归结于我的这两项能力，而不是归功于我的头脑或者知识。实际上，我的头脑并未经过严格的训练，知识相当贫乏，只能从交易中学习交易。而市场给予交易者的教训往往是无情的。

我仍然记得刚到纽约时的情形。我对你谈到过那里的对价行如何拒绝跟我做生意，逼得我不得不去寻找一家正规的经纪公司。我找到的第一份业务是在哈丁兄弟公司的营业部操作，哈丁公司是纽约股票交易所的会员。我在那里碰到了一位年龄相仿的小同事。我在那天的上午抵达纽约，当天中午 1 点钟之前我就在这家公司开了账户准备交易。

我还没来得及向你解释，对于我来说，我在这里做交易与我在其他地

---

① 贴士：是英语"Tips"的音译，指供参考的资料，或提醒、提示别人的信息，在本书中主要指各类与股票市场相关的消息和传言。

方的对价商号做交易没有什么两样，这是很自然的事情。这种交易就是观察市场波动，抓住价格哪怕是微小的但是非常确定的变化，然后下注。没有人指出两者之间有什么实质性的差异，或者在我旁边纠正我的做法。即使有人告诫我，说我的方法也许行不通，我的选择也是先自己尝试一下，亲自验证我的方法到底正确与否，因为，当我犯错的时候，也就是发生亏损的时候，我必须自己来确认错在何处。只有赚钱的时候才能证明我的正确。这就叫投机。

在那些日子里，交易者们曾经有过生气勃勃的时光，市场极其活跃。这会使人兴奋不已。我顿时感到自己如鱼得水。我的面前是早已熟悉的报价板，我和周围的人都在用我15岁时学过的行话交谈着。有一个小男孩正在干着我当年做过的事情——抄写价格行情。很多的客户——似曾相识的旧面孔，或盯着报价板，或站在报价机旁喊着价格，或相互交谈着市场行情。所有摆放的机器设备都是我所熟悉的，一如当年我在股票市场上赚到的第一笔伯灵顿股票3.12美元时的情形，我感受着同样的氛围。一栏的报价机，一样的交易者，想必还是同样的游戏规则。记得吗？我只有22岁。我以为自己通晓从A到Z的所有游戏，为什么不？

我盯着报价板，看到了对我有利的行情。它的表现正如我所期望的，我在84美元的价位买进100股，不到半小时，以85美元出清。我又看到其他我喜欢的股票，故伎重演；在很短的时间里我就获取了3/4点的盈利。旗开得胜，不是吗？

整个的过程是这样的：我作为正规股票交易所的客户，第一天做交易，只有两个小时的时间，每次以1100股买进卖出。其结果，那天的交易终结时我整整亏损了1100美元。也就是说，我的第一次尝试让我损失了近一半的保证金。我曾经提到，其中有几笔交易是有盈利的，不过，闭市的时候做了结算，我还是亏了1100美元。

我并没有为此烦恼，因为我觉得自己的操作并没有什么失误。我的决策也很合理，如果我是在大都会经纪行的老地方交易，肯定可以盈利，我亏损的1100美元清楚地告诉我，问题的症结在于报价机有些不对劲儿，只要它能恢复正常，就没有什么好担心的。对于一个22岁的年轻人，无知还算不上是致命的弱点。

过了一段时间，我对自己说："我不能再以这种方式交易了，报价机帮不了我！"但我还是由着它去，没有对此深究。每天照常交易，运气时好时坏，直到赔光输净。后来，我找老富尔顿借了 500 美元。就像前面所描述的，我从圣路易斯大胜而归，带着从西部对价商号赚回来的钱——在非正规经纪行交易我一向都是赢家。

我在这里重开交易后格外小心，有一段时间里业绩不错。手头宽裕，生活环境也有所改善，交了些朋友，活得轻松自在。记得吗，那时我不到23 岁，孤身一人在纽约，口袋里有一些轻轻松松赚来的钱，心中有种信念，我会弄清楚新报价机究竟是怎么回事。

我在交易所的交易大厅为我的执行指令设定了限额，交易尤为谨慎。但是，在操作的过程中，我还是固守着阅读纸带价格数字的那一套不放——也就是说，我对基本的交易规则仍然一无所知。只要我对此没有任何改变，我就不可能领悟出我的交易过程到底是哪里出了问题。

适逢 1901 年的大繁荣年代，我的确赚了不少钱——相对于我这样一个年轻的小伙子来说是一大笔钱。你可曾记得那些时光？美国呈现出是前所未有的繁荣景象。我们不仅赶上了工业大整合和资本大并购的时代，无论买什么股票，价格总是一路上扬，而且公众们疯狂入市。我听说过这样的故事，在早些年的经济旺盛期，华尔街号称日交易量高达 25 万股，这些证券的换手额按平价相当于 2500 美元。但是，在 1901 年，我们每天的交易量竟达到 300 万股。人人都在赚钱。钢铁大亨们进城了，这些百万富翁们就像酒鬼水手一样，对金钱满不在乎，随意挥霍。唯一能让他们满足的游戏就是股票市场。

我们在华尔街头有一次见到这些最有来头的大人物：其中有的喜欢说"赌你 100 万"的约翰·W·盖茨，还有他的那些朋友，比如约翰·A·德瑞克，罗耶尔·史密斯等。另一个是瑞德－利兹－摩尔团伙，这些人卖掉了他们持有的部分钢铁股票，随后在公开市场买进大洛克岛集团的股票，并成为事实上的控股方；还有施瓦布、菲力克、菲利普和匹斯堡团伙；先不忙说其中有些人在大洗牌中是怎么亏损的，至少，他们也曾被称为大炒家而红极一时。一个交易者可以在股市买进卖出所有的股票。比如，基恩在市场上兴风作浪，炒作美国钢铁。一家经纪行在几分钟之内就可以替你卖出 10 万股。多么美好的时光啊。还有一些让交易者很尽兴的赢局。更有甚者，卖出股票无需纳税！这些可都是好兆头。

当然，不久以后，市面上流行着一些丧气话，那些股市老手说什么——全世界的人都在发疯，只有他们例外。实际上，除了他们，大家都在赚钱，我心中当然明白，市场的涨势终究是有限度的。疯狂抢购 A. O. T——见什么买什么——终究会有尽头的。所以，我转而做空头。但是运气不佳，每次卖空都有亏损，如果不是我每次抛得快，我会亏损得更多。我在等待着一个向下突变的机会，我小心谨慎地交易——做多头时赚钱，做空头时渐渐淡出——如此这般。我在大繁荣时代并不像你猜想的那样盈利很多，不过，可以想见，作为一个小男孩儿，我已经是大手笔了。

有一只股票我始终没有做空，那就是北太平洋公司股票。透过纸带阅读术，我觉得绝大多数股票的买进过程已陷入停顿，但是"小尼莫"股票的走势似乎还有上升的空间。后来人们都弄清楚了，无论是普通股还是优先股，库恩－罗比－哈里曼集团一直都在稳步吸纳。当时，我不顾营业部所有人的劝阻，做了 1000 股北太平洋普通股的多头。当这只股票的价格升至 110 美元时，我已经有 30 个点的利润了，于是我瞅准机会卖出。这笔盈利使我在经纪行的账户余额接近 5 万美元，也是我当时能够累积的最大金额。这成绩不坏，想当初，就是几个月前，就在这同一间营业厅，我曾一败涂地。

你是否记得，哈里曼集团向摩根和希尔表明他们想加入伯灵顿－大北方－北太平洋集团董事会的意愿？紧接着，摩根的人开始指示库恩买进北太平洋股票，以便保持控股权。我后来听说库恩让罗伯特·贝肯下达买进 5 万股的指令，银行家们应声而动。另一个说法是，库恩指派了他的一个经纪人艾迪·诺顿进入北太平洋集团，他买进的是 10 万股，我个人认为这次的买进指令在先，随后另有买入 5 万股的指令，从而引发了这场著名的庄家囤股大战。在 1901 年 5 月 8 日股市闭市后，全世界都知道了在纽约发生的金融巨头之间的这场火拼。在美国，还从来没有过如此大规模的两个集团相互对峙的先例。哈里曼对摩根，一方是无坚不摧，而另一方则稳如磐石。

5月9日早晨，也就是在上述事件发生的第二天，我的交易账户拥有将近5万美元的现金，却没有一张股票。就像我说的，我对股市看跌已经有一段时间了，现在机会终于来了。我预见到将要发生什么——先是可怕的股价下跌，交易者趁机买进很不错的便宜股。而后股市快速回升，那些先前捡到便宜股的股民们可以坐收成倍的利润。这不需要夏洛克·福尔摩斯来推理。我们正面临着这样一次机会，逮住一个来回，不仅将有大笔利润在手，而且是确定无疑的。

事情的发生不出我的所料，我是绝对正确的，可是——我却赔得一文不剩！我之所以被淘汰出局事出有因，而且很不寻常。如果世间都是寻常事，那么人与人之间就没有区别，生活就会变得很乏味。这种游戏就变成简单的加加减减，那我们这些人也只是像记账员一样郁闷地忙着记录数字。然而，正是数字的竞猜增进了我们的思考能力。试想一下，为了竞猜准确，你不得不去做很多的练习。

正如我所预期的那样，市场几乎沸腾了。庞大的交易规模和剧烈的股票价格波动都达到了前所未有的程度。我发出了很多卖出指令。看到开盘价格的那一刻，我震惊了，价格发生了可怕的下泻。我的经纪人都在忙着交易，他们有着和其他同行一样的能力与勤勉；但是，当他们执行我的指令时，股票价格已经跌破20点以下。纸带机的报价跟不上市场行情的变化，交易报告由于蜂拥而来的交易而姗姗来迟。我发现，下达卖出指令是在纸带机报出价格在比如100美元时，但是，执行指令的卖出价格却是80美元，相比前一天收盘时的价格整整下跌了30~40个点，就好比我卖出的这些股票正处在我计划捡便宜股票买进的价位。市场价格的下跌不会一路穿破地球跌到中国去。于是，我决定马上补平空头转而做多头。

我的经纪人按指令买进，不是按我由空头转多头时的价位买进的，而是他们的出市代表在纽约股票所接到我的指令时按照场内的市价买进的。他们付出的成交价格比我预计的平均高出15点。一个交易日内损失35点是任何人都难以承受的。

　　纸带机的报价滞后于市场价格如此之大，断送了我的交易。我一向视报价机为最好的朋友，因为我总是根据它所告诉我的数字行事。但是，这一次它却背叛了我。纸带机打出来的数字和实际市场价格的背离让我功亏一篑。这对于我先前的失利无异于雪上加霜。以前我也有过同样的教训。如今，事情变得如此明朗，仅仅凭阅读纸带机上的数字是远远不够的，这些数字甚至与经纪人的价格执行完全无关。我纳闷的是，为什么当时我没有看透这两次的问题所在而设法补救。

　　不仅如此，我的所作所为比看不到问题更糟，我不停地交易，无论指令执行的结果如何，一直在买进卖出。你看，我从不限价交易。我必须抓住市场所显示的机会。这就是我一直的赌注——市场，而不是特定的价格。当我觉得应该卖出时我就卖出。当我认为股票价格有上升的迹象，我就买进。我对投机交易基本原则的坚持拯救了我。如果简单地采用限价交易，那么，以往我在对价商号交易中采用的方法无法有效地适用于正规的经纪行。我也永远无法了解股票投机生意的真谛，不过是一个井底之蛙，固守着自己有限的经历和一成不变的交易手法。

　　无论何时，当纸带机的数据滞后于市场，只要我试图限价交易以便弥补自身交易方式的劣势时，我立即发现，市场价格已经走得很远。这种情形出现的如此频繁，我不得不放弃尝试。此时的处境很难用语言来形容，我经历了多年的挫折才懂得，我的目标不应该是推算下面的几个报价是多少，而在于预期市场大行情的发生。

　　走过 5 月 9 日的厄运之后，我不得不为生计打拼，调整了我的交易策略。但是，我的交易手法依然有缺陷。如果不是时而有盈利，也许我可以更快地获得搏击市场的经验。但是，我赚到的钱足以让我衣食无忧。我喜欢和朋友们在一起共度快乐的时光。那年的夏天，我就像那些养尊处优的华尔街新贵一样，在新泽西海岸避暑。其实，我的盈利有限，不足以弥补我的亏损并支付我这些奢侈的开销。

　　尽管我并没有固执己见地坚持以往的游戏规则，但是，我还是没有参透自身的问题所在。当然，更没有可能设法解答尚未表达清楚的困惑。我之所以喋喋不休地谈论着这个话题，目的就在于说明，我经历了无数坎坷才悟出真正达到盈利境界的真谛。对付庞大的猎物，我的老式猎枪和气枪子弹已经无法与高功率的可连发的来复枪媲美，它们失去了用武之地。

那年的初秋，我再次赔得精光。更糟糕的是，我已经对股票交易的游戏如此厌倦，以至于我下决心离开纽约，想到别的地方换个工作另谋生计。我14岁就开始学做交易。15岁时就赚了有生以来的第一个1000美元。21岁以前已经赚到第一个1万美元。曾经不止一次亏损万元，又失而复得。我在纽约交易时，数千美元赚到手，再次得而复失。我也曾积累过5万美元的盈利，可两天内已灰飞烟灭。我别无所长，对其他行业一窍不通。几年过去了，我又回到了起点。不，也许更糟，因为我已经染上了一些陋习，习惯于奢侈的生活方式，尽管这种状态并不比我的交易方式频频出错更让我烦恼。

4

挑战对价商号

就这样，我回到家乡。但是，在我重新踏上家乡土地的那一刻，我就知道，我此生唯一的使命就是筹集资金重返华尔街。那是全美唯一可以容我大笔交易的地方。终有一天我将大获全胜，我需要这样一个舞台。当一个人认准正确的目标时，随后他所迎来的一切必定是名之所归。

尽管不抱太大希望，但是，我自然还是要再去找那些对价商号做交易，对价商号少了许多，而且还有一些陌生人新开的商号。显然，那些还记得我的人断不会给我机会让我再露一手，来检测我故地重游之后是否还称得上是一名交易员。于是，我如实介绍我的经历，告诉他们如何在纽约亏掉了我在家乡所赢得的一切；我已经不是当初那个自以为是的年轻人，如果让我进商号交易，我会证明自己是个好客户。但是他们不为所动。那些新的对价商号也靠不住。他们认为，无论以什么理由来推测，作为一个绅士，即使赌对了数字，最多应该只做 20 股的交易。

我需要钱，那些规模大点儿的对价商号与老客户做生意，大把地圈钱。我找到过去的一个朋友，到某家商号代我交易。我权作闲逛，只是进去看看。我故伎重演，让柜员觉得我只能做做小单生意，哪怕只有 50 股。当然，结果还是被拒绝。我给这位朋友设置了一个交易代码，这样一来，他就可以按我的指示买进或卖出。可是，如此操作所赚到的钱只不过是蝇头小利。不久，营业厅的柜员开始抱怨我这位朋友下的单子。终于有一天，当我朋友按我的指示要卖出 100 股圣保罗股票时，他们拒绝接单。

我们后来得知，有一个顾客在外面看到我和这位朋友在交谈，于是就跑到商号将这个发现告诉了营业厅的柜员。所以，当我的朋友去找柜员下单卖出 100 股圣保罗股票时，只听那个柜员说道：

"我们不接圣保罗股票的任何卖单，不接你的。"

"为什么，怎么回事，乔？"我的朋友问道。

"没什么，就是不接。"乔答道。

"是不是钱数有什么不对？看仔细了，都在这儿。"

"我的朋友递过去100美元——是我的钱——都是10美元一张的美钞，他假装愤愤不平，而我看上去若无其事。可是，其他大多数客户向争执的双方聚拢过来。这已经成了他们的习惯，只要听到营业厅有人高声交谈，或者店方与哪个客户有了轻微的摩擦，他们就会围上前来。他们想弄清楚事情的是非曲直，以便判断店方的偿付能力，这是他们最为关心的。

那个叫做乔的柜员，大概是个经理助理，从他的格子间出来，走到我的朋友面前，打量了一下他，又在打量我。

"真滑稽。"他慢条斯理地说道，"太滑稽了，你的朋友利文斯顿不在这儿的时候，你什么事也不干，只会坐在那儿盯着报价板，不声不响地看半天。现在，他来了，你突然之间变成了大忙人。也许你是在为自己交易，但是，别再到这儿来了。是利文斯顿在指使你，我们不会上当的。"

就这样，我的生财之道又被堵上了。好在我除了生活开销之外还剩下几百美元，我琢磨着怎么用这笔钱赚到更多的钱，积攒起足够的资金，我比任何时候都更急切地想重回纽约。我觉得，下一次我会做得更好。现在我有时间平静下来，反思以往的愚蠢行为，而且，当你远距离观察和回想整个过程，就会看到事情的全貌。当然，当务之急是重新积攒本金。

一天，我正在一家旅馆的大厅和一些我认识的同行交谈着，他们都是些稳扎稳打的交易员。大家都在议论着股票市场。我对他们说，谁都赢不了这种游戏，尤其是按市价指令价格的方式进行交易，因为从经纪行那儿得到的执行价简直糟糕透顶。

有一位同行尖着嗓门问我是不是话里有话，到底是指哪一家经纪行。

我说："那里最好的一家。"他追问究竟是哪一家。我看得出来他不相信我曾经跟一流的经纪行打过交道。

我干脆直说了："我的意思是任何一家纽约股票交易所的会员。不是因为他们在欺诈或粗心大意所致，而是因为，当你给出股市买进指令的那一刻，在你得到经纪行的交易报告之前，从来都不可能知道你的成交价是多少，也就无法知道交易的成本。在股市上，1～2 个点的波动多于 10～15 个点的波动。但是由于交易指令执行的关系，场外交易者不可能捕捉到小幅的上涨或下跌。如果这些商号不限制顾客大笔交易的话，那么，随便是哪个营业日，我都宁愿在商号做交易。"

跟我说话的这位同行是一副陌生的面孔。他叫罗伯特，看上去很友好。他将我拉到一边，问我是否在其他交易所交易过，我说没有。他告诉我说，他知道一些经纪行，是棉花交易所、商品交易所和一些小型交易所的会员。这些公司规则很严，特别关注交易指令的执行。他们和纽约股票交易所中最大及最精明的经纪行有着密切的往来，并凭借他们个人的影响力得到比散户更优质的服务，从而保证每月都能做成上万股的生意。

"他们真的适合小客户。"他说，"他们擅长做外地生意，对一笔 10 股的交易和一笔 1000 股的大买卖一视同仁，尽心尽力。这些经纪行既专业又可靠。"

"是挺好的。可既然他们要按惯例付给股票交易所经纪行 1/8 美元的佣金，那么利从何来？"

"你说的没错，他们是照例付 1/8 美元的佣金。但是——你应该知道的！"他冲我使了个眼色。

"哦，是的。"我说道，"但是有一件事情股票交易所会员公司是不会做的，就是削减佣金。交易所的董事们宁愿看到他们的会员犯了谋杀罪、纵火罪和重婚罪，也不愿意圈外人做交易时付出的佣金少于 1/8 美元。股票交易所的生存完全仰仗于会员们不违背这条规则。"

他一定看出来我已经和股票交易所的行家谈过这个话题，所以他说道："听着，在那些所谓虔诚的股票交易所的会员公司中，总会时不时地出现一家公司因为违反了这条规则而被吊销执照一年，不是吗？打折扣的花招层出不穷，只是所有人都不声张而已。"

他大概看出我疑惑的神情，接下去他又说："还有，对有些类别的业务，我们——我的意思是，这些电讯经纪行——除了 1/8 美元的常规佣金以外，还收取 1/32 的额外佣金。关于这一点他们是很好商议的，除非在特殊情况下，或者在客户交易户头不活跃的时候，否则他们不会真的收取这笔额外的佣金。其实，你是知道的，这么做他们也划不来。再说他们干这行可不是为了自寻烦恼，伤身劳神。

听到这里，我明白了，他是在为某些冒牌的经纪行招徕顾客。

"那么，你知道这类经纪行有靠得住的吗？"我问他。

"我认识一家全美最大的经纪公司。"他说道，"我自己就在那儿交易。这家公司在美国和加拿大的78个城市设有分公司，生意做得很大。若非他们严格坚守行业规则，也不可能年复一年生意做得这么好，可能吗？"

"当然不能。"我表示同意，"他们也做纽约股票交易所上市的同类股票交易吗？"

"当然。在全美的任何交易所以及欧洲交易所的股票，甚至场外交易的股票，他们都可以做。他们的交易产品有小麦、棉花和玉米，应有尽有，就看你想做什么。他们的信息员以公开或秘密的身份安插在各大交易所和他们的会员公司。"

他说到这里，我什么都清楚了，不过我想最好还是让他说下去。

"哦，是这样。"我说道，"但是，这一切都不能改变一个事实，总有人要来负责执行客户的交易指令。没有什么人能确保市场将会发生什么样的变化，或者报价机的价格与交易大厅的实际市场价格会有多大差异。当交易者在这儿得到报价，通过电报送出一个交易指令到纽约，宝贵的交易时间已经错过。或许我最好还是回纽约，与正规经纪公司做生意，亏损也认了。"

"我不懂你说的亏损是什么意思，我们的客户没有这种习惯。他们总是赚钱，我们会关照他们的。"

"你们的客户？"我不解其意。

"我是说，我在公司里有股份，我会尽力为公司介绍生意，他们对我不错，我也通过他们赚了不少钱。如果你愿意的话，我可以介绍你认识经理。"

"这家公司用什么名号？"我问他。

他告诉了我。我听说过这家公司，他们在所有的报纸上发广告，大肆宣扬他们的客户因为听从了他们所提供的有关热门股票的贴士而盈利丰厚。那是这家公司最大的特色。这不是一家普通的商号，而是对价商号中的骗子。那些所谓的经纪人拿客户的单子操作，却通过巧妙的伪装，让人相信他们是正规的经纪行并从事合法的交易。它是这类公司中历史最久的公司之一。

这家公司算是这一类公司的鼻祖了。当年十几家这样的公司都曾遭到倒闭的命运。他们经营的原则和操作方式是相似的，尽管他们欺骗大众的具体策略有所不同，如果一些老的欺骗手法变得尽人皆知，他们就设法更新细节，改头换面，继续施展骗术。

这些人惯常散布关于买进或卖出某只股票的所谓内幕消息——在一个地方有几百封电报建议顾客马上买进某只股票，却另有几百封电报推荐其他顾客即刻卖出同一只股票，这与老式赛马贴士的贩卖者如出一辙。于是，买进与卖出的交易单随之而来。比如，该公司通过正规的股票经纪行买进与卖出1000股这只股票，获得一份正式的交易报告，如果任何人心生疑惑，不客气地质问他们对客户的指令做手脚，他们就可以出示这份报告来加以掩饰。

他们还惯常在营业部设置可随时使用的资产池，让他们的客户以书面形式给他们以授权，允许他们以客户的名义使用其资金，在他们认为最有利的时机进行交易。这么一来，即使客户的资金凭空消失，无论客户如何义愤填膺，也无法得到合法的赔偿。在账面上，他们会做一只股票的多头，将客户的钱放进这个资产池中，然后玩弄商号的一些老掉牙的把戏，洗掉几百位客户的保证金，任何人都难逃一劫，妇女、教员和老人是他们最易得手的囊中之物。

"我烦透了那些经纪商。"看他这样死乞白赖地缠着我，我只好告诉他，"我得好好想想。"说完这句我急忙走开，不想再听他罗嗦。

我找人咨询这家公司。我了解到，他们有几百个客户。尽管有关于这家公司的种种传闻，但是，我并没有发现在他们的客户中发生过从他们那里赚到钱却拿不到钱的情形。实际上，最困难之处在于找不到任何人曾有过在这家公司赚到钱的经历，但是我还真找到了。事情的进展看上去对他们有利，这意味着，如果一笔交易和他们的预期相反，他们大概不会赖账。当然，大部分涉足这类生意的公司最终都会倒闭。靠行骗为生的经纪行出现倒闭潮的现象时有发生，如同很久以前就开始出现的银行倒闭潮一样，一家银行破产了，其他几家银行就会遭到同样的命运，这些银行的顾客为恐慌的气氛所包围，争先恐后地挤兑存款。不过，在这个国家，也有不少开这种商号的行骗者熬到退休还平安无事。

言归正传。关于那家头号冒牌公司，除了自始至终且无时无刻地追逐利润，或时有不诚实之举之外，我没有发现什么令人瞠目的蛛丝马迹。他们专门盯住那些渴望一夜暴富的人。但是，却是以书面委托的方式，得到所谓客户授权，明目张胆地洗净这些客户的钱囊。

我遇到一位小伙子，他告诉我，曾亲眼目睹这些人一天内发出600封电报建议顾客购买一只股票，另有600封电报向其他顾客强力推荐立即卖出同一只股票。

"是的，我知道这套把戏。"我对这位讲故事的小伙子说。

"还不止这些。"他又说道，"第二天，他们有发电报给同一批客户，建议他们轧平所有的头寸，然后再买进或卖出另外一只股票。我问过在那家公司营业部工作的一位高级合伙人，'为什么要这么做？前期的做法我可以理解。你们的客户中有些人注定在账面上会有暂时的进项，尽管这些人和其他客户一样，最终都是会亏损的。但是随后的行为令人不解，发这样的电报无异于将所有的人淘汰出局。是什么意思呢？'"

"'哦，'他说，'无论怎么做，最终的结局都是一样的，不论他们买什么，以什么方式买，在哪里买或何时买，客户注定要赔钱。待他们赔掉了所有的钱，我也就失去这些客户。那么，我索性从他们那里能刮多少钱就刮多少——然后我再去物色新的目标。'"

坦白地说，我并不特别介意这家公司的商业道德。我告诉过你，泰勒公司对我的所作所为我曾耿耿于怀，直到报了一箭之仇。但是，我对这家公司并没有类似的感受。他们也许是骗子，也许没有传闻中那么糟糕。我并不打算委托他们为我做任何生意，或遵从他们的投资建议，更不可能听信他们的谎言。我唯一关心的是积攒一笔资金重返纽约，在正规营业厅做大笔的交易，而无需担忧警察的突然来袭，就像这类商号所经历的那样，或者看到邮差光顾，带来关于资金冻结的可怕消息。如果你足够幸运，说不定一年半载之后你还可以拿回80%的资金。

无论如何，我打定主意，我要见识一下，这家公司相对于被称为合法的经纪行而言到底可以提供什么样的交易优势。我没有多少钱可以放进去做保证金，但是靠客户指令进行投机的公司在这方面自然宽松很多，在他们的营业厅里，用几百美元就可以做大笔交易。

我去了这家公司，找这家公司的经理谈了谈。他得知我是交易老手，曾在纽约股票交易所拥有正式的户头，并且亏掉了我所有的钱。这时，他立即表示，如果让他们用我的存款交易，保证一分钟就能赚到100万美元。他认准了我是永久型的交易者，迷恋报价机，屡战屡败，屡败屡战；为经纪行提供了稳定的收入，无论这些经纪行是投机于客户指令的冒牌经纪商还是谨小慎微地靠佣金为生的经纪商。

我告诉经理，我所期待的是指令可以得到适当地执行，因为我总是按市场价格指令方式交易，我不想看到交易报告中的执行价格与报价机显示的价格有哪怕半个点甚至1个点的差异。

他信誓旦旦地向我保证，他们一定遵照我选择的方式交易。他们之所以想接我的生意，是要让我见识一下什么才是高级的经纪行，他们雇有本行业的佼佼者。事实上，他们正是以严格执行交易指令而著称。如果报价机打出来的价格与交易报告上的执行价格有任何差异的话，总归是有利于客户的，当然，他们不能确保这一点。如果我在他们那里开一个交易账户，我可以按照收到的电讯价格买进和卖出，他们对经纪人的能力确信无疑。

很自然，这意味着我可以随心所欲地交易，就像我以前在其他商号所做的那样——就是说，他们允许我按照最新的报价做交易。我不想流露出急于交易的心态，所以，我摇摇头，告诉他我不想马上就开户头，如果我想通了就会告诉他。他极力敦促我马上开户，因为现在行情不错，正是入市赚钱的好时机。是的——对他们来说当然是，市场疲软，价格处于微幅涨落交替的状态，正是那种摆弄顾客的时机，先拉客户入市，然后按他们提供的贴士交易，再设法促使股价大幅波动，趁机洗劫客户。我费了好大一番周折才从这家商号脱身。

我留下姓名和地址，就在当天，我开始收到预付邮资的电报和信件，敦促我入市买进这只或那只股票，声称他们得知内部庄家将联手操作一轮50点的上涨行情。

我正忙于四处探访，找出做同类生意的冒牌经纪行。我认为，如果我有把握抓住他们的弱点来盈利，我就可以同附近的这些冒牌经纪行交易，这是我筹集大笔资金的唯一途径。

在熟知一切情况之后，我在三家公司开了交易账户。我租用了一小间办公室，电报线直达三家冒牌经纪行。

我依然从小股交易开始做起，以免一开始就吓跑他们。交易伊始，我收支相抵有余，他们很快就告诉我，他们期待与他们直接连线的客户做真正的交易，不想与一些畏首畏尾的胆小鬼打交道。他们认为，我做得交易越大，损失的机会越多，越会更快地洗掉我的资金，他们就会赚得更多。试想一下，这些人必须对付一般的客户，而从财务的角度看，一般的客户又都是短命的，那么，他们打出这种如意算盘听上去也有些道理。处于半破产状态的客户会满腹牢骚，含沙射影地攻击这些经纪行，这样那样的麻烦会接踵而至，影响经纪行的生意。

与此同时，我还和当地的一家公司建立了联系，该公司与纽约股票交易所的代理商直接连线。我设有一台股票报价机，开始采用比较保守的方法交易。正如我告诉你的，这种交易与在对价商号做交易相似，只是节奏要慢一些。

这是我擅长的游戏，果然又赢了。我从未达到每次交易必赢的境界，但总会有盈利，周而复始，时好时坏。我又回到以往那种惬意的生活状态，而且一直有积蓄，离重返华尔街的目标渐行渐近。我还连接了两条电报线直通另外两家冒牌经纪行，这样一来，我就有了5条直达电报线，当然，其中一条通往正规经纪行。

有几次，我的计划失误，我选中的股票走势和预期不符，不仅没有按预示的趋势变动，反而走向相反的方向。不过这对我还不至于造成致命的打击——不可能的，因为我的保证金有限。我和这些经纪商交情不错。他们的账目和交易记录并不总是和我自己的记录完全一致，而且只要有差异出现必对我不利。微妙的巧合——当然不是巧合！我据理力争，通常以有利于我的方式结束。他们总是心存侥幸，要从我手里夺回我从他们那里赚到的钱。我觉得，他们只是将我的盈利视为他们借给我的一笔临时贷款。

他们靠这做一行为生，却毫无职业道德可言。他们不满足于固定比例的佣金，而是以欺诈与蒙骗巧取豪夺。因为被他们瞄准的客户在股票市场上赌博永远是损失的一方——这从来就不是真正的投机行为——你会以为这些人的所作所为是合情合理的违法行为，但不是这样。"钱能生钱，投资致富"是一句古老而正确的格言，但是他们却置若罔闻，从不和顾客做对等交易。

有几次，他们试图用一些老把戏来欺骗我。由于我的疏忽，他们得逞了几回。他们总是在我的交易量小于通常规模时袭击我。我指责他们交易不公平甚至卑劣，但是他们矢口否认，最终，我还是回到市场做常规交易。和一个骗子打交道的最绝妙之处就在于，他总是能原谅你逮住了他的现形，只要你能继续跟他做生意又有何妨。他已经对此习以为常了，依旧乐意屈尊就驾，好一副宽宏大量的模样！

他们的这些骗术使我的资金无法按正常的比率增长，对此我实在难以忍受。于是，我打定主意要教训他们一下。我选中了一只曾经备受投机者青睐而后一度沉寂的股票，如同溃水。如果我选择一只从未活跃过的股票来操作，他们有可能对我的交易行为产生疑心。我对直接连线的4家冒牌的经纪行发出买进这只股票的指令。当他们接到指令在等待纸带机打出的下一个报价时，我通过纽约股票交易所的经纪行的连线发出指令，要他们按市价卖出100股。我催促他们尽快完成交易。就是这样，你可以想象一下，当卖出指令抵达纽约股票交易所大厅时会是一种什么样的情景，一只毫无生气的冷门股，某家与外地连线的佣金经纪行正要急于卖出。一定是有人捡了些便宜股。但是，纸带机打出来的交易价格就是我对4份买入指令要付的价格，我在一个较低的价位上共计持有400股这只股票的多头。与交易所连线的那家公司问我是不是听到什么风声才这样做，我的回答是，有一点内幕消息。就在市场收市之前，我对这家正规的经纪行发出即刻买回 100 股的指令，我不想在任何情况下做空，无论交易成本是多少。于是，他们连线纽约股票交易所转达指令快速买进 100 股，行情果然突然上升。当然，我也对那 4 家冒牌经纪行的朋友们发出卖掉 500 股的指令。整个过程进展的非常顺利。

他们还是不肯善罢甘休，于是我如法炮制给了他们几次同样的教训。我不敢太过严厉地惩罚他们，尽管他们罪有应得。我所做的股票盈利鲜有超过 100 股的 1 点或 2 点。但这样足以让我计划闯荡华尔街的本钱膨胀得快一些。有时，我会做一些股票的空头，变通一下程序，但颇有节制。每次出手后都有 600 ~ 800 美元的进项，我很知足。

有一天，我的操作如此完美，我所选中的股票价格扶摇直上，达到了10 点。完全出乎我的意料之外。事实上，当时我碰巧在 4 家冒牌经纪行中的一家持有 200 股，其他 3 家只有 100 股，而不是像通常那样，每家均做100 股。对他们而言，我做得如此天衣无缝，简直太离谱了。他们无法忍受，在发给我的电报中旁敲侧击地表示不满。于是我去见经理，就是当初急于让我开户的那位，每次我识破他的诡计时他总要显出他的宽宏大量。作为冒牌经纪行的经理，他只会夸夸其谈。

"那只股票的市场行情是假的，该死的，我不会付你一分钱！"他赌咒似的喊道。

"你接到我的交易指令买进时，市场行情可不是假的。那个时候你让我入市，好的，现在你得让我出场，我们讲究的是公平交易，你不能赖账的，难道你真能这么做？"

"我当然做得出来！"他咆哮着，"我可以证明有人在操纵股价。"

"说吧，是谁？"

"一定有人在这么做。"

"到底是谁？"我追问道。

"我敢肯定，是你的那些朋友在捣鬼。"他说道。

但是，我义正词严地告诉他："你很清楚，我一直一个人做生意，这在当地无人不晓。甚至我在刚开始做股票交易的时候就是这样。现在，我要给你一个忠告：你最好派人取钱给我，我不想有不愉快的事情发生，就照我的话去做。"

"我不会付钱给你的，有人在这笔交易中作弊。"他咆哮着。

我不想再听任他的胡搅蛮缠，告诉他："你现在马上付给我，就在这儿付好了。"

他又咆哮了一会儿，扬言要控告我的欺诈罪。但是，他最终还是极不情愿地把钱付给我了。其他几家没有像他这样如此粗暴。其中有一家冒牌经纪行的经理甚至研究了我所购买的那几只不活跃的股票，当我发出购买指令时，他实际上不仅入场执行了我的指令，而且自己也买了一些，并因此而赚了点钱。冒牌经纪行的这些人并不在乎客户对他们欺诈行为的指控，因为通常他们可以进行巧妙的技术处理，以便合法地蒙混过关。他们担心的是我会通过法律手段起诉，这样一来，他们在银行的资金会被冻结，家具设备会遭查封，他们不得不小心谨慎，以防资金暴露在这样的风险之中。他们不会在乎别人指责他们的刻薄，但是，如果落个赖账的名声，那么，对他们的经营而言是致命的。客户在他们的经纪行赔钱是司空见惯的事情。但是如果客户赚了钱却拿不到，这在投机者的法典上是极大的罪恶。

我在这4家冒牌经纪行拿到了我所有的盈利。只是，10个点的跳跃结束了以牙还牙给我带来的短暂的快乐。他们的这些惯用伎俩欺骗了成百上千的顾客，现在遭到了报应，不得不格外小心。我又恢复了正常交易，但是，市场走势并不总是和我的交易方式相契合，我无法赢得我所需要的一大笔资金。

这样的情形大约持续了一年，其间，我用尽浑身解数，想通过这些连线的冒牌经纪行交易而盈利。我一度生活得很潇洒，买了一辆汽车，花钱无节制。但与此同时，我也不得不量入为出。如果我在市场上做的头寸是正确的，赚到的钱花不完，我总是会有一部分存款。有时做的头寸不利，便一无所获无钱可花。我说过，我已经积攒了一笔钱，况且在这4家经纪行也没多少钱可以赚了。于是，我决定回到纽约。

我有了自己的车，邀请我的一位朋友一起开车去纽约，他答应了，我们启程一路开往纽约。中途在纽黑文停车吃晚饭，在同一家饭店遇到一位交易场上的熟人，大家一起闲聊。他告诉我们，本地有一家对价商号，电报连线做交易，生意很好。

我们离开了饭店继续前往纽约，只不过我在街上绕了一下，找到了那家商号，想从外面看看它的阵势。经不住内心的诱惑，我们停车走进了这家商号。里面看上去并不算奢华，但确实看到一幅熟悉的场景：一个老式的报价板，客户，交易正在进行中。

经理是一个年轻人，看上去似乎他曾经是一个演员或政治演说家。令人印象深刻。当他对你说"早上好"时，就好像是他曾花了 10 年的时间，用显微镜终于发现了晨光的美妙，并将这一发现连同蓝天、太阳以及公司的钱柜一起奉送给你。他看到我们从跑车上下来，而且两个人都这么年轻，一副漫不经心的样子——我看上去还不到 20 岁，他很自然地推断我们两人是耶鲁来的大学生，我也无心去纠正他。而且他也没有给我说话的机会，从一开始见面就在发表他的演说。说什么他很高兴见到我们，请随便坐。我们将会看到，上帝乐善好施，实际上，今天早晨的市场行情一路上扬，要让两位大学生增加些零用钱。当然，大学生们的零用钱从来都是不够花的。但是，就在此时此地，借助于报价机的善举和一点初始的投资，就可以盈利数千美元。这笔钱任谁也花不完，股市在期待着你们大展身手。

既然如此，这位好心的年轻人正热切地期待我们入市，如果错过这个机会岂不太遗憾了。于是，我告诉他，我乐意遵从，因为我确实听说很多人在股市上发了大财。

我非常保守地开始交易，但是随着盈利的增加，我扩大了头寸，我的朋友也照此办理。

我们留在纽黑文过夜，第二天早晨 9：55 时再次来到这家好客的商号。那位演说家看到我们很高兴，他自以为今天该轮到他赚钱了。但是收盘清算的时候，我赚到的钱只差几美元就达到了 1500 美元。第三天早晨，我们再次顺便拜访这位伟大的演说家，我递给他一份 500 股糖业的卖出指令，他犹豫了，但最终还是接了过去——默不作声！这只股票的价格下跌了一个点，我买进平仓，递给他成交单。我的盈利是整整 500 美元，相当于我最初交付的保证金。他从保险柜里拿出 20 张 50 元面值的钞票，慢吞吞地来回数了三次，然后当着我的面又点了一遍。他手指的汗水似乎变成了胶水，粘在了一起不听使唤，终于，他把钱交到了我的手上。他交叉手臂抱在胸前，一直紧紧地咬着下唇，眼睛瞪着我身后窗外高处的某个地方。

我告诉他，我要卖出 200 股钢铁行业股票，他就像什么都没听见，纹丝不动，我重复了一遍，而且将卖出的数量增加到 300 股。他转过头来。我等着他再一次慷慨陈词。只见他呷着嘴，咽了一下——就好像准备讨伐反对党 50 年来罄竹难书的暴政。

终于，他冲着我手中的黄色钞票摆摆手，说道："把那东西拿开！"

"拿开什么？"我问。他这话让人不知所云。

"你们要去哪儿啊，大学生？"他说话的腔调实在令人难忘。

"纽约。"我告诉他。

"这就对了。"他说着，一直在点着头，足有 20 次。"这太好了。你们离开这里就对了，我现在终于认清了你们两个是什么货色——大学生！我知道你们不是，我知道你们是什么东西。是的！是的！是的！"

"是这样吗？"我很有礼貌地对他说道。

"是的，你们两个——"，他停顿了一下，不再是那个声情并茂的演说家了，他朝我们吼叫着："你们两个是全美利坚合众国最大的鲨鱼！大学生？耶！还是一年级的新生！是的！"

我们转身离开，留下他自说自话。他大概不是很在乎赔了这么多钱。职业的赌徒都是这样。这是游戏本身所注定的，说不定哪天就会时来运转。显然，他在意的是我们愚弄了他，这使他的自尊心受到了极大的伤害。

就这样，我第三次回到华尔街，再试锋芒。当然，我一直在持续地对股市做着研究，试图弄清楚我自己的交易体系失利于 A. R·富尔顿公司营业部的确切原因。我 20 岁时赚得了我人生第一个 1 万美元，却得而复失。但是，我很清楚这件事的原因和过程——因为我周而复始不停地交易，因为我不能按照经过自己的潜心研究和实践经验而形成的体系来交易，所以，我入市不过是在赌博。我盈利心切，却没有调整好自己的竞技心态。在我差不多 22 岁时，本金曾积累到 5 万美元，却在 5 月 9 日的事件中损失殆尽。不过，我对事情的来龙去脉一清二楚。那是因为滞后于市场的纸带机报价让我折戟沉沙，更何况，在那个可怕的日子里，市场的激烈波动史无前例。但是，我还是不太明白自圣路易斯返回后为什么会赔钱，或者说为什么在 5 月 9 日大恐慌之后我还会亏损。我有自己的解释——这就是说，我已经发现了交易中的缺陷，我要弥补这些破绽。但是，我需要实际交易来验证。

　　没有什么比丧失了你在世间拥有的一切更能教导你怎样奋起了。当你懂得不赔钱并且能够盈利的真谛，当你明白了为达到既定目标应有所为和有所不为的道理，这才是你学习的开始！

5

重返华尔街

人们通常称那些凭追踪纸带机打出的价格而行事的一般交易者为纸带虫，他们常常出错，我怀疑这是因为这些人过度投机所致，这种几率和其他原因出错的几率不相上下。这意味着代价高昂的非适应性。毕竟，投机的游戏并不纯粹是数学问题或一套规则，无论其基本法规是多么严格。即使在我专心于阅读行情纸带时，其间也渗透着某些远比数学更复杂的现象。其中，有一个现象我将其称为股票行为，你可以据此判断这只股票是否按你所观察到的前兆来变化。如果这只股票行为怪异，就不要去碰它。这是因为，如果你无法确切地说出到底什么地方错了，你就无法判断它的变动方向。没有诊断，就不可能预测。没有预知，也不可能有收益。

关注股票的行为并研究它以往的表现，这不过是老生常谈。当年我初到纽约时，在一家经纪行的营业厅里，一位法国人曾大谈他的图表术。起初，我以为他在这家公司格外受宠，因为他们对他很友善。后来我才知道，他是一名很有说服力并且最能打动人的说客。他说，唯一真实的是数学，因为数学本身不可能撒谎。他可以通过自己绘制的曲线图预测市场的走势。他还能分析曲线并解释一些现象，比如，为什么基恩在操纵出了名的艾奇逊－托皮卡－圣菲铁路公司优先股牛市行情时是正确的，而随后在与人合伙操纵南太平洋铁路股票时却出了问题。时不时地有些专业人士曾经尝试过这位法国人的交易系统，后来还是恢复到自己的老一套方法并以此谋生，尽管旧的方法并不科学。他们认为，旧的交易系统尽管并无章法，但简便易行。我听说，那位法国人曾经声称基恩认可他的图表具有百分之百的准确性，只是觉得这种方法应用到活跃的市场时跟不上市场的节奏。

后来，有一家营业厅绘制了每日价格变化行情图。只要瞥一眼，数月内每只股票的市场行情变化便一目了然。通过比较个股与整个市场的行情曲线，并记住一定的规则，客户就可以看出这只股票是否真的像贴士信息所预示的那样，出现多头看涨的趋势。他们将这些图表作为贴士消息的补充来源。如今，你可以在很多佣金经纪行看到这类图表。这些图表都是由专业统计机构绘制的，除了股票行情图以外，还有商品期货行情图。

应当说，图表对于那些能够读懂图表的交易者是有帮助的，更确切地说，是对那些可以消化吸收图表信息的人有帮助。然而，一般图表阅读者很容易受到某些观点的困扰，比如，跌落、峰以及主趋势与次级趋势，这些都是与股票有关的概念。如果交易者迫使自己的信心达到逻辑的极限，注定会破产。有一位极其出色并且训练有素的数学家，也是一家股票经纪公司的前合伙人，毕业于一所著名的科技学院。他曾对许多市场——股票、债券、谷物、棉花和货币等市场的价格行为进行了非常认真与详细的研究，以此为依据绘制出各种图表。他追溯了多年的历史数据，跟踪观察市场之间的相关性与季节性变化——嗬，考虑到了所有的因素。他用自己研究的图表在股市上做了多年交易。实际上，他所做的就是高智能平均法。他们告诉我，他常常会赢——直到世界大战打破了所有的常规。我还听说，他和他的大批追随者损失了数百万，不得已而罢手。但是，如果股市牛气冲天，即使一场世界大战也难以阻止股票市场的涨势。反之，若股市行情不振，熊市在所难免。如果一个人想赚钱，他所要了解的一切就是判定市场走势。

我并不是有意脱离主题，每当我想起在华尔街最初几年的打拼生涯，就情不自禁地想告诉你这一切。我现在懂得了我当初还不了解的道理，我所犯的错误在于无知，这让我刻骨铭心，因为这恰恰是一般股票投机者不断在重复的错误。

我第三次重返华尔街之后，在一家股票交易经纪公司再度与股票市场较量，我的交易相当活跃。我并没有期待自己能够获得在那些对价商号交易时同样的业绩，但是，我认为，假以时日，我可以做得更好，因为在这里我可以支配更多的头寸。当然，此时的我可以看出自己的主要劣势，那就是我没能体会股票赌博与股票投机之间至关重要的区别。然而，7 年阅读纸带价格的经验以及对这种游戏的某种天赋让我游刃有余，我的盈利即使算不上一大笔财富，至少也是很高的回报率。像往常一样，我的操作有赢有输，但始终相抵有余。赚得越多，花得越快，这可能是大多数男人的通性。不，并不是因为钱来得容易才会这样，而是人的本性所致，没有哪一个人是天生的守财奴。比如，被喻为"现代期权买卖营业之父"的拉舍尔·赛奇，赚钱与守财的本能同样发达，当然，他死时的财富令人咂舌。

每天上午 10 点到下午 3 点的股市搏击实在让我着迷，3 点之后，我便专注于生活的游戏中。不要误解我的意思，我决不允许享乐干扰我的交易。我失利的时候，一定是我做错了，而不是因为我生活放荡所致。我从不会因精神涣散或酗酒而毁掉我的交易生涯。我无法忍受任何可能导致我身心不适的事情发生。即使现在，我通常会在晚上 10 点钟就寝。我年轻的时候也不曾玩得很晚，因为我要保持充足的睡眠，以便精力充沛地投入股市交易。我的业绩总是盈亏相抵有余，正由于此，我觉得自己应该享受生活，不要错过生命中美好的事物。只要有股市在，我总能靠它来获取我所需要的一切。我的自信源自于我职业化和理性的生活态度，我可以通过自己的方式来满足自己对生活的需求。

在我的交易中发生的第一个变化与时间有关。我不能像在对价商号交易时那样，待到市场行情变得明朗时出手捕捉 1～2 点的盈利。在富尔顿营业厅交易必须抓住行情变化的时机，尽早出手。换句话说，我要研究即将出现的行情，预测股票价格的变动。听上去好像是司空见惯的事情，但是，你明白我在说什么。是我自己对股市交易的态度发生了至关重要的变化。市场点点滴滴地教会了我，我理解了博取价格波动与预测不可避免的涨跌趋势之间，以及赌博与投机之间的本质区别。

我在研究市场行情趋势的时候，不得不回溯到至少一小时之前的行情——这种预测方法是我在世界上任何一家哪怕是最大的对价商号那里都学不到的。我开始对交易报告、铁路公司盈利、财务和商业报告感兴趣。当然，我喜欢大手笔的交易，他们称我为"交易神童"，可我也喜欢研究股市价格的运动。我从来都不会对任何事情感到厌倦，只要它们有助于我更明智地进行交易。如果我想到一种解决问题的方法，我首先要自己先做验证，而能够获得验证结果的唯一途径，就是要用我自己的资金来操作，这一点我很清楚。

现在看来，我那时的进步缓慢。但考虑到我总是处于盈利状态，我当时已经尽可能快地领悟到这种游戏的真谛。倘若我时常亏损，也许失败会刺激我加速学习的过程。我当然也会发现自身更多的缺陷。然而，我不能肯定亏损的确切价值，很显然，如果我亏损很多，资金短缺，也就无从验证并改善我的交易方法。

我研究了自己在富尔顿公司营业厅交易的盈利记录，我发现，尽管我对市场的判断百分之百正确——我对市场条件的分析和市场基本走势的预测是正确的，但是，我并没有达到按照这种"正确"的市场判断所应赋予我的盈利水平，原因何在？

事情往往就是这样，从胜利和失败中所能学到的东西一样多，也同样重要。

例如，当牛市行情刚一开始，我就已经看好多头，依据自己的预感买进股票。随着行情的上涨，市场走势一如我所料。到目前为止，一切都很完美。然而，接下来我的作为有些不妙，为什么？因为我听从一些前辈的忠告，试图抑制年轻人的鲁莽和冲动。我下定决心明智、谨慎地交易，要做得保守一些。人人都知道，应该用到手的利润待市场回调时再买回股票。这正是我当时的做法，或者至少是我试图做到的；我常常会利润在手，静待时机，在股市回落时买回。然而，却迟迟不见回落的迹象。眼看着我选中的股票涨到 10 点甚至更高，像断了线的风筝一样飘走了，我只能抓住仅有 4 个点利润的保守钱袋。他们习惯于说，此时平仓获利，总不会变穷的。是的，你是不会变穷。同样，在牛市行情下仅仅获利 4 点，你也不可能变富。

本来我可以赚到 2 万美元，却只赚到 2000 美元。这要归咎于我的保守主义策略。当我发现我所赚取的比例与我本该得到的盈利之比差距如此之大时，我却另有所获，这就是，客户们的交易方式是有差异的，而这种差异与他们阅历的深浅有关。

初学者一无所知，所有的人，包括初学者在内，都非常清楚这一点。

但是，下一个层次或第二阶段的投机者自以为懂得很多，而且还要让别人产生同样的印象。诸如，他是经验丰富的老手，他是做了功课的——不是研究市场本身，而是从更高段位的老手那里听到的一些关于市场的议论。第二层次的交易者懂得一些初学者不可能了解的避免亏损的方法。正是这些半瓶醋般的交易者，而不是那些懵懂的见习生，支撑着那些佣金经纪行，保证他们终年的收入源源不断。平均而言，这类交易者一般可以在股市挺上3年半的时间。而那些在华尔街初试身手的入门客最多只能挨过一季，即3周到30周不等。自然，这些半瓶醋者总是喜欢卖弄那些交易警句、格言或各种五花八门的金科玉律。对那些老道者的口若悬河他已耳濡目染，并通晓所有的禁忌——唯有最重要的一点例外，这就是：不要上当受骗！

这类半瓶醋者自认为智慧过人，因为他总在股价下跌时买进。他期待着市场行情的下跌，并反复计算着从高点卖出时可能获取的点数。在大牛市行情中，那些刚刚入市的新手对市场规则和行情前例全然不知，只是盲目地期待行情上涨从而也盲目地买进。他的盈利最多——直到出现一个正常的回调，行情急剧下跌，刹那之间卷走了他所有的利润。但是，谨慎的半瓶醋者和我的做法一样，我以为我正在根据其他智者的经验，做着很明智的交易。我很清楚，我必须改变在对价商号中所采用的交易方法，我认为我正在通过各种可能的方式解决自己的问题，特别是我还借用了客户中一些富有经验的交易者奉为上乘的金科玉律。

大多数交易者——我们权且称之为客户——都是相似的。几乎没有人愿意诚实地承认他们在华尔街亏了本。在富尔顿公司就有一批常见的客户，每个层次的都有！对了，有这么一个年长者与众不同。首先，他的确年长些。其次，他从不主动向周围的人提供交易的建议，也从不吹嘘自己的业绩。他是一位专心倾听别人讲话的高手。他看上去并不热衷于打听贴士——就是说，他从来也不向谈话者追问消息的来龙去脉。但是，如果有人给了他某个贴士，他总是很有礼貌地表示感谢，而且如果这个贴士灵验，他便会一谢再谢。假如信息有误，他也从不抱怨。所以，别人也无从得知他究竟是听信了贴士还是根本没有在意。这位老先生的富有和大手笔的交易是此间营业厅里的一个传奇。但是，从佣金经纪行的角度来看，他对这家公司并没有多少慷慨的馈赠，至少没有引人注意。他的名字叫帕德里奇，但是人们背后给他起了外号叫"火鸡"，因为他胸膛宽厚，习惯将下颚抵在胸前，高视阔步地在各间办公室走来走去。

这些客户们都渴望着有人在背后推一下，能迫使自己做些什么。这样一来，如果交易失利，就可以怪罪到别人头上。所以，他们通常会去找老帕德里奇，告诉他一位圈内人的朋友的朋友建议他们买进或卖出某种股票。他们会告诉他，收到这个贴士之后，还没有采取任何行动，所以，请他来参谋一下该做什么。但是，无论这个贴士是劝他们买进还是卖出，这位老先生的回答总是同一句话。

当一位客户讲完故事以及道出他的困惑之后，向帕德里奇问道："您觉得我应该怎么做？"

老"火鸡"会歪着头，脸上带着慈父般的微笑，注视着他的这位追随者，最后终于有声有色地对他的求助者说："你知道啊，现在是牛市！"

我常常听到他说："是的，现在是牛市，你是知道的！"就好像他用一张百万美元的意外事故保险单，里面包着一个价值连城的护身符，一股脑儿地赠送给了你。当然，我还是不解其意。

有一天，一位名叫艾尔默·哈伍德的同行急匆匆地来到营业厅，写了一份交易指令递给了柜员。随后又急忙跑去找帕德里奇，此时，帕德里奇正在彬彬有礼地在倾听约翰·范宁诉说他自己的故事：如何碰巧听到基恩对一家经纪行下达交易指令，约翰跟风买进100股，只不过赚了区区的3个点，当然，就在约翰刚刚卖出之后，这只股票的价格三天内却涨了24点。约翰向帕德里奇讲述这一伤心事至少是第四次了，但是，老"火鸡"依然带着同情的微笑在倾听着，如同他第一次听说似的。

这时，艾尔默来到这位老先生面前，毫无礼貌地打断了约翰的讲述，忙着告诉老"火鸡"："帕德里奇先生，我刚刚卖出了克莱曼克斯汽车公司的股票，我的人说，市场肯定还要回调，这样我可以低价购回。如果你还没有卖掉你的股票，我看你最好也这么办。"

艾尔默猜疑地看着帕德里奇，当初他向帕德里奇提供了买进该股票的贴士。作为业余的免费的贴士赠送者，总是觉得获取贴士者欠他的人情，即使还看不出消息是否灵验。

"是的，哈伍德先生，当然了，我还留着呢!"老"火鸡"感激地对他说。艾尔默真不错，还惦记着老同行。

"那么，现在是时候了，可以平仓获利，再等下一轮行情。"艾尔默这么说着，就好像他刚刚给老先生开了一张存款单。他并未察觉到这位消息受益者的脸上洋溢着感激之情，接着说道，"我刚刚卖出了我所有的股份!"

从他的声音和神态来看，据保守估计，此人的交易至少不下 1 万股。

但是，老帕德里奇却令人遗憾地摇着头，嘀咕着说："不! 不! 我不会那么做!"

"你说什么?"艾尔默喊了起来。

"我就是不能卖!"帕德里奇说着，一副为难的表情。

"是我给你的消息让你买进的，对吗?"

"是的，哈伍德先生，我非常感谢你。真的，可是，先生——"

"等一下，听我先说! 这只股票在 10 天内涨了 7 个点，对吗?"

"是的，对此我深表感激，亲爱的年轻人。但是我不想卖掉这些股票。"

"你不能卖?"艾尔默问道，开始怀疑起自己的行为。大多数贴士的提供者都有这种习惯。

"不，我不能卖"。

"为什么呢?"艾尔默向前凑了凑。

"为什么，这是牛市啊!"帕德里奇老先生说这话的时候，就好像早已经做了长篇大论详细解释过似的。

"不错。"艾尔默说道，看上去由于失望而气恼。"是牛市，这我和你一样清楚。可你最好卖掉你的那些股票，在行情回落时再购回。这样可以降低你自己的交易成本。"

"亲爱的年轻人。"老帕德里奇说着，看样子非常痛苦，"我亲爱的年轻人，如果我现在卖掉了这只股票，我就失去了头寸，以后我还能干什么?"

艾尔默·哈伍德有点束手无策，甩着两只手，摇着头走到我身边来寻求同情："你有什么高招?"他用念台词的声调对着我高声耳语，"我来问问你！"

我什么都没说。他只好继续道："我递给他关于克莱曼克斯汽车公司股票的消息，他买了500股，他可以得到7个点的利润，我劝他卖出平仓出场，待价格回调时再买进，其实现在该是回调的时候了。我告诉他这些，你听听他都说些什么？他说要是卖了这只股票会丢了这份工作。你说说这算怎么回事？"

"请您原谅，哈伍德先生，我没有说过我会丢了工作。"老火鸡插话了，"我说的是我会失去头寸。等你到了我这个年纪，又经历过许多次繁荣与恐慌的大起大落，你就会懂得失去头寸意味着什么，没有人能够承受得起这种后果，就算约翰·D·洛克菲勒也不行。我也希望市场价格能够回落，先生，这样你就可以低价购回你的股票。至于我自己，我只能按我多年的经验来交易。为了获取这些经验，我已经付出了沉重的代价，我可不想再付第二次学费。但是，我对你的感激之情就像我在银行账户里的存款一样，是实实在在的。现在是牛市，你知道。"说完，他趾高气扬地走开了，留下艾尔默站在原地，一脸茫然。

我当时并没有特别在意老帕德里奇说的这番话，直到后来我开始反思自己无数次失败的经历时才恍然大悟，为什么我对股票大市的判断如此准确，本可以大幅盈利，却常常只能赚点蝇头小利。我研究的越深，越能体会到这位老先生的理性与智慧。显然他曾在年轻时遭遇过同样的挫折，深知自身也有着同样的人性的弱点。他不允许自己再受到这样的诱惑。经验告诫他，诱惑是多么难以抵挡，而且总是要付出高昂的代价，我又何尝不是呢。

老帕德里奇反复告诫其他客户："你知道，现在是牛市！"当我最终领悟了这句话的含义时，我想我在交易中所受到的教育前进了一大步。实际上，老帕德里奇重复这句话的本意是告诉这些客户们，大笔利润不会来自于个别股票行情的单一波动，而是产生于主体市场的趋势——就是说，不能靠阅读纸带的价格来推断，而是抓住整体市场及其趋势。

我在这里还要强调一点，在华尔街打拼多年之后，在盈亏几百万美元的多次轮回之后，我想告诉你以下的道理：我的大笔盈利从来都不是出自任意妄为，而总是出自我的静观其变，你懂得我的意思吗？就靠我的镇定自若！股市交易并没有什么诀窍可言。你观察一下可以发现，在牛市早期会有很多人在做多头，而在熊市的早期也有很多人在做空头。在我所认识的很多人当中，他们都能准确地把握入场时机，当股市价格恰好显示出巨额利润的兆头时买进或卖出股票。而且他们的经历和我的经历极其相似——就是说，其结果，他们并没有真正获取正常的利润。既能判断准确又能耐心坚守的人并不多见。我发现，这种本领是最难学到的。做为一个股票操盘手，只有当他有能力紧紧把握上述两点，才能获取丰厚的利润。毫不夸张地说，对一个交易者而言，在他懂得交易的真谛时赢得百万美元要比在无知的初学时期赚取几百美元来得容易得多。

原因就在于，一个人也许对市场行情一清二楚，但是，当市场按照他事先推测的趋势在逐步调整时，这个人却失去了耐心或有所怀疑。这就是为什么华尔街这么多操盘手上不了第二层次的原因，甚至第三层次也数不着，无可救药地总是亏损。他们不是败给了市场，而是输给了自己，因为他们自以为很有头脑，他们可以沉得住气。老"火鸡"言行如是，千真万确。他同时兼备坚韧的勇气和稳坐泰山的智慧和耐心。

忽视股票市场的大幅震荡，急于入市和出市，这是我致命的缺陷。没有人可以捕获所有的价格波动。在牛市行情中，你要做的是买进并耐心持有，直到你认为牛市已经接近尾声。要做到这一点，你需要研究市场总体的走势，而不是轻信所谓的贴士，也可以忽略影响单一股票的特殊因素。此后，你必须从所持有的这些股票中跳出来，不要陷进冥思苦想之中，这样才能耐心持有，直到你认为——或者你愿意这么说的话，你认为你已经看出来市场的拐点，即整体市场呈现逆转的迹象。你必须开动脑筋，发挥自己的聪明才智；否则，我的忠告不过是白痴般的呓语，即所谓低买高卖。其实，任何人都能学会的最有益的事情是放弃抓住行情最后的 1/8 美元——或者行情最初的 1/8 美元。这两头的 1/8 美元是世上最昂贵的 1/8 美元。加总起来，这两个数字令股票交易者付出的代价何止千万，足以修建一条横贯美洲大陆的高速公路。

　　我对自己在富尔顿公司营业厅交易的后期行为进行研究时，也就是我懵懂的状态逐渐有所改善之后，还有一点引起了我的注意，那就是，最初的操作很少出现亏损。这种状态自然促使我下决心加大交易量。我对自己的判断充满信心，不允许这种判断为其他人的规劝甚至是我自己的急躁情绪所左右。如果没有对自己判断的坚定信念，一个人就不可能在交易场上远行。这就是我所学到的一切——研究市场的整体走势，建立自己的头寸并坚持到底。我可以等待而没有丝毫的急躁情绪。我可以坐视市场出现挫折而不为所动，因为我知道这不过是暂时的。我曾经做空10万股，而且预见到一个大幅回升的机会正在来临。我也曾预计——并且是准确地预计——我所预感到的回升是不可避免的，甚至对我是有益的，这将使我的账面利润足足产生百万美元的差异。然而，我依然坚守不变，坐视我的账面利润被市场冲走半数，即使如此，我甚至一次都没有考虑过在回升时甩出空头，补平头寸。我明白，如果我这么做了，我就失掉了头寸，这对我将是一个毁灭性的打击。只有大行情才能为你带来高利润。

　　如果说我获得这些真谛的过程是如此缓慢，那是因为我是在挫折中学习，时光就在犯错误和认识错误中流失，而从认识错误到确切地纠正错误则要消耗更多的时间。然而，与此同时，我也在尽情地享受生活，我是那么年轻，这些就算是对我很好的补偿。我的大多数盈利依然有部分来自我的纸带阅读技巧，因为当时的市场状况相当适合于我的交易方法。我的亏损既没有像我初闯纽约时那么频繁，也不会那么令人恼怒。只要你想到我曾在不到两年的时间内遭遇了三次破产，就没有任何可值得骄傲的事情可言。我曾对你说过，破产本身就是最有效的教育方式。

　　我的本金并没有增长得很快，这是因为我始终保持着快乐而舒适的生活。我没有过于苛求自己，不想放弃在我这个年龄或我的品位所渴望得到的很多东西，我有自己的汽车。在股市赚了钱之后，我看不出有任何理由要克扣自己，放弃生活中美好的事物。

　　很自然，报价机只在周日和假日才停止工作。每次我找到亏损的原因或者发现为什么以及如何犯错误的时候，我总要在资产清单上加上一条新的禁忌并铭记于心。要使日益增加的资产变现，最美妙的方法就是不要削减生活的开销。当然，我有过很多有趣的生活经历，也有一些乏味的体验，如果要描述全部的细节，恐怕一辈子都讲不完。事实上，能够在我的脑海立即浮现的那些插曲，就是能够明确教导我如何进行交易，或者能提高我的交易才能，再就是能够帮助我认清自己的一些人或事。

6

哈丁兄弟公司

　　1906 年春天，我正在大西洋城短期休假。我远离股市，只是想换换空气，好好休息一下。顺便说一句，我已经回到了我原来工作的第一家经纪行，即哈丁兄弟公司，我的交易账户非常活跃，可以操作 3000 ~ 4000 股的大额交易。其实，这并不比当初我在大都会对价行的交易量更大，我那时不过是 20 岁。但是，对价行 1 个点的保证金与正规经纪行所要求的保证金有很大区别，后者确确实实是在纽约股票交易所为我的交易账户买卖股票。

　　你也许还记得我讲过的一个故事，当时我在大都会对价行持有 3500 股糖业股票的空头头寸。我已经预感到苗头不对，最好是平仓。是的，我经常会有一些古怪的感觉。通常情况下我会让步，跟着感觉走。但是，偶尔我会自嘲这些直觉，我告诫自己，任何顺从突然产生的盲目冲动而变换头寸的行为都是很愚蠢的。我将这种直觉归因于雪茄抽的过多或睡眠不足以及精神不振等诸如此类的原因而导致的神经过敏。有时我会说服自己，不必去理会这些突如其来的念头，静观其变，但事后总是要后悔的。这样的例子有十几次，我没有按我的直觉卖出，第二天返回城里一看，市场很强势，甚至还有上升的空间，我暗自庆幸，对自己说，如果昨日听任盲目的冲动卖掉股票该是多么愚蠢的举动。但是，第三天的市场价格有可能急剧下跌。一定是交易系统有什么地方出错了，否则，我如此遵从理智与逻辑为什么没有给我带来利润。原因很简单，这些感觉来自于心理而不是来自于生理。

　　我想告诉你其中的一个例子，这件事令我印象深刻。这件事发生在 1906 年春天，我和一位朋友正在大西洋城度假，这位朋友也是哈丁兄弟公司的客户。我当时对市场交易有些这样那样的厌倦情绪，只想休息一下，放松自己。我一向都能够潇洒地放下在市场的交易，尽情享受生活，当然，除非市场异常活跃，而我已经建立了重仓。我记得那时是牛市。整体商业前景利好，股市走势平缓，但基调强劲，所有的迹象都表明股市价格有可能走高。

有一天早晨，我和朋友用过早餐，翻了翻《纽约晨报》。每天在海边注视着那些海鸥衔起蛤蜊飞到20英尺的高空中，在湿硬的沙滩上摔开猎物的壳子，然后饱餐一顿。这些景象已经看腻了，于是，我们沿着海边的木板人行道散步。这是我们白天所能做的最令人兴奋的事情了。

还不到吃午饭的时候，我们随意漫步打发时间，呼吸着带咸味的空气。哈丁公司在海边小径旁开了一个营业部，我们习惯于每天早晨顺便过去看看开市的情况。其实这只是一种职业习惯而已，没有其他用意，我什么股票都没打算做。

我们发现市场强劲而且活跃。我的朋友非常看好多头，他持有中等规模的多头头寸，买入时的价格比现在低几个点。他开始高谈阔论，说在价格高企时持有股票显然是非常明智的事情，云云。我没有太在意他在说什么，也懒得与他争辩。我正注视着报价板，发现了一些变化——大多数股票的价格在上升，唯有联合太平洋铁路公司的股票除外。我有一种直觉，应当做这只股票的空头。我说不出什么理由，只是感觉应当卖空。我问自己为什么会有如此感觉，但无论如何找不到卖空联合太平洋铁路公司股票的任何理由。

我盯着报价板上的最后一个价格，因为有了那种直觉，脑子里变得一片空白，所有的数字连同报价板以及任何其他事物都在我眼前消失了。唯一的念头就是想卖空联合太平洋铁路股票，却苦于找不到任何理由这样做。

我看起来一定很古怪，因为一直站在我身边的这位朋友突然用胳膊肘轻轻推了推我，他问道："嗨，你怎么了？"

"我不知道。"我答道。

"打算睡会儿吗？"他又说。

"不。"我答道，"我不打算睡觉。我想做那只股票的空头。"我相信，只要我按照直觉行事总能盈利。

我走到一张桌子旁边，那里有些空白指令单。我的朋友在后面跟着。我写好了按市场价格卖出 1000 股联合太平洋铁路公司股票的指令单，递给了经理。我在写指令单并递给他的时候，他的脸上一直挂着微笑。然而，当他读单的时候，笑容立即消失了，抬头看着我。

"这么写对吗？"他问我。我只是看着他不说话，他迅即将指令单交给操作员。

"你在干什么？"我的朋友问我。

"我要卖空这只股票！"我回答。

"你做空？"他对我大叫起来。如果他是多头，我怎么会是空头？有些不对劲儿了。

"我要卖出 1000 股联合太平洋铁路公司的股票。"我说。

"为什么？"他问我，语气很激动。

我摇摇头，意思是说没有什么理由。但是，他一定以为我收到什么贴士，这时，他拽住了我的胳膊，拉着我走到门外的大厅里，在那儿，别的客户既看不到我们，也听不到我们的谈话，这样可以躲开闲人的耳目。

"你听到了什么风声？"他问我。

他十分激动，联合太平洋铁路公司是他青睐的股票之一，他做的是多头，觉得盈利和前景都不错，可是他还是想知道来自二手的利空消息。

"什么都没有！"我说。

"你没有？"他的脸上明显地表露出怀疑的表情。

"我没有得到任何贴士。"

"那为什么你火急火燎地要卖出？"

"我真的不知道。"我告诉他，我说的全是实话。

"哦，得了吧，拉瑞。"他说。

他知道，我的习惯是想清楚才做交易。既然我卖出 1000 股联合太平洋铁路公司的股票，我一定有充足的理由卖出这么多股票，尤其当时面对的是强劲的市场。

"我不知道。"我重复着，"只是感觉有什么事情要发生。"

"会发生什么事？"

"我确实不知道。我也给不了你什么理由。我只知道我就是想卖出那只股票。我还打算再卖出 1000 股。"

我又回到营业厅，写好了另一张卖出 1000 股联合太平洋铁路公司股票的指令单。如果我第一笔 1000 股的卖空正确，那么理应再追加一些。

"到底可能发生什么事呢？"我的朋友一直在追问我，他拿不定主意是否要跟我的风。如果我告诉他我听说联合太平洋铁路公司的股价要下跌，他会立即抛出，而不问我的消息从何而来，或者有什么道理。"究竟会发生什么事呢？"他还在问。

"任何事情都可能发生。但是我无法向你保证任何事情发生或不发生的可能性。我说不出任何理由，我无法预知命运。"

"那你是不是发疯了。"他说道，"你一定是疯了，卖出这么多股的股票却说不出任何原因。你不明白你为什么要卖？"

"我不知道我为什么要卖出。我只是想卖。"我说道，"和所有的事情一样，我就是想这么做。"做空联合太平洋铁路公司股票的欲望如此强烈，以至于我又卖出了 1000 股。

我的朋友实在受不了了。他抓住了我的胳膊说："来吧，快离开这儿，否则你会把自己的股本全卖光的。"

我已经如愿以偿，做足了空头，于是，没等我拿到最后 2000 股联合太平洋铁路公司股票的交易报告，就跟着朋友走出交易厅。即使我能给出最好的卖空理由，这次交易对我而言已经是相当大的手笔了。而在没有任何理由的情况下，尤其是当整体市场如此强劲，环顾四周，没有一个人看空市场，做如此大量的空头实在是有些过分。但是我记得，在以往的某些场合，当我产生卖空的欲望而没有跟着感觉走时，事后总有某些理由让我后悔不已。

我曾经对朋友讲过这些故事中的一部分，有些朋友告诉我说，这不是一种预感，而是某种潜意识，是创造性思维的表现。就像艺术家们常常凭灵感创作，却不晓得灵感从何而来。对于我来说，或许是由于一些微不足道的零散事物积累到一定程度，产生了积聚式的强有力的影响。也许是我的朋友们不明智的多头买进刺激了我的逆反心理，于是，我选择了联合太平洋铁路公司股票，因为它受到了太多的追捧。我没法告诉你我这些直觉产生的原因和动机。我所知道的就是，那天我走出了哈丁兄弟公司在大西洋城分部营业厅的大门，在股市行情上行的情况下持有3000股联合太平洋铁路公司的空头股份，但没有丝毫担忧。

我想知道我最后的两笔1000股的交易单成交价如何。于是，我们午后一起信步走到那间营业部。我欣喜地看到整体市场依然强劲，联合太平洋铁路公司股票的价格在走高。

"我看你的交易没戏了。"我的朋友说。可以看得出，他很庆幸自己没有跟风卖出那只股票。

第二天，整体市场依然在上行，除了我朋友欢快的话语，我没有得到或听到任何消息。但是，我确信我卖出联合太平洋铁路公司的股票是对的，而且只要我感觉决策正确，我就会有足够的耐心。何以如此自信？就在那天上午，联合太平洋铁路公司的股票价格停止上行，在接近收盘时开始下跌。很快，这只股票的价格跌至我卖出的3000股平均水平以下1个点。我比任何时候都确信我的操作是对的，有了这种感觉，很自然我会卖出更多。于是，快收盘的时候，我又卖出2000股联合太平洋铁路公司的股票。

就这样，我凭直觉共计卖出5000股联合太平洋铁路公司的股票。这是我在哈丁兄弟公司营业部缴纳的保证金所允许交易的最大限额。在度假期间，我做的这笔空头交易数目实在太大了，于是，我中断休假连夜返回纽约。究竟有什么事情会发生？在海边的小营业部看不出任何迹象。我想最好还是亲临纽约的股市现场。一旦有必要，我可以即刻采取行动。

在我返回纽约的第二天，我们听到了关于旧金山地震的消息。这是一场可怕的灾难。但是股市开盘的时候只下跌了几个点。多头的力量支撑着股市，公众从来不会孤立地对新闻做出个别的反应，向来如此。例如，如果牛市基础坚实，无论报纸一直在报道牛市是否有人在操纵，这些消息都不会产生华尔街熊市状态下的那种效果，所有这一切都要看当时的市场情绪。在这一案例所描述的背景下，华尔街对这场灾难的程度并没有做出评估，因为它暂时还不想这么做。在即将收盘时，价格又有了回弹。

我持有5000股的空头。市场正在遭受打击，但是我的股票没有受到影响。我的直觉是第一流的，但是我银行账户的进项并没有增加，甚至账面价值也没有变化。和我一起在大西洋城度假的那位朋友亲眼看到我如何做空联合太平洋铁路公司的股票，此刻，他既高兴又伤心。

他对我说："这就是所谓的直觉，小伙子。但是，如果所有的头脑与金钱都倒向牛市一边的时候，和它们对着干有什么用呢？它们必定会胜出的。"

"给它们点儿时间。"我说道，我指的是价格。我不想平仓，因为我知道这场地震造成的破坏极其惨重，联合太平洋铁路公司是其中受损最严重的部门之一。然而，让人恼火的是，华尔街对此却视而不见。

"给它们时间？那么你的皮就要和所有其他的熊皮一起被剥光，放在太阳底下晒干。"他说的那么肯定。

"你觉得应该怎么做？"我问他，"在南太平洋公司和其他铁路公司正遭受巨大损失时，应该买进联合太平洋铁路公司的股票吗？等他们付清了所有的损失之后，拿什么来分红？还有什么盈利可言？你所能看到的最好结果就是，他们的麻烦也许没有报纸渲染的那么严重，那么你回答我，这是买进遭受重创的主要铁路公司股票的理由吗？"

然而，我的这位朋友只是说："是啊，听起来有理。但是，我告诉你，市场和你唱反调。行情纸带不会撒谎，你说呢？"

"行情纸带并不是每时每刻都能说出事实真相。"我说道。

"听着。在黑色星期五之前不久，有人曾与吉姆·费斯克交谈，那个人列举了10条很好的理由，解释为什么黄金应该永无休止地下跌。他从自己的描述中备受鼓舞，最终他告诉费克斯打算卖空几百万的黄金。吉姆·费克斯只是盯着他，说道，'卖吧！尽管卖！全卖空，再邀请我去参加你的葬礼'。"

"没错。"我说，"如果这个小伙子真的卖空，你会看到他将斩获多大的利润！我劝你也卖空一些联合太平洋铁路公司的股票为好。"

"我不会卖的！我不想逆水行舟。随波逐流，生意才会发达。"

在这场谈话的第二天，有关旧金山灾情的报告更为详尽了，股市行情开始滑落，但是，即使到了现在，行情下跌还是没有达到它应有的程度。

我明白，普天之下没有任何东西可以抵挡得住股市的下泻，我加倍交易，又卖出了 5000 股。喔，此时此刻，事态已经明朗化了，大多数人都可以看得出来，我的经纪人也乐意为我加仓。这些变化并不是由于他们或我自己行事鲁莽，而在于我判断市场的方式。随后的一天，市场开始有了正常的反应。是那些对价商号付出代价的时候了。当然，我将自己的运气推向了极致。我再度加倍卖空，共计持有空头 1 万股有余。我所能做到的就是尽可能地交易。

我是正确的——百分之百的正确——真是天赐良机，这是我当时唯一的想法，别无杂念。且看我如何施展身手，充分利用这次机遇。我卖空的更多。我是否想过，做这样一大笔的空头，用不着多大幅度的行情回升就可以冲洗掉我全部的账面利润，甚至本金不保？我不清楚我当时是否闪过这个念头，如果有，对我的影响也无足轻重。我不会莽撞行事。其实，我的交易依然是很保守的。地震已经发生了，没有任何人能够改变这个既成事实。他们不可能一夜之间在废墟上重建这座城市，不可能自由支付或免费提供一切，可能吗？倾尽世界所有的资本也无法在几小时之内恢复原状，可能吗？

我不是在盲目赌博，我也不是在疯狂地卖空。我没有沉醉于一时的成功，或者因为旧金山损失殆尽，几乎在地图上消失，从而认为美国即将成为一片废墟。不，当然不是，我并不期待恐慌。就这样，我在次日轧平头寸，赚取了 25 万美元的利润。这是我到那时为止所获得的最大盈利，而且仅仅是在几天之内。地震在发生后的最初一两天之内，并没有引起华尔街的关注。他们也许会告诉你，这是因为最初没有什么惊人的消息，但是我想，这是因为要改变公众对证券市场的看法需要很长的时间，甚至大多数专业交易员反应迟钝、鼠目寸光。

我无法做出解释，无论这种解释是科学的还是幼稚的。我只能告诉你我做了什么、当时的感觉以及最终的结果。我对直觉之类的神秘事物并不太感兴趣，我更注重结果，即 25 万美元的利润，这意味着，如果时机来临都或者一旦时机来临，我现在可以掌控的头寸比以往任何时候都大得多。

那个夏天我去了萨拉托加①温泉区。我本来是去度假的，不过也时刻留意着市场行情。首先，关注一下市场行情并不会让我感到疲倦不堪。其次，我所认识的每个在这个温泉区度假的人，都或者正对股市兴趣盎然，或者曾对股市情有独钟。我们在一起很自然地谈到这个共同的话题。我注意到，大家的言谈与他们的交易行为有着明显的区别。有些小伙子谈起股市的时候，他们的举止会让你想起那些胆大包天的职员对待坏脾气的上司，就像训斥黄狗一样。

哈丁兄弟公司在萨拉托加也开了一个分部。他们的许多客户都在这儿。但是，我猜想开设这个分部的真正动机是考虑到它的广告价值。在度假胜地开一家营业分部无疑是竖起了一张一流的广告牌。我习惯顺路去这家营业厅，坐在那群客户中间。营业部的经理人不错，是从哈丁兄弟公司纽约总部营业厅调过来的小伙子，到此地来就是为新老朋友提供一些帮助，让他们尽可能地参与交易。这里是获取贴士的一个绝佳之处——包括所有的贴士，比如赛马、股市行情以及靠提供贴士捞小费的人。营业部的职员们知道我对这类消息不感兴趣，所以，经理不会走过来在我的耳边悄悄耳语，说从纽约总部传来什么秘密消息，他只是将电报递过来说"这是总部刚刚发布的消息"，诸如此类。

当然，我一直关注着市场。对于我而言，观察报价板的价格与解读市场行情是一回事。我看到我所选中的联合太平洋铁路公司这位老朋友，它的股票价格有上涨的迹象。它的价格已在高位，但这只股票的市场行为看上去好像正在累积动力。我观察了几天，并无交易。我观察得越多，就更加确信有人在大量买进这只股票，此人定有来头，不仅在银行有大笔存款，而且做事周密。"多么聪明的吸纳手法。"我想。

一旦我确定了上述判断，我自然会开始以大约 160 美元 1 股的价位买进。这只股票保持着强劲的上升趋势，我一直在买进，每次 500 股。我买得越多，它上升的势头越猛，但没有发生急剧的跳跃，我感觉良好。从纸带机上显示的价格来看，有充分的理由说明这只股票还有很大的上升空间。

---

① 萨拉托加（Saratoga Springs），美国纽约州东部的一个村落，附近有温泉疗养地。

营业部的经理突然来找我，说刚接到纽约总部来电——当然，他们有一条直接通往纽约的连线——询问我是否在此间的营业部，得到了肯定的回复后，另一份电报写着："让他留下，告诉他，哈丁要跟他通话。"

我答应我可以等，与此同时，我又买进了 500 股联合太平洋铁路的股票。我想不出哈丁先生跟我有什么可谈的。我想不会是生意上的事。我的保证金是很充足的，足以保证我目前买进的头寸。不一会儿，经理走过来告诉我，哈丁先生打过长途电话来要跟我谈谈。

"你好，艾德。"我打了招呼。

他却这样回复我："见鬼，你到底怎么回事，你疯了吗？"

"是你疯了吧？"我说道。

"你这是在干什么？"他问我。

"你什么意思？"

"你买了那么多联合太平洋铁路公司的股票。"

"不可以吗，我的保证金有什么问题吗？"

"这事跟保证金没关系，你在做傻事。"

"我不懂你在说什么。"

"你为什么买进这么多联合太平洋铁路公司的股票？"

"这只股票正在上涨啊，"我说道。

"上涨，见鬼！你知不知道那些局内人把这只股票都塞给你了？你让人盯上了，成了最显眼的靶子。你还不如去赌赛马，输了钱还有点乐趣。别让他们耍了你。"

"没有人在耍我。"我告诉他，"我也没跟什么人交谈过。"

但是他回敬我道："你不要指望每次盯着这只股票跳下去就会有奇迹出现，能把救你出来。你现在还有机会，最好快点跳出来。"他说，"在这个价位做多头是在造孽——那些恶棍正在成吨地向外抛呢。"

"纸带的价格显示他们还在买进。"我坚持己见。

"拉瑞，我看到你的指令不断传来，我都快犯心脏病了，看在上帝的份儿上，别再犯傻了。快出！马上。它随时都可能崩盘。该说的我都说了，再见！"说完他就挂了。

艾德·哈丁是一个很聪明的人，他的消息灵通，非同寻常，而且是一位可信赖的朋友，公平处事，心地善良。更重要的是，我知道他所处的位置可以通晓各方信息。在我买进联合太平洋铁路公司股票的全部过程中，我多年研究股票的行为所感悟到的经验告诉我，有些症候通常会伴随着一轮实质性的上涨。我不知道结果会怎样，但是，我觉得自己凭纸带阅读已经得出了结论，它告诉我这只股票的确有人在吸纳，因为内部人非常狡黠地在操纵市场，以至于纸带机所显示的价格并非是真实的情景。大概是我被艾德·哈丁的煞费苦心所感动，他确信无疑，如果我不尽快摆脱目前的处境将铸成大错，因而出面阻止我。无论是他的聪慧还是他的动机都是无可置疑的。无论如何，我决定听从他的劝告，我也难以说清其中的微妙所在，但是，我的确这么做了。

我卖出了所有的联合太平洋铁路公司的股票。当然，如果此时做多头是不明智的，那么不做空头同样是愚蠢的。于是，在我摆脱了多头之后，我又做了 4000 股的空头。其中，大部分卖出的价位在 162 美元。

第二天，联合太平洋铁路公司的董事会宣布，每股的红利为 10%。消息一出，华尔街大哗，没有人相信这消息是真的。因为红利过于丰厚，简直就像走投无路的亡命者绝望地在做最后的挣扎。所有报刊都在指责董事会。与此同时，华尔街的精英们踌躇不决，而股市已经沸腾了。由联合太平洋铁路公司引发的股市交易量创出一轮价格新高。有些场内交易者在一小时之内赚了大钱。我记得，我后来还听说过，有一个场内的专业交易者，反应迟钝，犯了一个错误，竟然将错就错地赚了 35 万美元。一周后，他卖掉了在营业厅的席位，一个月后俨然成为一位很绅士的农场主。

当然，当我听到联合太平洋铁路公司宣布史无前例的 10% 分红消息时，我即刻意识到，这是我应得的报应，我忽略了经验对我的告诫，却听信了所谓的贴士。我将自己确凿的信念搁置一旁，而听信了朋友的猜疑，仅仅是因为他是与这笔交易没有利害关系的人，按照常规而言也是个很明智的人。

一看到联合太平洋股票价格创出了新高，我就对自己说："这只股票我不能做空头了。"

我将所有的钱都放在哈丁兄弟公司的营业厅作了保证金。我既没有理由欢欣鼓舞，也没有因这一事实而变得更固执。有一点很清楚，我的纸带阅读技巧很准确，但是却愚蠢地让艾德·哈丁动摇了我的决心。此情此景，指责别人毫无道理，因为我也没有时间痛悔，何况这一切既成事实。于是，我下达了交易指令买进，轧平空头。当我发出指令买进4000股联合太平洋铁路公司的股票时，市场价格大约在165美元。在这个价位上我损失了3个点。我的经纪人在执行指令的瞬间，实际交易价格在172~174美元的水平上。当我拿到交易报告的时候，我发现艾德·哈丁用心良苦的干预使我付出了4万美元的代价。对于一个没有勇气遵从自己信念的人来说，这个代价不高！我为这一课付出的学费可以说是很低廉。

我没有什么可忧心的，因为纸带依然显示出较高的价格。这次的价格运动不寻常，并没有董事会采取行动的先兆，但是这一次我跟着自己的感觉走，在发出4000股买入指令轧平空头的瞬间，我决定按纸带显示的价格取得利润，于是，我采取行动，又买进4000股，并按兵不动，直到第二天早晨卖出平仓。我不仅弥补了4万美元的亏空，而且额外盈利1.5万美元。如果不是艾德·哈丁设法救我，我将会大有所获。不过，他也算做了一件大好事，我坚信，因为正是这次教训，才使我接受了作为交易者的一次完美的教育。

这并不是说，我所学到的是"不要听信任何贴士，只要遵从自己的感觉"。而是说，我对自己更有信心，我终于有能力挑战那些过时的交易系统。这次萨拉托加的经历纯属偶然，是毫无计划的一次操作。从那以后，我开始思考市场的基本条件而不是个股的表现。在学习投机这一艰辛的过程中，我自我提升了一级。当然，这是非常漫长和困难的一步。

7

静观其变

　　我总是毫不犹豫地告诉周围的人，我对股市的看法到底是牛市还是熊市。但是，我对买卖任何特定的股票从来都讳莫如深。在熊市期，所有股票都看跌，而在牛市期，所有股票都看涨。当然，我的意思并不是说，在由战争导致的熊市中，军火行业的股票价格不会走高。我说的只是一般意义上的牛市或熊市。但是，一般人不会只期待别人对他说这是牛市还是熊市。他期望听到的更具体，比如，哪只特定的股票值得买或卖。他渴望的是无本万利，不劳而获。他甚至连想都不愿意去想。让他从地上捡起钱来数一数都会觉得是一种烦扰。

　　当然，我不会懒散到这种程度，但是，我发现思索个股的表现比分析整体市场要容易得多，因而，观察个股的波动也比整体市场的变化更容易把握。我需要改变自己，我的确这么做了。

　　要把握股市交易的基本要领并不那么容易。我经常会说，在看涨的市场状态下买进股票是最惬意的事情。这里要请你注意，关键不在于你是否在尽可能低的价位买进或在尽可能高的价位卖出，而是买进与卖出所选择的确切时机。当我认定股市为熊市的时候，我卖出股票，每一次的卖出价格必须低于前一轮卖出的价格水平。当我买进时恰好相反。我必须以按比例递增的价位买进。我不会以逐渐下跌的价格买进，只会在按比例增加的价位上买空。

　　假设我正在买进某种股票，我在 110 美元的价位上买进 2000 股。如果在我买进后股票价格升至 111 美元，我的操作至少暂时是正确的，因为价格上升了 1 个点，这意味着我有 1 个点的利润。那么，正因为我做对了，我继续跟进，再买进 2000 股。假如市场价格还在继续上涨，我又买进了第

3 个 2000 股，这时的价格比如说升至 114 美元，我觉得到目前为止买的已经足够了。现在我就有了调动头寸的操作基础。6000 股多头的平均价位在 $111^3/_4$ 美元，股票的价格在 114 美元。此时，我不会再继续买进，而是静观其变。

我推测，在上涨的过程中，价格会有一个回落的空间。我想观察一下市场在这次回落之后如何调整。也许会回落到我第三次买入的那个价位。也就是说，在上涨之后又回落到 $112^1/_4$ 美元，而后再度反弹。当它回升到 $113^3/_4$ 美元的价位时，我发出了买进 4000 股的指令——当然是按市场价格。那么，如果我这 4000 股的成交价是在 $113^3/_4$ 美元，我会卖出 1000 股以待观察市场如何表现。假定我在 $113^3/_4$ 美元的价位发出买进 4000 股交易指令时，2000 股以 114 美元的价位成交，500 股以 $114^2/_4$ 美元的价位成交，余下的以此类推，最后的 500 股需要付出的成交价是每股 $115^2/_4$ 美元。那么，我知道自己是对的。我就是以这种方式买进了 4000 股，来判断在特定时间对特定股票的交易是否正确——当然，我的交易过程是以下列假设为基础的：（1）我已经相当详尽地分析了整体市场的走势，（2）判断时下为牛市。我从来不会买进太便宜或太容易到手的股票。

我曾听说过执事 S.V·怀特的故事，对此我记忆犹新，那时他正是华尔街一个有名的操盘手。他是一位举止高雅的老人，睿智豁达，行动果敢。从我听到的描述来看，他在他那个时代曾有非凡的作为。

在那个久远的年代，当时的糖业股票是支撑华尔街股市大战的最持久的供应者之一。H.O·哈维梅耶是这家公司的总裁，正处在权利的顶峰和事业的全盛期。我从老一辈的言谈话语中了解到，哈维梅耶和他的追随者拥有足够的金钱和智囊妙计来成功地操纵他们自家的股票。他们告诉我，哈维梅耶利用这只股票修理小职业交易商远远胜过其他内幕交易者利用任何其他股票所做的手脚。通常，场内交易员更倾向于挫败内幕交易的把戏，而不是参与其中。

有一天，有一个认识怀特执事的人急匆匆地冲进营业厅，一脸兴奋地对他说："执事，你说过，如果我有任何利好消息就来通报您，如果您用了我的贴士你就会帮我做几百股的股票。"他停住话头喘息了一下，想得到确定的答复。

这位执事默不作声地看了看他，说道："我不记得我是不是很确切地对你说过这番话，但是，如果我能用得上你提供的贴士，我愿意付钱。"

"那好，我现在就有消息提供给您。"

"现在？那好啊。"执事的声音如此柔和以至于这位提供贴士的人都感到有些自负了，他答道："是的，执事先生。"然后他更靠近了，用几乎耳语的声音说道，"哈维梅耶正在买进糖业股票。"

"是吗？"执事不露声色地问道。

这位贴士提供者有些恼怒了，只听他刻意加重语气说道："是的先生，他正在能买多少就买多少，执事先生。"

"我的朋友，你确定吗？"老怀特问道。

"执事先生，我知道这是非常可靠的消息。他们内部的一群人正在设法买进一切可能到手的股票。这事多半与收费有关，他们打算在普通股上孤注一掷，它会越过优先股的。这就是说，一上来肯定就会涨 30 点。"

"你真的这么认为？"老人越过他的老式银丝眼镜的上缘看着他，他带上这副眼镜是为了读纸带的。

"我是不是真的这么想？不，我不是，我只是知道这件事。绝对准确！为什么啊执事先生，哈维梅耶和他的同伙正在拼命买进糖业，要是净利润少于 40 点，他们是不会罢手的。在他们满仓之前，市场随时都会脱缰而去，如果市场出现这种情况，我不会感到吃惊。经纪行营业厅之间踢来踢去的交易量比一个月以前少多了。"

"他正在买进糖业股票，嗯？"执事先生心不在焉地重复着这句话。

"买进，为什么？他正在忙不迭地拼命捞呢，恨不能自己将价格抬起来。"

"是吗？"执事先生就说了这两个字。

这足以激怒这位提供贴士的人，他说道："是的，先生！这条消息是确定无疑的。知道吗，绝对是第一手资料。"

"第一手？"

"是的，这贴士很值钱的。您打算用吗？"

"哦，是的，我是要用的。"

"什么时候用?"贴士携带者有些怀疑。

"马上。"执事先生喊道，"弗兰克!"这是他那位精明的经纪人的昵称，此时他正在隔壁的房间里。

"在这呢，先生。"弗兰克应道。

"你去营业厅卖出 1 万股糖业股票。"

"卖出?"那位贴士提供者嚷道。他的声音痛苦得走了调，以至于正准备跑去交易的弗兰克忍不住停下脚步。

"还问为什么，当然是卖出。"执事先生和颜悦色地说道。

"可我告诉您的是哈维梅耶正在买进呀!"

"我已经听清楚你说了什么，我的朋友。"执事先生平静地说着，转身对他的经纪人说，"动作快点儿，弗兰克。"

经纪人迅速跑出去执行指令，这位贴士提供者急得涨红了脸。

"我专程来这儿。"他狂躁地说道，"带来了我有史以来得到的最好的贴士。我把这消息带来，因为我当你是我的朋友，而且为人公道。我指望你能用得上……"

"没错，你的消息派上了用场。"执事先生平静地插话道。

"可我告诉你的是哈维梅耶和他的同伙正在买进。"

"你说的对，我听到了你的话。"

"买进! 买进! 我说的是买进!"贴士提供者高声尖叫起来。

"是的，买进! 我听懂了你说的话。"执事先生确认了他的话。他正站在纸带机旁边，看着纸带上出现的价格。

"但是，你是在卖出啊先生。"

"是的，卖出 1 万股。"执事先生点点头，"当然要卖出。"

他不再说话，专心致志地看着纸带，贴士提供者靠上前去想弄清执事在看什么，他知道老先生足智多谋。当他越过执事的肩头想看个究竟的时候，一个职员拿着一张单子走过来，显然是弗兰克的交易报告。执事先生不经意地瞥了一眼。其实，他早就从纸带上了解到他的交易指令执行的情况。

所以，他毫不犹豫对职员说道："告诉弗兰克，再卖出 1 万股糖业股票。"

"执事先生，我发誓，他们的确是在买进糖业股票！"

"是哈维梅耶告诉你的吗？"执事先生依然语气平静地问他。

"当然不是！他从来对任何人都是守口如瓶的。他向来一毛不拔，哪怕他只是眨一下眼睛就能帮助最好的朋友，他也不会做。但是我说的这条消息是真的。"

"你先别那么激动，我的朋友。"执事先生举着一只手。他正看着纸带。贴士的传递者带着苦涩的腔调说道：

"如果早知道你和我预期的对着做，我绝不会在这儿浪费你我的时间。但是，等你买回这只股票平仓大笔亏损的时候，我可高兴不起来。我替你惋惜，执事，这是真话！如果你不介意，我还是到别处去按我自己的信息去做吧。"

"我正在按你的信息做呢。我想我对市场略知一二，也许不像你或者哈维梅耶了解的那么多，毕竟还是懂得那么一点儿。我正在做的就是依据我的经验，通过你提供的信息作出明智的判断并付诸行动，只要一个人在华尔街闯荡的时间像我这么久，他必定会对任何善意的惋惜心存感激了。要保持冷静，我的朋友。"

来人两眼凝视着执事先生，对他的判断和勇气充满敬意。

不久，那位职员又回来了，将交易报告递给了执事，执事看了看说："现在告诉弗兰克，买进 3 万股糖业股票。注意，是 3 万股！"

那位职员急匆匆地走了，这位通报贴士者嘴里咕哝着，看着这位灰白头发、深谋远虑的老者。

"我的朋友。"执事先生亲切地解释道，"我相信你告诉我的是你亲眼目睹的实情。但是，即使我听到哈维梅耶亲口告诉你，我还是要照我自己的理解去做。因为只有一种方法能查明是否有任何人在买进，是否像你说的那样哈维梅耶和他的同伙在买进糖业股票，这个方法就是我刚才交易的过程。第一次的 1 万股轻易脱手，这还不足以下结论。但是，第二次的 1 万股被市场吸纳，市场行情继续上涨。市场上某些人吸纳这 2 万股的行为证实了有人的确打算吸入所有人抛出的糖业股票。此时，是什么人在接盘已经不重要了。于是，我轧平空头，开始做多头，多买进了1万股，我认为你的信息到目前为止是真实的。"

"真实到什么程度？"这位信息披露者问道。

"你在这家营业厅拥有500股糖业股票，成交价是这1万股的平均价格。"执事先生说。"祝你好运，下次可要保持冷静。"

"那么，执事先生。"贴士提供者说道，"您卖出这1万股的时候，请帮我卖掉我的500股可以吗？我远没有我自以为的那么高明。"

这就是故事中所隐含的道理。这也是为什么我从不买进低价股票的缘由。当然，我总是在尝试有效的买进——以这种方式来证明我对市场的判断。当卖出股票的时机来临，很显然，除非有人愿意买进这些股票，否则谁也卖不出去。如果你在操作大宗交易，你必须时刻牢记这一点。一个交易者必须研究整体市场的条件，谨慎策划实际的操作和行动的过程。因为他可以调动相当大的头寸，累积丰厚的利润——账面利润。因此，一个人不可以随心所欲地卖空。因为他不可能期待市场吸纳5万股的大头寸和吸进100股一样轻松。当一个人认为有足够的买入力量出现之前，需要一个等待的时限。当机会到来，他必须抓住机会出击。一般而言，他一直在等待着这一时机。当他能够卖出时就必须卖出，而不是情愿不情愿的问题。要学会掌握时机，他必须观察和试探。要甄别市场何时能够承受你所抛售的股票，这个问题没有什么诀窍可言。但是，在运作伊始，调动所有的头寸是不明智的，除非你确证市场条件是极其正确的。要铭记，从来没有任何股票价位过高让你无法买进或价位过低而使得你无法卖出。然而，在最初的交易之后，除非第一步交易赚取了利润，否则就不要继续做第二笔。静观其变。这是你的纸带阅读术发挥作用的时候——这种技巧使得你能够做出明智的决策，选择适当的时机入市。选择恰当的时机是成功的开始。我自己经历了很多年才认识到这个问题的重要性。当然，我也为此付出了成百上千美元的代价。

请不要误解，我并不是在劝导大家坚持金字塔式的加码交易。一个人可以通过金字塔式加码交易来赚取巨额利润，不按照这种方式交易有可能无法赚取同样的利润。但是，我想表达的是：假如一个人的交易量是 500 股某只股票的头寸，我认为他不应该立即一次买进这么多股票，如果他在做投机生意的话，就不要这么做。如果一个人仅仅是为了碰碰运气，我给他的忠告则是，不要玩这种游戏！

假如他买进第一个 100 股，但立刻出现了亏损。那为什么还要继续交易，买进更多的股票？他应该马上意识到，他做错了，至少暂时是做错了。

8

时机之锁

1906 年，萨拉托加之夏的联合太平洋铁路公司的股票风波使得我更加远离贴士和流言飞语——也就是说，别人的臆断和猜忌，无论是出自善意的劝导或个人的能力所及，我都敬而远之。不是因为我的虚荣心作祟，而是真实的事件证明了我阅读纸带的准确度超过绝大多数人对我的了解。我的实力也胜过哈丁兄弟公司客户的平均水平，在那里，我可以完全超越对投机的偏见。对我而言，做空头不会比做多头更有优势，反之亦然。如果说我有什么偏执的话，那么，最坚定的一点就是反思自己的错误。

在少年时代，我就喜欢对观察到的事实进行分析，想弄清其中的含义。这是我认识事物本质的唯一途径。如果是别人告诉我如何悟出其中的道理，我反而做不到。它们本来就是关于我个人的事实，你了解吗？如果我相信什么，那么你可以肯定，这是因为我必须相信。当我对股票做多头时，那是因为我对整体市场的解读使我得出牛市的判断。然而，你会发现，有许多人，甚至颇有声望的才俊，他们看好多头不过是因为有股票在手。我不会允许自己因为手头拥有的股票——或者我对某种股票的偏爱，而影响正常的思考。这就是为什么我一再强调，我永远都不会和纸带行情争辩。如果因为市场超出预期或者毫无道理地与你相持，你就因此对市场恼火，这就像得了肺炎而对肺恼火一样不可理喻。

我一直在逐渐接近于充分认知股票投机的全貌，除了阅读纸带行情之外，还有更广阔的领域。老帕德里奇坚持认为，在牛市行情中始终看好多头有至关重要的意义，毫无疑问，他的这种执着促使我决意在任何情况下都要首先判断整体市场的走势，坚守自己的信念。我开始领悟到，只有强大的市场冲力，才能产生大额的盈利。无论看上去是什么原因推动了最初市场的波澜，事实在于，行情的持续不是来自于一些人的联手操纵，或者金融家的诡计，而是取决于基本的市场条件。无论有什么样的障碍，市场的走势不可避免地要按照其推动力所决定的速度和持续时间前行。

在萨拉托加事件之后，我对股市运动的脉搏开始看得更清晰了——也许应该说我更成熟了，既然整个股市所有股票的走势是依据主流而动，就没有必要像我以前想象的那样去研究个股的走势或不同股票的市场行为。而且，通过思考总体的波动，一个人可以不必为交易设限。他可以针对上市的任何股票进行交易。对于特定的股票而言，一个人卖出的数量超过了总股本的一定比例之后，做空头便是很危险的，交易数量取决于这一股票以何种方式、以什么样的成交价以及由谁持有。但是，他可以卖出整体上市股票的上百万股——如果他把握住价格，而且不会产生被挤空的风险。在早期的股市中，一些内部人不时地动员大量资金处心积虑地制造恐惧，将空头交易者挤出市场。

很明显，该做的事情是在牛市行情下看好多头，在熊市行情下看好空头，这话听起来很愚蠢，不是吗？但是，我必须坚守这条最基本的原则，将其运用到实践中，它才能真正实现预期的概率。我花费了很长时间才学到如何按这样的准则来交易。但是，按照我自己的经验判断，我必须提醒你，直到目前为止，我还没有过按这样的原则做到足够大额的股票投机。如果你的头寸足够大，那么大行情才意味着大利润，要想拥有大量的头寸在股市的大行情中获利，你就必须在你的经纪行存有大笔本金。

我总是要在股市的盈利中支付我的日常开销——或者我自认为我做得到。这干扰了我为积攒本金所做的努力，而本金的积累是为了追逐更大的利润，只是增长的太缓慢，因此，这种方法不能像操作小幅波动那样立竿见影。

但是，现在的我不仅自信心大大加强，而且我的经纪行不再只是将我看做偶尔走运的"豪赌少年"。他们已经从我这里赚取了足够多的佣金。如今，我极有可能成为他们的明星客户，这对于他们而言，其实际价值远远大于我的交易量。一个能够赚取利润的客户对任何经纪公司无疑都是一笔无形的资产。

我已经不再满足于仅仅靠研究纸带来推测行情，从那以后，我也不再专注于特定股票的日常波动，当这种转变发生时，我可以从全新的角度来研究股市交易。我从观察报价板的交易方式回归到遵循交易的首要原则，从观察价格波动转向关注基本的市场条件。

当然，我一直沉迷于阅读每日行情报道，已经坚持了多年。所有的交易者概莫能外。不过，这些新闻报道大多是闲言碎语，其中有一些消息是蓄意误导，其他的无非是一些报道者个人的看法。即使是声誉稍好些的每周评论，当他们触及到市场基础条件的分析时，我也难以完全苟同。通常，金融编辑的观点和我自己的观点有差别。汇集整理事实并从中推出结论，对他们而言并不是至关重要的，对我却是生死攸关的。何况，我和他们对于时间因素的估计是截然不同的。对于我来说，分析过去一周的行情远不如预测未来几周的行情更有意义。

多年来，我已经饱受缺乏经验、年少无知和资金不足之苦。如今，我觉得自己面目一新。我对投机交易的态度今非昔比，这使得我了解到在纽约闯荡多年屡战屡败业绩不佳的原因。现在，我有丰厚的资源、经验和信心，我急不可耐地尝试用新的钥匙打开市场大门上的另一把锁——时机之锁！我曾经忽略了这把锁的存在，就我的阅历而言，这种大意再自然不过了。我不得不照例付出学费——每一次进步都需要代价。

我研究了 1906 年的形势，我认为当时的资金前景异常严峻。人世间的财富多数已损毁殆尽。每个人迟早都会感受到节衣缩食的困苦，因而人人自顾不暇，更无力帮助他人。如果将一栋价值 1 万美元的豪宅换成价值 8000 美元的一车皮赛马货品，谈不上是艰苦度日。那么，豪宅失火或火车失事毁掉了所有的财产，这才是真正的灾难。如同布尔战争①时期百姓的血汗随着大炮的硝烟化为灰烬，千百万的巨资用于供养远在南非不事生产的士兵们，这对远在英国本土的投资者毫无帮助。这样的史实不胜枚举。旧金山的地震与大火也和其他大灾难一样触及到每个人的生命线——制造商、

① 1899 - 1902 年，在非洲大陆的南部，爆发了一场大规模的战争。参战的一方是英国人，另一方是荷兰人的后裔布尔人，这是一场英布双方为争夺南非领土和地下资源而进行的战争。战争进行了两年七个月。最后，以布尔人的失败而告终，历史上称之为英布战争，也称南非战争或布尔战争。

农场主、商人、劳工与百万富翁们，无一例外。铁路首当其冲，遭受重创。看得出，没有任何事物可以抵挡住如此重击。在这样的情形下，只能做一件事——卖出股票。

我告诉过你如何转变交易的态度，一旦明确了自己的交易方式，我便开始最初的试探性交易，通常即刻会显示出利润。但这一次我的决定是倾仓卖出。很明显，我们进入了一个彻头彻尾的熊市期，而且，我确定有可能赚取自我从事股票交易以来最大的一笔利润。

市场开始下挫，随后又弹回。最初是一点点回升，而后便稳步上涨。我的账面利润消失了，亏损在增加。一天，市场看上去要将所有的空头者一网打尽，不会有什么人幸存下来讲述此次熊市是何等严酷。我退缩了，轧平头寸。侥幸逃过一劫。如果我没有这么做的话，剩下的钱恐怕连一张明信片都买不起。我已经遍体鳞伤，但总算保住了性命，期待来日再战。

我犯了一个错误，但错在何处？我在熊市做空头无疑是明智之举。我卖出股票的行为也很适当。只是，我卖得太快。这样一来，成本极高。我的头寸是对的，但做法有失偏颇。无论如何，随着每一天的时光飞逝，市场离最终的崩溃更近了，这是不可避免的。于是，我等待着时机。当上涨的势头萎缩并随之停顿时，我指示经纪人按我已经缩水的保证金所允许的最大限度卖出股票。这一次我做对了——准确地说，在这一整天我都是对的，因为接下来的一天又是新一轮的上涨，再一次的重创。于是，我研读纸带，继而平仓，然后再等待。看准适当的时机再次卖出——市场先是大幅下跌，而后是突如其来的上涨。

市场看起来有意将我拉回到早年我在对价行的那种老式交易方式。这是我生平第一次想尝试一种明确的前瞻性操作方案，综观股票市场的全局，而不是仅仅关注一两只股票的走势。我觉得，只要坚持下去，必成赢家。当然，我当时还没有形成自己系统的下单方法，否则，我会在市场下行时建立起空头头寸，就像我在前面已经解释过的那样，也就不会损失这么多的保证金。我也许还会犯错，但至少不会伤得如此惨重。你看，我已经观察到一些事实，只是还没有学会如何将这些事实融会贯通。我这些不太完整的观察非但没有帮上什么忙，实际上反而成了一种障碍。

从错误中学习受益匪浅，我总是可以做到这一点。我最终发现，在熊市中不要失掉头寸固然好，不过要记住，无论何时都要研读纸带行情，以便选择操作的有利时机。如果你开始是正确的，那么在你账户上的盈利性头寸就不会受到严重威胁，在随后的坚守过程中也不会有什么麻烦。

当然，我如今对观察市场的精确性信心十足——其中不掺杂任何主观愿望或个人嗜好——我也拥有更多的资本，来证明我观察到的一些事实，以及验证我个人的一些想法。然而，1906 年的一连串上涨行情却严重削弱了我的保证金。

那时，我快 27 岁了。已经有了 12 年的交易经历。但是，这却是我第一次依据即将到来的危机预测来进行交易的，我一直是在用望远镜来看市场，从而预测到这场危机的到来。从瞥见天边浓云密布，到我开始在大幅下滑的市场上兑现利润，显然，这个过程的展开远远超出了我的想象力所及，我甚至怀疑我是否真得像自己所认为的那样，将整个过程看得那么清楚。

关于活期利率，我们曾经得到过很多警告和耸人听闻的消息。而一些大金融家则依然在传达着乐观的福音——至少他们对报社记者是这么说的，而且接连发生的股市行情上涨揭穿了杞人忧天者的危言耸听。那么，我在这种情况下看跌是否犯了根本性的错误，或者我卖出空头头寸太快，不过是一个暂时性的错误？

我断定自己出手过快，但是我确实情不自禁。随后，市场行情开始下跌。我的机会来了。我尽可能卖出，股市却再度反弹至一个相当高的水平。

这次我被清出市场。

这就是我当时的处境，我是正确的，但是却破产了。

我可以告诉你，这件事情非比寻常。事情经过如下。

我以前瞻的目光看到前方成堆的美元，上面插着一块牌子，牌子上用大号字体书写着"请自便"。在这堆美元的旁边停着一辆货车，车子的一边印刷着"劳伦斯·利文斯顿货运公司"的字样。我手上提着一把崭新的铁锹。周围没有其他人。实际上，在这场夺金大赛中我没有任何竞争对手，这就是领先一步看到这堆美元的美妙之处。如果此刻有人驻足观看，也许能看到这堆美元的所在，只不过他们此刻正在看棒球赛并且着了迷，或者正开车兜风没来得及看上一眼，也或者打算用我看到的这堆美元来预付房款，却在忙着看房子。总之，这是我生平第一次看到这么多钱就在前方不远处堆着，忍不住要冲过去。然而，还没有等我跑到这堆美元跟前，风向已经变了，我跌了一跤，那些美元还堆在原地，只是我的铁锹却不见了，货车也失去了踪影。

欲速则不达！我太急于证明自己看到的是实实在在的美元而不是海市蜃楼。我看到了，而且心里很清楚，我的确看到了。我只顾想着我的先见之明可能得到的回报，这使得我无暇考虑我与那堆美元之间的实际距离，我应该稳稳当当地走过去，而不是直扑过去。

这就是当时所发生的一切。我没有沉得住气，来考虑一下在熊市的状态下如何抓住大量卖出的时机。这是一次我本来可以充分发挥阅读纸带优势的机会，我却任其划过。当然，我从中也学到了如下的经验：即使一个人在熊市刚开始时看好空头是适当的，但也最好不要大量卖出，直到确定发动机不再出现回火的现象。

这些年来，我在哈丁兄弟公司经纪行做了大量的股票交易，可以说是成千上万股。更重要的是，公司对我有信心，我和公司之间的关系很融洽。我想，他们是觉得我很快就会证明自己是正确的，而且也很清楚，我惯于一鼓作气，坚持到底，我所需要的就是重整旗鼓，扭亏为盈不在话下。他们已经从我的交易中获得了大笔的佣金，并期待我为他们提供更多的佣金。只要我保持良好的信誉，他们对我东山再起的能力深信不疑。

连续的打击使得我不再过度自信，也许我应该说是少了一些鲁莽和轻率，当然，这也是因为我意识到自己的处境已经接近破产。我所能做到的就是注意观察并耐心等待，其实，在我拼命卖出之前就应该这么做。现在这种情况也算不上是亡羊补牢，只是不得不考虑，下一次尝试一定要有把握。如果一个人不犯错误，用不了一个月就可以拥有整个世界，但是如果他不能从错误中取得真经，则会一无所获。

这个故事到此为止，先生。在一个明媚的早晨，我来到闹市，重拾信心。这次是毫无悬念的。所有报纸的金融版上都刊载着同一条消息，这样一个强烈的信号正是我上次跳入股市大量卖出时所没有意识到的。这条消息宣布，北太平洋和大北方铁路公司要发行新股。为了持股人的便利，可以用分期付款的方式来认购新股。这种周到的考虑在华尔街的历史上并不多见，这种举动反倒让我觉得是一种不祥之兆。

大北方铁路公司的优先股多年以来始终有一个利好的主题，该公司渲染他们所增发的新股如同又要切开的一个甜瓜，意思是说，这些幸运的股东们有权按照发行价格买入增发的大北方铁路公司的股票。这项权利很有价值，因为市场价格总是高于发行价格。但是，目前的货币市场银根趋紧，以至于全美最有实力的大银行也不能保证这些股票的持有人能够兑现差价。实际上，大北方铁路公司股票优先股的市场价格已经高达330美元！

我赶到艾德·哈丁的营业厅，一到那里，我就对他说："现在是卖出大北方公司股票的时候了，这才是我本该卖出的时机。看看那条广告就明白了，看了吗？"

他也读到了那条广告。我对他指出银行家们之所以同意分期付款是有漏洞的，但是哈丁并没有看出大崩溃近在眼前。他觉得，在大笔卖空之前最好再等等看，因为市场总有大幅回升的习惯。如果我继续等，价格也许会低一点儿，但操作也会更安全些。

"艾德。"我对他说，"这场崩溃拖延的时间越久，一旦爆发，崩溃就会来得越猛烈。那则广告上银行家们的告解就是一个信号。他们所惧怕的正是我所希望的，这是我们开始做空头的有利时机。我们所需要的条件都具备了，如果我有1000万美元，这会儿我都把它们放进股市去。"

我不得不和哈丁不停地解释和争辩。任何一个理性的人都可以从这则令人惊异的广告中得到合理的推论，但哈丁并不是一个仅仅满足于推论的人。营业厅的大多数人都觉得这理由还不够，可对我而言，这种推论已经足够了。我卖出了一点儿，实在是太少了。

几天之后，圣保罗铁路公司也站出来宣布它自己的发行计划，我记不清是发行债券还是股票，总之是二者之一。这倒无关紧要。重要的是，当我读到这条消息时，我注意到圣保罗公司的支付日安排在先前大北方和北太平洋公司公布的支付日之前。很明显，这种安排就像用扩音器广播，老牌的圣保罗公司正千方百计抢占另外两家公司的风头，因为华尔街的流动资金已经非常有限了。不难看出，支撑圣保罗公司的银行家们担心他们无法同时满足这三家公司的融资需求，而且，在这三家公司之中，谁也没有打算拱手礼让，"亲爱的阿方斯②，您先请！"这是不可能的！如果在货币市场上，银行已经收紧银根——而你又明白银行家们都很清楚这一点——那么，随后会发生什么事？铁路公司都在拼命争夺资金，但全都是空头支票，答案是什么？

当然，答案就是卖出！公众的目光大多都盯着股市一周的行情，却对正在逼近的危险毫无察觉。精明的股市操盘手目光所及的则是一年的行情。这就是差别。

我已经没有丝毫的怀疑和犹豫。当时当地，我已经下决心坚守我的判断。就在同一天的早晨，我真正按自己的原则开始实施我的操作战略，从此始终不渝。我告诉哈丁我的想法和立场，他不反对我在 330 美元的价位上卖出大北方公司的优先股以及其他高价位的股票。先前的错误让我付出了高昂的代价，而今受益匪浅，我选择了明智的卖出策略。

顷刻间，我恢复了声誉和信用。这也是在经纪公司的营业厅谋生的绝妙之处，无论这个过程是否是纯属偶然。但是，这一次我是绝对正确的，既不是因为灵感，也不是来自阅读纸带的技巧，而是我对影响整体市场的基本条件做了分析。我不是在猜测，我所期待的是必然要发生的事情。我卖出股票没有任何风险，因而并不需要多大的勇气。我看到，除了价格下跌的迹象之外，没有任何其他的可能性存在，我必须采取行动，不是吗？难道我还有其他的选择？

所有股票的表现都疲软不堪。眼前的价格有一点回升，大家都来警告我，下跌的行情已经触底。那些金融大鳄们十分清楚，空头交易者的敞口头寸数额巨大，于是，他们决定将这些空头者挤出市场。如此一来，就可以让我们这些做空头的市场悲观主义者将成百上千万的利润再吐出来。毫无疑问，这些大鳄们绝不会心慈手软。我习惯于对那些善意的劝导者致以谢意。我甚至不和他们争辩，因为这样一来，他们就会觉得我这个人忽视

---

② 阿方斯：男子名，等于 Alphonso（阿方索）。

他们的警告，不懂得感恩。

前面提到的那位陪伴我去大西洋城度假的朋友此刻正备受煎熬。他可以理解我当时的直觉，因为随后传来了旧金山大地震的消息。他不得不相信一系列的事实，我明智地遵从盲目的直觉卖出了联合太平洋铁路公司的股票，赚取了 25 万美元。他甚至说那是上帝以一种神秘的方式促使我卖出股票，而他当时却看好多头。他也能理解在萨拉托加温泉胜地所做的第二次联合太平洋铁路公司股票的交易，因为他可以理解任何涉及个股的交易，贴士无疑会预先影响到个股行情的走势，无论是上升还是下跌。但是这一次对于所有股票价格都必定下行的判断却使他震怒。这样的消息究竟对谁有益呢？情急之下，哪一位绅士可以指点迷津呢？

我仍然记得老帕德里奇最喜欢的那句口头禅——"是的，你知道的，这是牛市"。好像这条消息对任何足够聪明的人就足够了，事实也是如此。我有点好奇，为什么人们在股市下挫 15 点或 20 点时蒙受了巨大的损失之后，还依然守着头寸不放，并期待着 3 个点的回升，而且自认为下跌行情已经触底而期待全面复苏。

一天，我的那位朋友来找我，并问我道："你平仓了？"

"为什么你认为我应该平仓？"

"你有充分的理由这么做啊。"

"说说看，是什么理由？"

"赚钱啊。股市已经触底回升了，有下跌必有回升，不是吗？"

"没错。"我回答，"它们先沉到谷底，然后又回升，但不会马上浮上来。它们依然在喘息，看起来还得挣扎几天，现在还不是僵尸浮上水面的时候。"

有一位老前辈听到我说的话了。他是属于那种常常会触景生情的人。他说，威廉．R·特瑞弗总是看好空头，有一次遇到一个做多头的朋友，他们交流对市场的看法，他的朋友说："特瑞弗先生，你对股市看好空头的态度为什么这么强硬？"特瑞弗结巴着回道："当然！就像、像僵尸一般强、强硬！"就是这个特瑞弗，他来到一家公司的办公室要求查看公司的账簿。会计部的职员问他："你对这家公司有兴趣吗？"，特瑞弗回答说："我应该说、说我有兴趣！我做了2万、万股这家公司股票的空、空头！"

　　那么，股市巨升的势头越来越弱。我一鼓作气，倾仓卖出。每次卖出几千股大北方公司的优先股，价格都随之下跌几个点。我也留意了其他几只股票的表现，看出薄弱点就卖出一些。所有的交易都在盈利，只有一只股票例外，那就是雷丁公司③的股票。

　　其他所有公司的股票像平底雪橇一样急剧下跌，而雷丁公司的股票却像直布罗陀的岩石般岿然不动。人人都在说股市受控走入了绝境。当然，表面上看起来是这样。他们总是告诉我说，卖空雷丁公司的股票无异于自杀。营业厅里有些人现在也像我一样，对所有的股票看好空头。但是，只要有人暗示要卖掉雷丁公司的股票，他们就高声尖叫着"救命"。我自己卖掉了一些空头头寸，并且无所动摇。同时，我自然更喜欢寻找其他股票的软肋，而不是攻击防护较强的公司股票。我的纸带阅读技巧让我更容易在其他股票上谋利。

　　我听说过很多关于雷丁公司股票组成多头资产池④的故事。资产池实力雄厚。根据朋友们对我谈到的一些消息，我了解到，最初，他们持有很多低价股票，如此一来，他们持股的平均价格实际上低于当前的市场价格很多。此外，资产池的主要成员与那些为他们提供资金以便大量购买并持有雷丁公司股票的银行家们有着密切的人脉联系。只要能够维持住价格，他们与银行家们的关系就会是牢不可破的。这个资产池中一个成员的账面价值曾高达300万美元。这就使得他们足以操控市场，即使价格稍有下跌也不至于引发股市的灾难。难怪这只股票行情坚挺，公然与这么多空头者相抗衡。场内交易者不时地查看这只股票的价格，想尝试一下这只股票的味道，于是卖出一两千股做些试探。其结果是，没有一张这样的股票因这些尝试而被逐出来，于是，这些人不得已而平仓，另找其他股票，赚取更容易到手的利润。每当我看到这只股票，忍不住也会多卖出一些——卖出的数量恰好足够用于证明我自己是个可以坚持原则的人，而不是按个人的偏

---

③　雷丁公司为美国另一家铁路公司。

④　本书谈到的资产池是指主要由实力雄厚的金融或非金融机构参与的，为某种特定股票上市并支撑该股票交易而建立的承购团。

好随意行事。

如果按以前的做法，雷丁公司的股票行情如此强势，我或许早就中计了。行情纸带会坚持说："别理它！"但是我有理由持不同的看法。我预期的整体行情在下滑，所有的股票概莫能外，不论是否存在多头资产池成员的操控。

我总是天马行空，独来独往。早在对价商号开始交易时就是如此，如今一如既往。这是我发挥才干的一种方式。我必须依据我自己的所见所想来做交易。但是我可以告诉你，当股市按照我的预测向前推进时，我有生以来第一次感觉到，在我的生命中有一支同盟军——世界上最强大和最可信赖的同盟军：影响股市的基本条件。它们尽其所能地在助我一臂之力，或许它们有时积累后备时稍有延误，但是它们是可以信赖的同盟军，只要我有足够的耐心。我不是凭我的纸带阅读技巧或我的直觉在和机会对抗，而是影响市场行情的各种事件无可阻挡的内在逻辑在助我盈利。

事情就是这样，只要你知道什么是正确的，并据此采取行动。市场的基本条件——我忠诚的同盟在说："行情下跌！"但是，雷丁公司的股票却忽视这一命令。这对我们是一种冒犯。看到股市所有股票行情皆是一片萧条，唯有雷丁公司的股票如此坚韧不拔，我开始感到恼怒。所有的股票应该都到了最佳的卖空时机，因为目前的股价还没有下跌，操控市场的财团持有大量股票，只要银根有进一步收紧的迹象，他们将无法继续支撑下去。终有一天，那些银行家的朋友们将和普通股民一样，陷于恐惧的状态。雷丁公司的股票也将落得和其他股票同样的命运。如果雷丁公司的股票不下跌的话，就证明我的理论是错误的，如果我错了，那么事实和逻辑同样都是错误的。

我看得出来，股市之所以尚在支撑，是因为整个华尔街的投资者们没有勇气卖空。于是有一天，我分别对两家经纪行下达了交易指令，同时卖出4000股。

你真应该看到那只被操控的股票，甚至被说成是如果做空头就等于自杀的股票，当卖出指令蜂拥而至时竟一路跌下去，我让经纪行再卖出几千股。当我开始卖出时，价位在111美元。几分钟之内，我以92美元的价位轧平了所有的头寸。

在那之后，我也曾度过一段美好的时光，于 1907 年全部清仓。大北方公司的优先股已经跌至 60～70 美元左右，其他股票也有不同程度的下跌。我获利颇丰，但是，我之所以清仓是因为我看出行情的下跌已经贴现了近期的行情预测。我在期待一定程度的反弹，但是，并不足以让我看好牛市或转身做反向交易。我不想失掉全部的头寸。目前的市场还不适合我再度入市交易。在对价商号交易时，我赚到第一个 10000 美元又失去了，那是因为我不断地跳进跳出，每天都在不停地交易，无论基本市场条件如何。我不想再犯同样的错误。而且，不要忘记，我不久以前曾遭破产，因为我过早地估计市场行情崩溃的到来，并在时机到来之前便开始卖出。现在，我有了大笔盈利，我渴望兑现，并由此体味我决策的正确性。股市回升曾经击中了我，我遭到破产的命运，而今我不打算再让下一个回升的行情将我逐出市场。这一次我稳坐钓鱼船，干脆去了佛罗里达。我喜欢钓鱼，也需要放松一下。在佛罗里达度假可谓一举两得。此外，棕榈滩⑤装有直通华尔街的电报连线。

---

⑤ 棕榈滩位于美国佛罗里达州东南部，为度假胜地。

9

市场之王

我乘着游艇在佛罗里达的海岸边漫游。垂钓的过程乐趣无穷，我完全从股市的喧嚣中跳了出来，身心感到从未有过的轻松。那是一段美好的时光。有一天，一些朋友乘摩托艇来到棕榈滩。其中一位朋友随身带着一份报纸。我已经有一段时间没有碰过报纸了，也没有读报纸的欲望。我对印刷出来的任何消息都提不起兴趣。不过，这位朋友带到游艇上来的报纸我还是禁不住瞥了一眼，我读到了一些消息，市场已经出现了大幅度的回升，大约有 10 个点甚至更多。

我告诉朋友们我要和他们一起上岸。股市行情不时地出现小幅上升是合情合理的。然而，如果熊市尚未结束，这一定是华尔街或者是愚蠢的公众甚至是绝望的多头交易者在作祟，他们不顾当下紧缩的货币条件，竟然毫无道理地亲自冒险或指使他人将股价推高。我认为这个举动太过分了。我必须亲眼观察一下市场。这时候我还不清楚是否该采取行动。但是，我迫切需要看一眼报价板。

我所在的经纪行哈丁兄弟公司在棕榈滩同样开设了营业分部。我走进营业厅的时候，发现很多我认识的同行已经聚集于此。他们中的大部分正在谈论着市场的多头。他们都是凭阅读纸带进行交易的投资者，并且喜欢快进快出。这样的交易者不会向前看得太远，因为他们交易的方式不需要这么做。我说过，我在纽约股票交易所的营业厅作为"豪赌少年"是如何做交易的。当然，人们总是喜欢夸大一个同行的盈利和交易手法。此时，这个营业厅的同行们都已经听说过我在纽约交易厅如何大手笔操作空头，他们现在期待我再一次投入空头交易。而他们自己则认为上升的势头依然强劲，还会有大幅度的上涨空间，他们只是觉得和多头对抗似乎成了我的责任。

我来到佛罗里达不过是一次垂钓之旅。我已经承受了一段相当紧张的交易期，需要一段假日进行休整。然而，此时此刻，当我看到市场价格回升走得如此之远，休假的心思一扫而光。登岸的时候我还没有想好我要做什么。但是，现在我清楚了，必须卖出股票。我是正确的，我必须以我的老方式也是唯一的方式证明我的正确性——用资金说话。从整体股票的清单中挑选并组合要卖出的股票是适当和审慎的行为，也是有利可图的，甚至可以说是爱国的行为。

我在报价板看到的第一条信息就是阿纳康达公司的股票价格已经超过300美元。这只股票一直在跳跃性地上升，很明显，有一股咄咄逼人的多头势力在起作用。我自己有一套传统的交易理论，当一只股票第一次越过100或200甚至300美元等整数的界限时，价格不会停留在这些整数附近，而是会继续上升至相当高的价位，如此一来，如果你在价位刚刚越过整数线时就买进，几乎可以肯定的是，你会有一笔利润。胆小的人不喜欢在一只股票的价位创新高时买进。而我对于这种股票行为的历史案例在指引着我如何去做。

阿纳康达公司股票的面值是通常股票的1/4，只有25美元。400股阿纳康达的股票才能等同于通常100股其他股票的面值，后者每股的面值是100美元。我估计，当阿纳康达股票越过300美元的价位时，它将一路保持上升的势头，甚至有可能在某个瞬间达到340美元的高位。

记得吗，我看好空头，但是，我依然是一个具有阅读纸带能力的交易者。我了解阿纳康达这只股票，按我的预计，这只股票的价格应该变化得非常快。无论它变化得多么快，对我总是有吸引力的。我学会了忍耐与坚守，但是我天生喜好股票价位的疾速变化，况且阿纳康达公司的股票不是一只慢条斯理地发生变化的股票。我买进这只股票主要是因为它越过了300美元的价位，在欲望的驱使下，我以买进验证我的观察是否正确，我的这种欲望总是十分强烈。

恰在此时，纸带显示了买进的力量强于卖出，所以，整体市场的上升趋势或许会很容易进一步前行。我需要谨慎一些，耐心等待最佳的卖出时机。当然，我或许可以为这种等待付出一点酬劳。就是在阿纳康达公司的股票上快速交易，可取得 30 个点的利润。

视整体市场为熊市的空头交易者也可以做某一只股票的多头！

于是，我买进 3.2 万股阿纳康达公司的股票——就是说相当于 8000 股每股 100 美元为面值的股票。这有点儿疯狂，但是我确信必胜无疑，而且我估计到，这笔盈利会扩大我的保证金，随后可用于我的空头操作。

第二天，电报线由于北方的暴风雪和其他原因而被隔断。我正在哈丁的营业部等待消息。人群中传出了责骂声，客户们对正在发生的事情不无担忧，股票交易者无法交易的时候常常会这样。后来我们得到了一个报价——这是当天唯一的一个报价：阿纳康达股票，价位 292 美元。

有个同行跟我在一起，就是我在纽约碰到的一位经纪商。他知道我做了 8000 股整额面值的股票，我猜想他也做了一些，因为当我们得到上述唯一的报价时，他显然吃了一惊，他说，他也不清楚这只股票在那一瞬间是否下跌了 10 点。从阿纳康达股票上涨的趋势来看，再下跌 20 点也没有什么不寻常可言。不过，我对他说道："约翰，不必担心，明天一切都会好的。"这的确是我真实的感觉。但是，他只是看看我摇了摇头。他觉得他自己更明白是怎么回事，他就是这种人。我只好笑了笑，就在营业部等着，说不定还会有新的报价。可是，没有的，先生。我们得到的唯一报价还是：阿纳康达股票，价位 292 美元。这意味着我的账面价值损失了将近 10 万美元。我真想来个快速行动。不错，机会来了。

第二天，电报线路畅通，我们像平时一样可以收到正常的报价。阿纳康达股票的开盘价是 298 美元，而后升至 $302^3/_4$ 美元，但是，其上升的势头很快就消失了。而且，市场其他股票的表现也没有上涨的迹象。我断定，如果阿纳康达股票的价位回到 301 美元，那么这一轮的变动不过是一种假象。如果价格的上涨是合理的，它本该一路升至 310 美元的价位，而不应该出现停顿。如果出现了反弹，就只能说明我先前观察所得到的判断是错的。当一个人犯错误时，唯一该做的事情就是终止错误。我预期将有 30～40 点的上涨，所以，我已经买进了 8000 股整股。这不是我第一次犯错，也不会是最后一次。

果然，阿纳康达公司股票的价格跌至 301 美元。就在这只股票触及这个价位的那一瞬间，我悄悄走到电报员身边——他们和纽约的营业部有直接连线——我对他说："我有 8000 股整股的阿纳康达股票，全都卖出。"我压低声音说着，不想让任何人知道我的行动。

他用几乎恐怖的神色看着我。但是，我还是点点头说："是的，全卖掉！"

"当然，利文斯顿先生，你的意思不是按市价方式吧？"他看上去好像自己就要失掉几百万美元，只因为漫不经心的经纪商拙劣的操作。我只能简短对他说："卖掉，别多嘴了。"

有两个布莱克家族集团的小伙子，吉米和奥利弗，当时也在营业厅，碰巧听到我和电报员之间的对话。他们俩都是大交易商，祖籍在芝加哥，曾经因豪赌小麦而闻名，如今在纽约股票交易所做着大笔的交易。他们两个都很富有，竭尽挥金如土之能事。

我从电报员那儿正准备回到报价板前面的座位上，奥利弗·布莱克对我微笑着点点头。

"你会后悔的，拉瑞。"他说道。

我停住脚步，问他。"你什么意思？"

"明天你会再把它买回来的。"

"买回什么？"我说。除了电报员，我对谁也没说过我要卖出阿纳康达公司的股票。

"阿纳康达股票。"他说，"你买回的时候要付的价格是 320 美元，这个主意可不怎么样。"他又笑了。

"什么不怎么样？"我做出茫然的表情。

"在股市卖出 8000 股阿纳康达股票，事实上，你一直在坚持。"奥利弗·布莱克说道。

我知道他应该是非常聪明的人，常常靠贴士做交易。但是，除了我自己以外，他如何能对我的交易了如指掌？我确信营业部的人没有出卖我。

"奥利弗，你是怎么知道的？"我问他。

他大笑着告诉我："我从查理·克拉兹那里听说了。"就是那个电报员。

"但是他并没有离开过他的座位呀。"我说。

"我当然听不到你和他的耳语了。"他咯咯笑着，"不过我听到了他为你发往纽约营业厅的电报，每个字我都听得很清楚。几年前，我的电报被打错了一个地方，为此我和他们大吵了一架，所以，我学会了发电报。从那以后，每当我像你刚才那样——对电报员口授指令的时候——我要确定电报员所发的电文是否和我说的一样。因为我知道他是以我的名义发的电报。不过，你还是会后悔卖出阿纳康达股票的，它的价位会涨到 500 美元的。"

"这次不是的，奥利弗。"我说道。

他瞪着眼睛看着我说："你好大的口气。"

"不是我，是纸带行情这么说的。"我说道。现场并没有什么纸带机，所以，也不会有什么纸带。但是，他肯定懂得我的意思。

"我听说过那些说鸟语的人。"他说，"他们只是盯着纸带，看到的不是市场的价格，而是一只股票到站和出站的列车时刻表。他们不过是被关在墙上装有衬垫的精神病院里的一群疯子罢了。"

我再也没多说什么，因为这时营业部的小伙子给我送来了交易报告。他们已经在 $299^3/_4$ 美元的价位上卖出了 5000 股。我知道这里报价板的报价稍稍滞后于市场价格。当我给电报员发送卖出指令时，棕榈滩营业部报价板的价格是 301 美元。那一刻我的感觉是确定的，这只股票在纽约股票交易所的卖出价格实际上更低，如果有任何人要提出以 296 美元的价格接过我手中的股票，我一定会心满意足地接受。上述发生的事情说明，我从来不以限价的方式交易是正确的。假如我将价格限制在 300 美元，我是不可能脱手这些股票的。不可能的，先生。如果你想要出市，那就干脆离场，切不要拖泥带水。

那么，现在我的股票交易成本是 300 美元。他们已经以 $299^3/_4$ 美元的价格卖出了 500 股——当然是整股。下一次的交易是 1000 股整股，价位在 $299^5/_8$ 美元。另有 100 股和 200 股的价位分别是 $299^1/_2$ 和 $299^1/_4$ 美元。而余下的股票卖出价位在 $298^3/_4$ 美元。哈丁兄弟公司场内最聪明的交易员用了 15 分钟才将最后 100 股阿纳康达公司的股票脱手。看来操作者不想将裂口撕得太宽。

收到最后一批多头头寸卖出的交易报告时，我开始做这次上岸后真正想做的事情——那就是做空头。我是不得已而为之的。因为市场在不可思议地上涨之后，会有卖空的诉求。为什么呢，人们又开始谈论起牛市来了。然而，市场经验告诉我，上涨的行情已到尽头。卖空是安全的，无需再沉思默想。

接下去的一天，阿纳康达公司股票的开盘价低于296美元。奥利弗·布莱克正期待新一轮的上涨，他早早来到营业厅，要亲眼目睹阿纳康达股票价格越过320美元的这一刻。我不清楚他到底买了多少股，也不晓得他是否做的是多头。不过，他看到开盘价时当然再也笑不出来了，稍后，当阿纳康达股票的价格继续下挫，棕榈滩营业所传来的报告说，这只股票根本没有市场，他脸上仍然没有显出一丝笑意。

当然，这是所有的交易者需要的全部验证信息。我的账面利润每小时都在增加，它在提醒着我，我是正确的。很自然，我卖出了更多的股票，每只股票都可以卖！这是熊市。所有的股票价格都在下跌。第二天是星期五，这一天是美国第一任总统华盛顿的诞辰纪念日。我不可能继续呆在佛罗里达钓鱼了，因为我已经建起了大量的空头仓位。我必须回到纽约。有谁会需要我呢？当然是我自己！棕榈滩过于偏僻，离纽约股票市场的距离太遥远了，来回发电报耗费了大量宝贵的时间。

我离开棕榈滩返回纽约。星期一这天，我不得不在圣奥古斯丁的大街上徜徉3个小时，等待着下一班火车。这里也有一家经纪行，我在等待期间习惯性地到当地的营业厅观察市场的变化。阿纳康达公司的股票价格比前一天的交易价格又跌破了几个点。事实上，这只股票的价格一路下跌，一直持续到那年秋天大崩溃的到来。

我回到纽约，大约在4个月之内，我都是在做空头。市场像以前一样，时有上涨，我保持平仓－建仓这样的循环过程。严格地说，我并没有坚守不动。还记得，我在旧金山地震后市场下滑时赚到30万美元之多，却又亏掉了全部。我现在的交易力求安全——因为人在走了下坡路之后便有可能时来运转，即使不可能重回顶点。赚钱之道就在于赚钱过程的本身。赚取高额利润的迷津就在于，选择出手的时机恰如其分地体现正确性。在股市交易中，一个人既要精通理论，又要擅长实践。一个投机者不能仅仅充当学生的角色，他应当即是学生，又是投机者。

尽管我现在可以看到自己的战术仍有一些不足之处，实际上，我的交易做得还是相当好的。夏天到来时，市场也随之疲软。从这时起直到秋季基本上没有大的行情可以进行交易，这是很确定的。我认识的每一个人都离场了，或者去了欧洲旅行。我想，去欧洲度假对我也是个不错的选择。为此，我平掉了所有的头寸。当我准备起航去欧洲时，我囊中的盈利为75万美元还有余。对我来说，达到这种规模的盈利才像那么回事。

我呆在艾克斯莱班①自得其乐。这次度假物有所值，呆在这样一个地方，感觉美极了。手头宽裕，身边朋友和熟人环绕，大家都想悠然自得地放松一下。在艾克斯莱班几乎没有任何烦恼。华尔街是那样的遥远，我甚至想都没想过它，可以说，在欧洲度假的感觉胜过我在美国的任何一个度假胜地可能得到的快乐。我不必听任何人谈论关于股票市场的消息，我也无需交易。我有足够的钱来维持相当长时间内的开销。不仅如此，当我从欧洲返回华尔街时，我懂得如何赚取更多的利润，而且我所赚取的远远超过我夏日在欧洲度假的开销。

有一天，我在《巴黎先驱报》读到从纽约发来的一篇报道，斯梅尔特冶炼公司宣布额外派发红利。他们操控推高了股票价格，而整个股市有着相当强劲的回升。当然，这则消息改变了我在艾克斯莱班的一切。这条消息很清楚地表明，市场的多头交易者一直在坚持与基本市场条件抗衡——有悖常理，也有悖忠诚的准则，因为他们很清楚地知道即将到来的市场情形是怎样的，于是，他们施展手段，力图在风暴摧垮他们之前再做挣扎，将股票价格推向高位以利于出清。也可能是他们的确不相信险情如此严重，或者迫在眉睫。华尔街金融大亨们如同政客或赌客们一样倾向于一厢情愿。我当然不会如此行事。也许只有证券发行商或者新企业的孵化者，才会沉湎于这种幻觉之中。

---

① 艾克斯莱班（Aix Les Bains），法国东南部的城市，位于布尔杰湖湖畔，作为健身和温泉胜地，这里是打高尔夫球的理想之所。

无论如何，我内心是清楚的，在熊市中，所有空头的操控者都注定要失败。我在读到这条消息时就断定，唯一可以安心去做的事情就是卖空斯梅尔特冶炼公司的股票。当然了，他们在即将发生货币恐慌的边缘，宣告提高红利发放率，这种内部人的行为无异于跪倒在地，请求我这样做——卖空斯梅尔特冶炼公司的股票。这就像少年时代"敢还是不敢"那种老游戏一样在激怒你。他们在挑战，看我是否胆敢卖空这只股票。

我通过电报发出卖空斯梅尔特冶炼公司股票的指令，而且劝我在纽约的朋友也要卖空。当我得到来自经纪行的交易报告时，我看到他们交易的价格比我在《巴黎先驱报》看到的报价低了 6 个点。这说明了股市的走向。我原本计划在当月的月底返回巴黎，大约三周后乘船返回纽约。当我接到经纪行的交易报告后，我即刻返回巴黎。当天抵达巴黎时，我打电话给蒸汽船公司，得知第二天有一艘船前往纽约。我定了船票。

就这样，我走回纽约，几乎比我最初的计划提前了一个月，这是因为，如果要做股市空头的话，只有纽约市场才是最让人安心挥洒才能的地方。我现在有 50 万美元的现金可以充当保证金。我的盈利不在于我一直在做空头，而是来自于我交易的逻辑性。

我卖出更多的股票。随着银根趋紧，短期贷款利率继续上升，股票价格走低，这一切都是在我的预料之中。最初，我的远见曾让我破产。但现在我是正确的，而且生意兴隆。然而，真正令人愉悦的事情是，作为一个交易者，我最终走上了正轨。当然，我还需要学习很多东西，但是，我知道该做什么。不再有挣扎，交易方法也变得成熟起来。阅读纸带行情是股票交易的重要组成部分；选择适当的时机入市和坚守持有的头寸也都同样重要。然而，我最大的发现则是，一个人必须研究基本的市场条件，抓住这些迹象以便预测未来事件发生的可能性。简言之，我学到的是必须靠自己的辛勤工作才有利润可言。我不再盲目赌博，或者只在乎驾驭这种游戏的技巧，而是通过精心的研究和深思熟虑来获取成功。我还发现，几乎人人都采用过欺骗手法进行交易，然而，一切终有因果报应；而财务官总是忠于职守，将你应得的报酬如数奉还。

我所在的营业厅财源滚滚。我的操作如此成功，很快被他们传扬开来，当然，带有夸张的成分。我被指责为很多股票行情大跌的始作俑者。常常有些不相识的人慕名而来，向我表示祝贺。他们所有的人只是对我赚了多少钱感兴趣，而只字不提我首次向他们谈到的对熊市的看法。他们认为那不过是一个股市失意者对过去的事情仍然怀恨在心并牢骚满腹。他们对我所预见的货币市场的困境置之不理。他们认为，我的经纪行的会计只是用了一点点墨水在我名下的分类账册的资产一栏上填上了数字，这对他们而言是一种不可思议的成就。

朋友们常常会告诉我，在很多营业厅里，哈丁兄弟公司营业厅的"豪赌少年"被说成是采取各种手段威胁做多头的一方，因为后者总是在股票市场明显趋于低迷的情况下试图推高各种股票的价格。他们至今对我的突袭依然津津乐道。

自那年的9月下旬以来，货币市场一直向全世界大发警告。但是人们期待奇迹的出现，都在固守着已到手的投机性股票不肯卖出。为什么？一位经纪商在10月的第一周曾告诉我一件事情，竟然令我对自己的节制感到羞愧。

那时候，交易所的短期贷款通常在交易厅的货币柜台发放。那些从银行接到通知要求还款的经纪商一般都会知道他们需要借入的资金。当然，银行对可以借出的贷款头寸也了如指掌。这笔银行资金由少数主要经营定期贷款的经纪商所掌控。大约在中午时分，他们会发布最新的短期利率。该利率通常代表着到发布时间为止的短期拆借利率的平均水平。这项业务按规则是由报出买卖价的双方公开交易进行的，因此，每个人都会知道价格的走势。在中午和下午2点之间，货币交易多半无事可做，但是到了交割②时间——比如，下午的2：15——经纪商将确切地获知当日准确的资金头寸，他们就可以通过货币柜台借出他们多余的资金，或者借入他们短缺的部分。这项业务操作本身也是公开的。

就在10月初的一天，我前面提到的那位经纪商来找我，他告诉我经济商们正在做的事，他们手中明明有富余头寸却不去资金席位借出。原因在

---

② 交割（delivery）是指交易双方过户交易货币的所有权的实际交付行为。

于，有几家著名的佣金经纪行会员在那里监控，随时准备吃进所有的借出资金。当然，没有任何一家公开提供资金的出借者能够拒绝向这些公司借出资金。他们有足够的偿还能力且有抵押担保。但是问题在于，一旦这些公司借入短期资金，这些借出者很难期待他们按期偿还。他们只是说无力还款，无论出借者是否情愿都不得不将借款展期。因此，任何一家纽约股票交易所的经纪商如果有意借出资金给同行，通常会派一些人到营业大厅而不是去资金席位上寻找客户，他们会让好朋友们私下传话："一百，要吗？"意思是："你想借入 10 万美元吗？"资金经纪商是银行派出的代表，也采用同样的手法。看一眼资金席位的寥落，其凄凉可想而知。

是的，这位经纪商还告诉我说，这已经成为纽约股票交易的成规，在 10 月的日子里，借入者按自己的利率借入资金。你可以看到，年化拆借利率是在 100% 与 150% 之间波动。我料想，通过借入方固定利率这种方法，借出方就会通过某种奇特的方式感觉自己不那么像一个高利贷者了。但是，你可以断定，他绝不会比其他人少拿一分钱。借款人自然不敢梦想拒付高利率。他要付的和别人一样多，这是公平游戏。他需要的是钱，不论什么方式，只要能拿到资金就好。

形势越来越糟。最终，可怕的清算日到来了，做多头的交易者、乐观派和幻想家们以及大量游移的股民，刚开始的时候，他们还只是对小额损失带来的痛苦感到恐惧，而现在，不得不遭受更大的伤痛——截肢手术，而且不施麻醉剂。这一天是永难忘怀的一天：1907 年 10 月 24 日。

一大早，来自货币经纪商的大量报告显示，无论借出方出价多少，借入方都不得不照单付款。货币市场的资金无法满足流动性要求。当天，寻求资金的人比往常多得多。在那天下午的交割时间到来时，在资金席位上聚集着上百个经纪商，每个人都希望能借到资金来满足本公司的急需。如果借不到钱，这些公司不得不出售他们用客户的保证金买入的股票——无论市价多少都必须卖出，因为此时的市场上，买家和资金一样短缺——这个时候，几乎看不到美元的踪迹。

我朋友的合伙人和我一样，也在做空头。所以，公司不需要借入资金，但是我的这位朋友，我已经说过，他是一名经纪商，刚刚目睹资金席位上一幅幅憔悴的面孔，就跑过来找我。他知道我对整个市场正在重仓做空。

他说道："拉瑞，上帝！我不知道要发生什么事情。我从来没有看到这种场景，很难再持续了，总要做点什么事。我觉得每个人好像都要破产了，你不能再卖出股票了，市场绝对没有资金来吸纳了。"

"你想说什么？"我问道。

他却回答我说："你有没有听说过课堂实验？就是将白鼠放进玻璃钟里，然后开始抽出玻璃钟里的空气，你会看到白鼠的呼吸越来越急促，两侧就是操作过度的风箱，试图竭尽全力从玻璃钟里越来越稀薄的空气中获取足够的氧气。你看着它窒息，直到它的眼睛几乎从眼眶中掉出来，喘息着，走向死亡。这就是我刚看到资金席位周围的人群时所能想到的情景！到处都缺资金，你无法出清股票，因为没有一个人要买进这些股票。要我说，整条华尔街在这一刻全破产了！"

他的话引起了我的沉思。我已经看到市场崩溃即将来临，但是目前还没有，我得承认，这是历史上最可怕的恐慌。如果情势进一步发展，任何人都无利可图。

最终，情势变得很明显，在资金席位周围等待已经毫无希望，因为根本就不会有资金出现。股市濒临地狱之门。

那天的晚些时候，我听说纽约股票交易所的总裁 R. H·托马斯先生得知华尔街所有的经纪行面临灭顶之灾的消息后，四处求援。他访问了全美最富有的国民城市银行的董事长詹姆斯·斯蒂尔曼。这家银行曾经自夸，从来不会以高于6%的利率借出资金。

斯蒂尔曼听了纽约股票交易所总裁 R. H·托马斯先生的叙述后说道："托马斯先生，关于这件事，我们必须先去拜访摩根先生。"

这两位先生怀着一种共同的希望——要设法延缓美国金融史上最具灾难性的恐慌发生。他们一起来到 J. P·摩根③公司的办公室，拜见摩根先生。托马斯先生将来意向对方和盘托出，话音刚落，摩根先生就说到："你

---

③ 约翰·皮尔庞特·摩根（John Pierpont Morgan）是美国金融史上最著名的金融巨头，被称为"华尔街的拿破仑"。曾两度使美国经济起死回生。他还控制着几十家企业，并创立了美国钢铁公司，该公司的原始资本是当时美国联邦政府一年开销的4倍。

可以回到交易所去了，告诉他们，会有资金供应的。"

"资金在哪儿?"

"就在银行!"

在这样一些关键的时刻，所有人都对摩根先生抱有如此强烈的信任，以至于托马斯不再多说什么，连忙赶回交易所大厅，向那些已经被判死刑的同行会员们宣布缓刑。

于是，那天下午的2：30之前，J. P·摩根派出与本公司关系密切的范·恩博夫与阿特波利公司的约翰·T·阿特波利，来到等候在资金席位周围的人群中。我的朋友说，这位老经纪商疾步走向资金席。他像复兴会上的布道者那样抬起手来。刚刚听到托马斯总裁的消息之后稍有平静的人群，此时又开始担心救援计划流产，而且最糟糕的情形将不可避免地到来。但是，当看到阿特波利先生的面孔和他抬起的手臂时，人群马上像雕像般安静了下来。

在随后死一般的沉寂中，阿特波利先生说道："我被授权带来1000万美元，不要着急! 每个人都会得到足够的资金!"

然后，他开始分派资金。他没有告诉每位借款人谁是借出者，而是匆匆记下借入者的名字和借款的数量，并且对借入者说："会告诉你到哪儿去取钱的。"他的意思是说稍后借入者会知道借出银行的名字。

一两天之后，我听说，摩根先生只是告诉那些受到惊吓的纽约银行家们必须提供纽约股票交易所需要的全部资金。

"可是我们没有资金可借，我们的贷款项目都超限了。"银行家们抗拒着。

"你们有准备金的。"J. P·摩根先生厉声回敬。

"但是，我们的准备金已经在法定限度以下了。"他们哀号道。

"就是要用这些准备金! 现在正是需要准备金的关头!"这些银行服从了，动用了大约2000万美元的储备金。这次行动挽救了股市。银行资金的恐慌延迟，直到随后的一周才最终到来，但并没有像预想的那样来得那么猛烈。J. P·摩根是一位真正的男子汉。

就是这一天，是自我从事股票交易以来，在我的记忆中最生动的一天。

正是这一天，我的盈利超过 100 万美元。这标志着我第一次按精密计划进行的交易战略大获全胜，成功收尾。我所预见的都已成为过去的事实。但是，超越这一切，我所感觉到的是：我自己的狂热梦想终于实现。我是这一天的市场之王！

当然，我随后会对此做出解释。我在纽约呆了几年之后，常常会绞尽脑汁试图找出精确的原因，为什么，我作为一个 15 岁的男孩，在波士顿的对价商号交易屡屡取胜，而在纽约股票交易所却行不通。我知道，总有一天我会发现错在那里，而且将不再犯错。到那时，我不仅会按正确的意愿行事，而且用知识武装自己，确保自己总是正确的。这意味着一种力量。

请不要误解。这不是白日做梦的呓语，或者是过于自负的虚荣者徒劳的欲望。我宁愿说这是一种感觉，同样的一个股票市场，在富尔顿营业厅和哈丁兄弟公司的营业厅曾让我深深的困惑，而今已成为我可以玩弄于股掌之间的一种游戏。我有一种直觉，这一天迟早会到来的。它终于来了——1907 年 10 月 24 日。

我这么说是有原因的。

当天的早晨，有一位在我所在的经纪行里做过很多业务的经纪商，他知道我一直倾心于做空头，在他与华尔街首要银行的一位合伙人一同乘车时，这位朋友告诉那个银行家我的空头交易有多大，我也一定会重仓操作。除非得到所有的正面可能性带来的利益，否则正确的意义何在呢？

或许是这位经纪商夸张地描绘，以便渲染故事的重要和精彩，或许是追随我的人比我知道的要多，也或许是这位银行家比我更加清楚当时的形式是多么严峻。总之，我的朋友是这么对我说的："他怀着极大的兴趣在听我的故事，我告诉他你认为市场再上推一两次，真正的卖出行情就会开始，并且告诉他你对之后市场的看法。我说完这些话，他对我说，也许当天的晚些时候他会有些事情嘱托我去做。"

当佣金经纪行发现无论报价是多少都筹不到一分钱的时候，我知道这个时刻到了。我派出经纪商到不同的人群中探听消息。有一段时间，竟然没有任何人出价购买联合太平洋公司的股票。无论什么价位都没有！其他股票也一样。没有资金来持有股票，也没有人打算买入股票。

我拥有巨额的账面利润，而且可以肯定的是，我只需要发出几个指令卖出 1 万股联合太平洋公司的股票和 6000 股其他分红不错的股票，已经下挫的股价将会进一步暴跌，而接下来的股市无疑将是地狱。在我看来，即将到来的恐慌如此强烈和特别，交易所的董事们说不定会考虑关闭交易所，就像 1914 年 8 月世界大战爆发时所做的那样。

这意味着账面利润将大量增加，也意味着这些账面利润不可能兑换为实实在在的现金。但是，还要考虑到其他的因素，其中之一就是，如果股市进一步下挫，可能会延缓再度复苏的到来，对此我已经做出了估计，毕竟，市场大出血后需要补偿性的改善。这样的恐慌将使整个国家大伤元气。

我决定了，因为继续大量地做空头是不明智和令人不愉快的，那么，对我来说，保持空头头寸是不合逻辑的。因此，我转向多头，开始买进股票。

在我的经纪商为我买进股票不久——顺便说一句，我以最低价买进——那位银行家派人找到我的朋友。

"我派人找你。"他说，"是因为我要你立即找到你的朋友利文斯顿，告诉他，我们希望他今天不要卖出任何股票，市场再也承受不了更大的压力了。看这情形，要避免一场毁灭性的恐慌是异常艰难的任务。请唤起你这位朋友的爱国心。这是一个男人应当为所有人利益着想的时刻了，请立刻告诉我他的回应。

我的朋友马上找到我，转达了他的话。他说的很委婉。我猜想他因为我早有计划要摧垮市场，如果我考虑他的请求，就相当于要放弃赚取 1000 万美元利润的大好机会。他了解我痛恨那些大亨们，因为他们和我一样，知道将要发生什么事情，但是却还在试图向大众推销大量的股票。

事实上，大亨们也在遭受巨大的损失，我在股市底部的价位购入的很多股票都是金融界著名的品牌。那时的我并不了解这些，其实这也无关紧要。我实际上已经轧平了全部的空头，我似乎有机会买进廉价的股票，同时也有助于急需的股市行情的复苏——假如没有人再重击股市。

所以，我告诉这位朋友："你回去告诉布兰克先生，我同意他们的看法，而且在他派你来这儿之前，我已经充分意识到事态的严重性。今天，我不仅不会再卖出任何股票，而且我打算进场尽可能地买进。"我兑现了承诺。当天买进 10 万股，转向多头。此后一连 9 个月，我没有再卖出一只股票。

这就是为什么我告诉朋友们，我的美梦成真，曾经的某个时刻，我登上了股市之王的宝座。那一天的一段时间内，如果任何人企图重击股市，后者只能任其摆布。我并非狂妄自大而产生幻觉。事实上，你了解我的感受，我曾被指责袭击市场，华尔街曾流传着有关我的闲言碎语，对我的操盘极尽夸张之能事。

我完好无损地走出市场。报纸的报道说，拉瑞·利文斯顿这位"豪赌少年"已经赚了几百万美元。是的，当天营业日结束时，我的身价已经超过 100 万美元了。然而，我最大的收获并不是美元，而是无形的财富：我掌握了一个人要赚取大额利润所应该具备的技能，我已经永久地脱离了赌徒这一等级的交易层次，我至少学会了如何明智地进行大规模的交易。这是我职业生涯中最珍贵的一天。

10

投机者的天敌

认识我们自己的错误并不比研究我们的成功经验更能让人受益。只不过，这是一种很自然的趋势，所有人天生都有一种倾向，就是避免受到惩罚。如果每每犯错就遭到痛打，你就不会渴望再来一次，当然，你在股票市场犯下的所有错误会造成两种隐痛——你的钱包和你的虚荣心。但是我要告诉你，有些事是很奇怪的：一个股票投机者有时会明知故犯。在犯错之后，又会扪心自问为什么要这样做；经过很长时间冷酷的反思和备受心灵责罚的过程之后，他可能才会弄明白为什么会犯错误，以及在交易过程中的某个时间或某一个特定的点上曾经做错了什么。那时，他会懊悔地自我安慰一番，事情也就过去了。

当然，如果一个人既聪明又幸运，他就不会两次犯同样的错误。但是，同类错误的变异会有成千上万个。错误的家族如此之大，以至于每当你一旦动了心要干蠢事的时候，那个错误家族的某个成员总会出现在你的身边。

为了告诉你关于我犯的第一个百万美元的错误，我应该追溯到当我首次成为百万富翁的那个时刻，就是 1907 年 10 月的股市行情大崩跌之时。随着交易的进程，拥有百万美元仅仅意味着更多的储备。金钱并不会给交易者带来更多的愉悦，原因在于，不论是贫穷还是富有，人总是会犯错误，而犯错误本身是一件令人沮丧的事情。当一个百万富翁交易正确之时，金钱不过是他的一群奴仆之一。亏损所带给我的烦恼是所有烦恼中最无足轻重的。一旦止损，我不会再为此困扰。一夜之间就忘得一干二净。但是，犯错误的本身——而不是亏损——是既伤钱袋又伤精神的。你还记得迪克斯·G·沃茨的故事吗？一个人精神高度紧张，于是，他的朋友忍不住问他到底发生了什么事。

"我无法入睡。"神经分兮的这位答道。

"为什么睡不着？"他的朋友又问道。

"我带着这么多的棉花，实在睡不着，一直想着这件事。太折磨人了。我该怎么做？"

"那就卖出去一些，卖到你可以睡着的时候为止。"他的朋友这样回答。

通常，一个人很快会适应新的环境，以至于失掉了对全景的透视。他无法感觉这之间的差别——就是说，对于如何成为百万富翁这一点，他的记忆已经褪色了。他只记得过去做不到的事情现在都可以做到。对于一个相当年轻和普通的人来说，用不了多久就会丢弃贫穷时的某些习惯。而要忘记曾经的富有，则可能需要花费稍长的时间。我觉得，这只是因为金钱可以创造需求或者刺激了倍数效应。我的意思是说，一个人在股票市场赚了钱之后，他很快就会丢掉节俭的习惯。但是，在丧失财富之后，需要更长的时间才能改掉挥霍的习惯。

我于 1907 年 10 月将空头头寸平仓转入多头交易之后，我决定稍事休整。我买了一艘游艇，打算到南部海边巡航。我对垂钓着迷，也有了时间，想好好享受一下生活。我期待着这次巡游，准备随时出发。但是我没能成行，是股票市场阻止了我的脚步。

我一向既做商品期货①交易，又做股票交易。少年时在对价商号就是这么做的。我研究了商品期货和股票市场多年，或许不像股票市场本身的演变那么勤勉。事实上，我更喜欢做商品期货交易，而不是股票交易。商品期货交易具有更大的合理性，这是毫无疑问的，实际上也如此。相对于股票交易而言，商品期货交易带有更多的商业经营的特征。参与者可以按照处理商业问题的方式来处理期货交易；也可以运用虚构的理由来改变商品期货市场的取向。当然，成功只是暂时的，事实终将取胜，因此，交易者是凭研究和观察来分享红利的，如同他在经营一般的商业企业一样。他可

———————————

① 商品期货交易（commodity futures），这种交易只需支付一定比例的保证金，通过商品交易所买进或卖出期货合约。这种期货合约是商品交易所规定的标准化契约。通常期货交易并不涉及实物所有权的转移，只是转嫁与这种商品所有权有关的、由于商品价格变动带来的风险。在商品期货市场上交易的产品主要是贵金属和农作物。

以观察市场形势并进行评估，他所了解的信息和其他任何人一样多。他无需防范内部势力的操控。在棉花和小麦以及谷物的期货市场上，不会有人一夜之间出人意料地通过决议并宣布派发或增发红利。就长期而言，商品期货市场是一种受到法律管制的市场——体现了供给与需求的经济规律。在商品期货市场上，交易者的基本经营活动只是了解供求关系的事实、目前的状况及对未来的展望。他不会像股市的交易那样对很多因素仅能凭猜想来推测。商品期货市场的交易总是对我有强烈的吸引力。

当然，所有的投机性市场本质上都是相似的。纸带传递的信息是一样的。无论是谁，只要肯动脑筋思考，这个道理是显而易见的。通过思考就会发现，只要多问自己几个问题，并考虑到基本的市场条件，答案就会直接呈现出来，但是，一般公众从来都不愿意费心劳神去思考问题，也不会去寻求答案。一般美国人无论身处何地，或在任何时候，都不会多思多想，只是径直走进经纪行的营业所，查一下纸带价格，无论是股票市场或商品期货市场都是如此。在所有开始进入之前真正需要研究的游戏中，股市游戏有其特殊性，交易人进入游戏，却放弃了通常他所进行的极聪明的前期准备和预先已告诫自己的某些原则。他宁愿以自己财产的一半在股市上冒险，而在研究股市上所花的精力还不及他选购一辆中等价位的汽车那么多。

阅读行情纸带并没有看上去那么复杂。当然，需要一定的实践。然而，更重要的是记住基本要领。阅读纸带行情不是在给你算命。纸带无法确切地告诉你下周四 1：35 分你会赢得多少财富。阅读纸带的目的在于确定下一步应该交易多少，什么时候交易最好——就是说，买进是否比卖出更明智。这种思考方式对于股市和棉花或小麦以及燕麦市场而言，都是完全相同的。

你观察市场——就是说，你阅读纸带的价格记录——目的只有一个：判断价格方向，即价格走势。我们知道，价格将依据它所面对的阻力要么上涨、要么下跌。为了便于解释，我们不妨这样说，价格就像其他事物一样，会沿着阻力最小的路线变动。无论出现什么状况，价格都是按最简便的路线行进。因此，上行阻力比下行阻力较小时，价格就会上涨；反之亦然。

市场价格行情一旦启动，无论市场走势是牛市还是熊市，任何人都不需要有什么困惑。如果交易者保持开放性思维和合理而清晰的观察，那么，股市走势是显而易见的，因为对一个投机者而言，一定要将事实附会于自己的观点是很不明智的。这样的人能够而且应该清楚市场究竟是熊市还是牛市，那么，他也就应该懂得是应该买进还是卖出。因此，他应该在价格波动的最初阶段就想明白，究竟是买进还是卖出。

例如，如果我们说市场像通常那样，一直处在波动的状态，而且在 10 个点的幅度之内上下波动，比如，是在 130 美元至 120 美元之间波动。从底部看，这种波动很微弱；或者在价格上扬的时候，在上升 8 ~ 10 个点之后，价格走势看上去又很强劲。一个交易者不应该被交易的表象所迷惑，应当耐心等待，直到纸带行情显示时机已经成熟。事实上，股票交易中成千上万美元的损失都是因为交易者在股票价格看上去很便宜时买进，或者在股市看上去为熊市时卖出。投机者不同于投资者。其目的不是保证资金在适当的利率下获得稳定的收益，而是根据他所投机的商品价格的上浮或下跌来赚取差价的。因此，投机者需要确定交易时价格移动阻力最小的投机价格趋势线。他所要等待的时机是价格趋势线的自我界定，这也是交易者入市交易的信号。

阅读纸带行情不过是帮助交易者看清在 130 美元价位上的卖出压力比买进压力更强，从逻辑上说，随后应该有价格的回落。到此刻为止，卖出比买入更具优势。如果你是那种只根据表面现象做判断的研究者，就可能会得出结论，认为价格将一路升至 150 美元，于是会买进股票。但是，价格回落时，他们不得不继续持有，或者忍痛在损失较小的价位上卖出，也可能会转而做空头，并唱衰上涨行情。但是，当价位跌至 120 美元时，会出现较强的下行阻力。多头势力胜过空头，市场价格将会上升，空头者补进平仓。股民们经常处于这种拉锯状态，他们不肯接受教训，固执得令人惊异。

最终，事态有了新变化，无论价格上行或下行的力量都有可能增加，而最大的阻力点也随之上移或者下移，比如，在 130 美元的价位上买进的压力首次超过卖出的压力，或者在 120 美元的价位上，卖出的压力强于买进的压力。价格将突破原有的分界线或波动限制而继续前行。通常，总会有一群交易者在 120 美元的价位上做空头，因为股市风头很弱；或者在 130 美元的价位上买进，因为风头强劲，当价格走势和他们预料的正相反，他们苦撑一段时间之后，又被迫改变主意，或者转变操盘方向，或者平仓清算。不论是那一种情况，交易者的这种行为都有助于市场更清晰地界定影响价格走势的最小阻力点。于是，那些耐心等待时机来确定走势线的聪明交易者，将赢得市场基本交易条件的支持，而那些迫于市场交易压力出现推测错误的交易者则不得不修正自己的错误。这几种不同交易群体的相互作用将推动价格沿着最小的阻力点前行。

在这里我要说的是，尽管我没有给出精确的数字或者一句交易的格言，但是，我的经验已经表明——未曾预料到的或不可能预测到的因素总能帮助我确定市场头寸，无论何时，我对市场价格趋势最低阻力点的确定正是建立在这些未曾预料或预测的事件基础之上的。

你是否记得？我讲过棕榈滩营业部的联合太平洋铁路公司股票交易的故事。那时，我是多头，因为我发现价格走势的最低阻力点在上行。我应当固守多头，而不应该听信我的经纪商透露的内部人正在卖出股票的消息。无论联合太平洋公司的董事们在想什么，这对股市而言不会有任何区别。我根本无从了解他们究竟有何企图。但是，我却有能力而且的确看到了纸带所显示的信号："行情在上涨！"随后传来了不可预知的消息，公司增发红利，联合太平洋铁路公司的股票蹿高 30 点。164 美元看上去或许不低，但是我说过，股票价格从来都不会过高以至于不能买进，或者过低而不能卖出。股票价格本身对于我自己分析确定价格走势最低阻力点没有任何关系。

你将会发现，在实际操作中，如果你按照我的提示来操作，在当日市场的收盘价和次日市场的开盘价之间的任何重要消息，与当天价格走势的最小阻力点是协调一致的。在消息发布之前，市场价格走势已经确立，在牛市行情下，有利于空头的消息往往被忽略掉，而有利于多头的消息则被夸大，反之亦然。在战争爆发前，市场基础条件处于微弱的状态。而后传来了德国宣告潜艇战政策。我那时持有 15 万股空头头寸，并不是因为我知道将要出现这样的新闻，而是因为我沿着最低阻力点来确定建仓。只要我坚持交易原则，一切变化都是一目了然的。当然，我根据当时形势的发展，当天卖出所有的股票平仓。

说起来容易做起来难。听上去很简单，你所做的一切就是观察纸带价格的变化，确定价格走势的最低阻力线，只要你确定了这条阻力线，就要随时准备好沿着这条最低阻力线进行交易。但是，在实际操作中，交易者不得不对很多事情严加防范，其中最重要的是提防你自己——就是说，和人性对抗。这就是我为什么强调，一个人若要行事正确，需要动用两种力量——基本的市场条件和你的对立面即错误的一方。在牛市中，空头因素被忽略了，这就是人性。当然，人类总是声称对人性的力量感到惊讶。人们会对你说，小麦谷物市场的萧条是因为一两个产地的天气很糟或者一些农庄被毁。当小麦种植区收割完毕，将小麦搬到传送带上，多头们对损害的程度如此之轻又感到吃惊。他们发现，到头来不过是帮了空头交易者们一个大忙。

交易者在商品期货市场上进行交易时，他不得自作主张，他必须有开放性的思维且具有灵活性。忽视纸带所显示的价格信息是很不明智的，无论你对谷物生产条件有什么看法，或者你认为可能的需求有多大，都不能自以为是。我记得，我曾因为试图预测最初的信号而错失了大笔交易的机会。我当时对谷物生产条件是那么的有把握，以至于我自以为是，不需要等待市场自身界定走势的最低阻力点。我甚至觉得自己可以助推市场趋势达到最低阻力点，只因为市场看上去似乎只需要一点小小的助推力。

那时，我非常看好棉花的空头。当时的价格正在 12 美分附近徘徊，只在一个非常微小的幅度内上下波动。我看得出来，这个价格正处于进退两难的境地。我很清楚应该等待。但是我却鬼迷心窍，自以为小推一下，价格就会越过上方的阻力点。

我买进了 5 万包期货产品。毫无疑问，价格在上涨。同样肯定的是，只要我停止买进，价格就不再上升。然后，价格开始回流到我开始买进的价位。我平仓出市，价格不再下跌。我觉得我自身的交易行为几乎接近于行情开始的一种信号。我认为最好自我启动市场。我这么做了。出现了上述同样的过程。我出价买进，只是想看一下我停手交易时，价格是否走低。我如此这般重复了四五次，直到最终我厌倦了为止。这个过程花去了我大约20万美元。我终于放弃了。此后不久，市场行情开始一路上涨，直到价格升至一个高位——如果我不是那么急于冒进的话，我一定能大赚一笔。

我这次的经历是很多交易者重复了无数次的经历。对此，我总结的规则是：在波动幅度较小的市场行情中，当价格仅仅是在一个很狭窄的范围内波动而没有任何迹象突破这个区间时，试图预测价格的下一个变动是上行还是下行完全没有意义。我们唯一能做的事情是观察市场，阅读纸带行情，确定价格小幅波动的上下限，然后做出决策，除非价格突破波动的上下限，否则不要出手。一个投机者必须使自己能够顺应市场来赚取利润，而不是一味地坚持纸带显示的价格一定要符合自己的推测。决不与纸带行情争辩，或者一定要让纸带行情给出理由或加以解释。迷信股票市场上的超能力是没什么红利可取的。

不久以前，我曾参加朋友的一个聚会。他们闲聊中谈到了小麦。在他们当中，有的看好空头，而另一些钟情多头。最后，他们都让我谈谈看法。其实，我一直在研究小麦期货市场，已经有一段时间了。我知道他们并不热衷于统计数字或市场基本条件的分析。于是，我就对他们说："如果你们要指望在小麦期货市场上赚些钱，那我告诉你怎么做。"

他们都回答要做小麦期货，我就告诉他们："如果你们确定希望在小麦期货市场赚钱，就要观察市场，耐心等待。在价格越过1.20美元的那一刻买进，你将会快速赢得可观的一笔收入！"

"为什么不能在现在1.14美元的价位买进？"晚会上的一位朋友问道。

"因为我完全不知道行情是否会上涨。"

"那么，为什么要在1.20美元的价位上买进，这个价格似乎太高了些。"

"你是想凭着对巨额利润的渴望盲目赌博？还是希望明智地做这笔投机生意，获取较少但可能性更大的利润？"

他们都回答说还是希望获得尽管数额较少但是更有把握的利润。于是我说道："那就照我说的去做，如果价格突破1.20美元的界限，买进即可。"

我说过，我关注小麦期货市场已久。小麦期货的卖出价格在 1.10 美元和 1.20 美元之间波动，历时几个月了，没有任何特别的变化。那么先生，我来告诉你，有一天，小麦期货的收盘价在 1.19 美元以上。我已经做好了准备入市。果然，第二天的开盘价是 $1.20^1/_2$ 美元，于是，我买进一批。价格上涨到 1.21 美元，接下去是 1.22 美元、1.23 美元，一路上涨到 1.25 美元，我一直在跟进。

当时，我无法清楚地告诉你，在那一刻到底是一种什么样的状况。小麦期货市场的价格一直在有限的区间内波动，对这种价格行为我得不到任何解释。我也不能确定价格突破界限时是否会上涨到 1.20 美元，或者下跌到 1.10 美元，尽管我猜测价格会上升，这是因为世上还没有足够的小麦使得价格大幅下挫。

事实上，欧洲人似乎一直在悄悄买进，很多交易者在大约 1.19 的价位上做空头。由于欧洲人的采购和其他各种原因，大量小麦被运离市场，其结果，最终的价格大幅变动开始了。价格突破了 1.20 美元的纪录，这是我所得到的全部信息，也是我所需要的全部信心。我知道价格迟早要超过 1.20 美元，因为上行的运动终要汇集力量推动价位越过界限，某些事情必然要发生。换言之，通过超越 1.20 美元这种方式确立了小麦价格的最低阻力线。那么，市场就会演绎另一个完全不同的故事。

我记得有一天是假日。所有的市场都闭市了。温尼伯②的小麦市场开盘价为 6 美分/蒲式耳③。当我们的市场在次日开盘时，小麦的市场价格也涨到了 6 美分/每蒲式耳。价位正是沿着最低阻力线在运动。

我对你讲述的故事描绘了我以研究纸带行情为基础而建立的交易系统的精华所在。我正是通过研究价格演进的方式，来确定最具可能的价格变

---

② 温尼伯（Winnipeg）是加拿大第八大城市，也是缅尼托巴省省会，地理上属于加拿大西部。温尼伯是一个运输业、制造业、农业与教育的重镇。

③ 蒲式耳是一个计量单位（英文 Bushel，缩写为 BU）。它是一种定量容器，类似中国旧时的斗、升等计量容器。一蒲式耳在英国等于 8 加仑，相当于 36.268 升（公制）。在美国，一蒲式耳相当于 35.238 升（公制）。1 蒲式耳油料或谷类的重量各异。即使同一种油料或谷物也因品种或产地不同，实际换算会有些差别。

动方向。我还通过一些额外的测试性交易来检验我自己的交易，判定市场心理变化的瞬间。我采用的方法是，在我开始进行这些实验性操作时观察价格反映的方式。

令人惊奇的是，那么多有经验的交易者对我的交易手法深表怀疑。我告诉他们，当我在价格上涨时我会付高价买进股票，而做空头时以低价卖出，否则就不会去做交易。如果一个投机者永远牢牢握紧他的投机武器——耐心，等待市场自我界定最低阻力线，只有当纸带行情显示价格上升时买进，或纸带行情显示价格下跌时卖出，那么，赢得利润并不是什么困难的事。他应该随着市场价格的上涨而累积头寸。比如，先买进全部头寸的1/5，如果这次买进没有显示利润，就不应该再增加持仓量，因为很明显，一开始就是错误的，或者说暂时是错误的，任何情况下，只要是错的，就不会有利润可言。尽管还是同样的纸带行情信息，显示行情在上涨，这并不意味着纸带在说谎，只不过它现在说的是：少安毋躁。

我在棉花市场上的交易在很长时间内一直做得很成功。关于棉花市场我有自己的一套理论，而且全部付诸实践。比如，我决定将持仓量维持在4万~5万包。那么，就像我说过的，我会研究纸带价格显示的行情，观察买进或卖出的机会。假如最低阻力点显示多头在运动，那么，我会买进1万包，如果市场价格上涨到我最初买进价格的10点以上，我便再买进1万包，以此类推。然后，如果我已经可以收进20点的利润，即每包1美元，我会再买进2万包。这是我建仓的总量——是我交易的基础。但是，如果我第一次买进1万包或2万包时，显示的是亏损，我就必须退出。因为我的交易是错的，尽管或许只是暂时的错误。正如我已经说过的，无论是什么情况，一出手就犯错误就必须止步。

我坚守自己的交易体系所带来的成就是，无论实际价格如何运动，我总保有自己在棉花市场上的头寸。在全部持仓量累积的过程中，我或许会根据不同的感觉分次买进或卖出5万或6万美元的棉花。这个实验过程看上去成本很高，但实际上不见得。当价格实际运行启动之后，我试探性地发出指令买进或卖出5万或6万美元的商品以便确定我入场的恰当时机，那么究竟需要多长时间才能弥补我建仓时的成本？完全不需要耗费时间！

在对的时间做正确的事情总是有回报的。

记得我前面曾经提到，我所描绘的交易方法可以称之为交易系统。这只是一个简单的算术证明，在盈利的情况下放出大额资金累积头寸，在亏损的状态下以小额资金进行实验从而损失很小，这就是这个过程所显示的道理。如果一个交易者能够以我所描述的方法交易，他总能保持有利可图的头寸，也会有足够的资金做大手笔的交易。

专业的交易者总会有某种交易系统或其他建筑在他们个人经历之上的一套方法，这些系统或方法，或者依据他们对投机的态度，或者根植于他们的渴望。我记得在棕榈滩上曾经遇见过一位老先生，我记不起他的名字，或者一时想不起来。我知道他在华尔街打拼多年，可以追溯到内战时期④，有人告诉我说，他是一个极聪明但古怪的老人，曾经历过如此之多的繁荣和恐慌的岁月，以至于总是说着一句口头禅，"太阳底下没有新鲜事，至少股市上不会有"。

这位老先生曾经问过我很多问题，当我对他说完我自己通常的交易惯例，他点点头说道："是的！是的！你做得对。你逐步减仓的方法，你思考判断的方式，你建立自己的系统，对你而言这是一个很好的系统。你提到的方法很容易付诸实践，因为你并不特别介意你所投入的资金。我想起了派特·霍恩。你听说过他吗？他是一个很具有冒险精神的交易者，在我们那儿开了一个账户。他聪明又有勇气，在股市上赚了不少钱，所以，很多人向他讨教经验。他从不给人提什么建议。如果人们直截了当地问起他对问询者交易的看法，他通常会引用他最喜欢的一句赛马场上的格言：'不下注不知输赢。'他在我们的营业所交易。他选中活跃的股票买进 100 股，如果价格上涨 1%，他再买进 100 股，如果股价还会上升 1%，他又买进 100 股，以此类推。他经常说他做股市交易不是为别人作嫁衣裳，因此，他会按低于最后一笔股票买进价格 1 点以下发出止损的指令。如果价格继续上涨，他只要随之上调止损点即可。如果价格回落 1%，他便发出止损指令并

---

④ 　内战（Civil War），是指 1861 年 4 月 – 1865 年 4 月美国南方与北方之间进行的战争，又称美国内战。北方代表的是资产阶级。在南方，坚持战争的只是种植园奴隶主，他们进行战争的目的是把奴隶制度扩大到全国，而北方资产阶级的目的在于打败南方，以便恢复全国的统一。

出场。他宣称，无论亏损是来自他的初始保证金⑤或者是来自他的账面利润，只要损失超过1%，他的交易就没有任何意义。"

"你知道，一个职业赌徒不会寻求做长线的机会，而总是想要快速生财且要有把握。当然，如果他们要进场，做长线也未尝不可。在股市上，派特不会听信贴士或者想抓住一周内20点的行情，他追求的是有把握的收入，只要赚到的钱可以保证他的生活无忧就足够了。我在华尔街阅人无数，在成千上万的圈外人中，派特·霍恩是其中仅有的一位将股票投机仅仅看作是类似于纸牌游戏或轮盘赌游戏的人，不过，他明智地坚守着一套相对可靠的下注方法。"

"在霍恩过世之后，我们的顾客中有一位曾一度追随派特做交易的客户，采用派特交易系统，在拉克万纳公司股票上赚取的利润超过10万美元。后来他转到其他一些股票上，因为他手中有大笔资金，他觉得自己不一定要按派特的那套方法去做。于是，在行情回落时，他并没有限制亏损额度，而是任其亏损增长——就好像这些亏损都是利润。当然，他赔光了所有的钱。当他最终退出的时候，还欠了我们营业部几千美元。"

"他游荡了两三年，在所有的资金赔掉之后还保持着对交易的热情。不过，只要他行为适当，我们并不拒绝他的交易。我记得他经常坦率地承认他的愚蠢，无论如何，他不该放弃派特·霍恩的交易风格。有一天，他兴冲冲地来找我，请求我让他在我们的营业部做某种股票的空头。他人不错，以前也曾经是我们一个很好的客户，所以，我对他说，你可以用我个人愿意担保的户头做100股的交易。"

"他卖出100股莱克·肖尔公司的股票。那正是1875年比尔·特瑞佛重击股市的时候。我的朋友罗伯特适时抛出莱克·肖尔公司的股票，随着行情的发展一直做该股票的空头，我这位名叫罗伯特的朋友又回复到放弃派特·霍恩交易模式以前的旧的成功轨道，而不是遵从欲望的诱惑。"

---

⑤ 初始保证金（Initial margin），是指期货市场交易者在下单买卖期货合约时，必须按规定存入其保证金账户的最低履约保证金。

"是的，先生，在连续四天中，罗伯特成功地采用金字塔式交易法⑥，他户头上的账面利润是1.5万美元。我发现他没有预先设置止损指令，就提醒他这件事，他告诉我，行情下跌尚未正式开始，他不打算在任何仅有1点的行情回落中被震仓出场。此刻是8月份。在9月中旬之前，他向我借10美元，为他的第四个孩子买一辆婴儿车。他没有坚持自己检验过的交易体系。对大多数交易者而言都会陷入这种困境。"说到这里，这位老先生对我摇了摇头。

当然，他是对的。有时我会想，投机交易肯定是非自然的商业行为，因为我发现，一般的投机者总是被自己的天性所困。所有人倾向于屈服自己的天性，这对投机交易的成功而言是致命的弱点——通常，这些弱点也很讨同行们的喜欢，或者在做其他冒险事业的时候，他自己对这些天性的弱点倒是保持高度的警惕，但是其他冒险的生意相对于他所从事的股票或商品期货市场的交易而言，毕竟没有如此大的风险，反而很容易失去警觉。

所以，投机者最主要的敌人总是由投机者自身而生。希望和恐惧均是与生俱来的天性，不可能将它们分割开来。在投机操作的过程中，当市场与你的预期不一致时，你会希望每一天都将是最后一天——正因为你遵从了自己的欲望，所以损失得更多。那些大大小小的新大陆的建设者和拓荒者，同样是因为拥有希望——这一强大联盟才获得了成功。当市场的走势和你的预期一致时，你又变得恐惧起来，担心第二天市场变化可能会卷走你所有的盈利，所以，你急着平仓出市——结果行动过早。恐惧使得你本应该得到的利润大大降低。成功的交易者必须与这两种根深蒂固的本能作战。你必须与被称为自然冲动的情绪逆向而行。在自然冲动显示为希望时，你必须有恐惧心；反之，在自然冲动为恐惧时，你必须怀有憧憬与希望。你必须担忧损失是否会酿成更大的亏损；你必须憧憬着利润将会带来更大的盈利。像大多数人那样在股市上赌博是绝对错误的。

我自14岁以来就从事投机交易。这是我所经营的全部事业。我想我知道自己在说什么。在经历了近30年连续不断地交易之后，无论是小额资本

---

⑥ 交易呈金字塔形状（pyramiding），即按累进方式抬高价格。证券市场进行投机时使用金字塔式交易法，目的是为了积累利润而连续投机。

还是百万资金的经营，我最终得出了自己的结论：一个交易者在某个特定的时间可能会赢得一只或一组股票，但没有任何人可以赢得整个股票市场！一个交易者有可能在棉花或谷物期货市场的某些交易中赚取利润，但没有任何人可以赢得整个棉花或谷物市场。就好比赛马，一个人可以在一场赛马会上取胜，但他无法赢得整个赛马会。

　　我宁可将这些警句说得更强烈或更高调一些，只要我做得到。然而，无论什么人对此有何异议，结论都不会有所改变。我知道我的结论是正确的，这些陈述是无可置疑的。

11

人类的本性

现在，我的讲述要回到 1907 年 10 月。我买了一艘游艇，做好了所有出行的准备，我想离开纽约去南部海域巡游。我对钓鱼简直着了迷，这个时刻终于到了，我打算开着自己的游艇随心所欲地垂钓一番，想什么时候走都可以，想去哪儿就去那儿。一切准备就绪。我在股市上大赚了一笔，但是，就在出发前的最后一刻，玉米市场出现的状况挡住了我出行的脚步。

我必须解释一下，在货币市场出现恐慌和我自己赚得 100 万美元之前，我一直在芝加哥期货交易所①做谷物交易。我持有小麦和玉米各 1000 万蒲式耳的空头。我研究谷物市场已有很长时间了，如同我一向看好股市空头一样，我也总是看好谷物和小麦期货市场的空头。

结果，这两个市场都出现了下跌，当时，当小麦保持下跌的势头时，芝加哥商品交易所最大的交易商——我称之为斯特瑞顿——突然心血来潮，要囤积居奇，操纵玉米市场。我在股市平仓后准备好乘游轮去南方时，发现小麦市场的走势给我带来了一笔可观的利润，但是玉米市场却被斯特瑞顿抬足了价格，我有相当大的亏损。

我知道全美的玉米产量远远超过市场所显示的数量。供求规律总是在起作用。但是，需求主要是来自于斯特瑞顿，而玉米的供给还没有到达市

---

① 芝加哥期货交易所（Chicago Board of Trade，CBOT），是当前世界上最具代表性的大宗农产品交易所。19 世纪初期，芝加哥是美国最大的谷物集散地，随着谷物交易的不断集中和远期交易方式的发展，1848 年，由 82 位谷物交易商发起组建了芝加哥期货交易所，该交易所成立后，对交易规则不断加以完善，于 1865 年用标准的期货合约取代了远期合同，并实行了保证金制度。芝加哥期货交易所除提供玉米、大豆、小麦等农产品期货外，还为中、长期美国政府债券、股票指数、市政债券指数、黄金和白银等商品提供期货市场，并提供农产品、金融及金属的期权交易。芝加哥期货交易所的玉米、大豆、小麦等品种的期货价格，不仅是美国农业生产、加工的重要参考价格，而且是国际农产品贸易中的权威价格。

场，因为玉米的运输遇到严重的交通阻隔。我记得当时我总是祈祷并赌咒一场寒流将泥泞不堪无法通行的路面冻结起来，这样农场主就能将玉米运抵市场。但是，我并没有盼来这样的运气。

就这样，我期盼着垂钓的旅行计划可以成行，而玉米市场的亏损局面却让我不得不留在纽约。玉米市场出现了这种情况，我无法一走了之。当然，斯特瑞顿一直在密切关注着玉米空头的行情。他知道他已经套牢我了，我和他一样，对此时的境况非常清楚。但是，正如我说的，我满怀期望祈祷上天大发慈悲，如果天气发生突变，就可以帮助我扭转局面。然而，我觉得无论是天气还是任何其他神灵都对此无动于衷，我只能想办法靠自己的努力应对眼前的困境。

我轧平小麦期货的头寸，利润很客观。但是，玉米期货头寸的困境无疑更加严峻。如果我能以当时的市场价格轧平1000万蒲式耳的头寸，我一定会很高兴地毫不迟疑地这样做，即使亏损会很大。不过，这是当然的，在我开始买进谷物期货的那一刻，斯特瑞顿作为挤压市场的主力必然会采取行动，如此一来，由于我自己的买进将使玉米价格一路抬高，这无异于我拿刀割破了自己的喉咙。

尽管玉米市场行情坚挺，我要去南方水域巡游垂钓的渴望却愈加强烈，能否想个办法立即摆脱这种处境，这全在于我自己。我必须主导一场战略性的撤退。我必须购回1000万蒲式耳玉米补进空头，这样可以尽可能地减少亏损。

事情很凑巧，斯特瑞顿当时也大量购进了燕麦，以致燕麦期货价格也被他控制的天衣无缝。我追踪着所有谷物市场有关农作物生产和收割的消息以及交易圈内的议论。我听说势力强大的阿莫集团在市场上与斯特瑞顿针锋相对。当然，我了解斯特瑞顿不会让我得到我所需要的玉米头寸，除非以他的出价买进，然而，在得知关于阿莫集团与斯特瑞顿对峙的留言的那一刻，我突然计上心来，我可以求助于芝加哥商品交易所的交易商。他们帮助我的唯一可能的方法是，他们卖给我斯特瑞顿不肯让我得到的玉米头寸。其他事情则简单多了。

首先，我发出了交易指令，每一次行情下行1/8美分时就买进50万蒲式耳的玉米。所有这些指令执行完毕之后，我给 4 家经纪行中的每一家都同时下达了以市场价卖出 5 万蒲式耳燕麦的指令。我估计这样会促使燕麦的价格迅速下跌。我了解交易商们会想些什么，十分确定的是，他们会立即想到这是阿莫集团在对付斯特瑞顿。当他们看到燕麦的对垒已经开始，就会合乎逻辑地推论，下一个行情下跌的必定是玉米，于是，便开始卖出。如果斯特瑞顿操控玉米市场失败，我就可以痛快地在市场上买进廉价的玉米期货。

我对芝加哥商品交易所里交易商们的心理揣摩是绝对正确的。当看到燕麦期货价格由于四散而来的卖出指令而下跌时，他们立刻一头扎进玉米市场，竭尽其能地卖出玉米。我只用了 10 分钟就买进了 600 万蒲式耳玉米。在我发现他们停止卖出玉米的那一刻，立即按市价买进余下的 400 万蒲式耳玉米。显然，这一轮交易再次推高了玉米价格，不过，我实施这一锦囊妙计的最终结果是，我轧平了 1000 万蒲式耳玉米的全部空头头寸，而且，我的成交价格与最初交易商卖出而我开始买入平仓时的价格只差 0.5 美分。

我最初为了诱导交易商卖出玉米时所卖出的 20 万蒲式耳燕麦的空头，我也买进平仓，仅仅损失了 3000 美元，可以说是相当廉价的诱饵。我在小麦期货交易上赚取的利润大大弥补了我在玉米期货上的亏空，这样，我的全部谷物期货交易亏损只有 2.5 万美元。之后，玉米期货价格上涨为 25 美分/蒲式耳。毫无疑问，斯特瑞顿曾一度控制了我。如果我没有动脑筋思索交易价格而轻易买进 1000 万蒲式耳平仓的话，很难说我将付出什么样的代价。

一个人多年埋头于同一件事情，就会对这件事情有一种习惯性的态度，这和普通的初学者有很大不同。这种差异区分了所谓的专业人员和业余者。正是这种对事物的不同看法，决定了他在投机市场上是赚钱还是赔钱。公众对自己的交易常常是一知半解的，自我意识常常不合时宜地闯进脑海，因此，他们的思考也很难深入和透彻。专业人士更关心的问题是自己是否正确而不是只想着赚钱，因为他们懂得，如果其他事情都考虑到了，账户上自然会出现利润。一个交易者必须像专业台球手那样来从事交易——就是说，他向前看得很远，而不是只考虑眼前的特定事项。保持头寸应该成为交易者的本能。

我记得有一则关于埃迪森·卡麦克的故事，这个故事生动地揭示了我在这里所要表达的观点。我所听到的一切给我的印象是，卡麦克是华尔街所见证的最出色的股票交易者之一。他并非很多人认为的那样长期做空头，不过他的确觉得做空头对他更有吸引力，而且也充分利用了人类天性中的欲望与恐惧这两大要素。下列警句的创造应该归功于卡麦克："盛世的多头，乱世的空头！"老一辈的人告诉我，他最大的盈利来自多头，很明显，他并不是按个人成见而是按市场条件来交易的。无论如何，他算得上是一个完美的交易者。好像有一次——这要追溯到一次牛市快结束的时候——J·阿瑟·约瑟夫，一位很健谈的金融撰稿人，得知卡麦克看好空头。然而，市场行情不仅表现得十分坚挺，而且持续上升，这迎合了多头主导交易者和报纸上乐观主义的报道。约瑟夫知道什么样的消息对于像卡麦克这样的交易者来说才能用于制造空头信息，有一天，他带着好消息急急忙忙找到卡麦克。

"卡麦克先生，我有一个好朋友是圣保罗营业所的职员，他刚刚告诉我一些事情，我觉得你应该知道。"

"是什么消息？"卡麦克无精打采地问道。

"你已经调转方向了，是不是？你现在看好空头了？"约瑟夫问道，他想得到确定的答案。如果卡麦克不感兴趣，他也不打算浪费宝贵的资源。

"是啊，是什么好消息？"

"我今天在圣保罗营业所转了转，我每周都要去两三次，收集一些信息，我在那儿的朋友告诉我说：'老先生正在那儿卖股票。'他指的是威廉·洛克菲勒。'是真的吗，吉米？'我问他。他回答我：'是的，他正在卖出，每上涨 3/8 点，他就卖出 1500 股。我这两三天内一直在转送股票。'我听了这话一刻也没耽搁，就马上来告诉你。"

卡麦克并不是个容易冲动的人，而且他早已经习惯于人们以各种各样的方式蜂拥到他的办公室，带着多种多样的消息，街谈巷议、谣言、贴士甚至谎言，而他越来越不相信这些传递消息的人。这时，他只是说了句：

"你确定没听错，约瑟夫？"

"我是不是确定？我当然确定！你以为我聋了？"约瑟夫说。

"你确定这位朋友可靠吗？"

"绝对可靠！"约瑟夫断言，"我认识他多年。他从未对我撒过谎。他不会的！没问题！我知道他绝对可靠，他说的话我可以拿性命作担保。我了解他就像我了解这世界上所有的人——似乎比你了解我的程度还深，尽管我们也认识多年。"

"你对他有把握，是吗？"卡麦克看了看约瑟夫，又追问道。随后他又说："那好吧，你应该知道。"他叫来了他的经纪商，W. B·维勒。约瑟夫以为会看到卡麦克下达至少卖出 5 万股圣保罗公司股票的指令。威廉·洛克菲勒利用市场的强势抛售他所持有的圣保罗公司的股票。这是属于股票投资还是投机性持有都无关紧要。一个最重要的事实是，标准石油集团中最出色的交易商正在脱手圣保罗公司的股票。那么普通人从可靠的消息来源获得这一信息之后会怎么办呢？答案是显而易见的。

但是，卡麦克作为他那个时代最出色的交易者，当时正看好空头，却这样交代他的交易商："比利，去趟交易所，行情每上涨 3/8 美元，就买进 1500 股圣保罗公司的股票。"当时的价位是 90 美元。

"你的意思应该是卖出吧？"约瑟夫急忙插嘴问道。他在华尔街算不上是新手，不过他是从报社新闻记者的角度来考虑市场走势的，附带说一句，这也是普通大众的看法。从内部人卖出的信息看，市场价格肯定是下跌的。而且没有比威廉·洛克菲勒先生这样的内幕人更有实力了。标准石油集团正在出市，而卡麦克却在买进！不可能的！

"不，"卡麦克说道，"我的意思是买进！"

"你不信任我是吗？"

"我当然信任你！"

"那你不相信我的信息？"

"我相信！"

"你在做空头不是吗？"

"是的。"

"那你这是什么意思?"

"正是相信了你,我才买进。现在你听我说,你和你的那位可靠的朋友保持联系,等到大规模卖出停止的时候,要立即告诉我。立刻! 你明白吗?"

"是的。"约瑟夫回答,随即离开了,他并没有多大把握,是否能看穿卡麦克买进圣保罗公司股票的意图。他了解卡麦克对整个市场是看好空头的,所以很难解释他何以采取这种策略。无论如何,约瑟夫约见了他那位负责转运股票的朋友,告诉他,如果老洛克菲勒停止卖出时立即告诉他。约瑟夫每天两次找这位朋友询问事态的发展。

一天,这位负责转运股票的朋友告诉他:"那位老先生不再卖出了。"约瑟夫道了谢,马上跑到卡麦克的办公室通报消息。

卡麦克仔细地听了他的同胞的汇报,转向维勒说道:"比利,我们在交易所买进圣保罗公司股票的交易价格是多少?"维勒查了一下,报告说他们已经累积了大约 6 万股圣保罗公司的股票。

卡麦克一直在做空头,在开始买进圣保罗公司的股票之前,已经拥有格兰杰公司的股票及其他各种股票的空头头寸。现在,他又在市场建起了圣保罗公司股票的多头重仓。他立即向维勒发出指令,卖出他本来持有的 6 万股圣保罗公司股票的多头,并且继续卖空。他利用所持有的圣保罗公司股票的多头做杠杆,压低了整个股票市场的价格行情,从而在价格下跌时通过上述操作大大获益。

圣保罗公司股票的价格一路下跌,直到价格滑落到 44 美元,卡麦克大赚了一笔,他在交易中掌握的出手时机已经相当精炼,从而利润丰厚。我想强调的是他对交易的习惯性态度。他甚至无需多虑。他一眼就看出远比这只股票给他带来的利润更重要的机遇。他看到天赐良机,使他有可能开始大笔操作空头头寸,不仅是时间合适,而且他有了适当的初始推动力。有关圣保罗公司股票的消息促使他买进而不是卖出,因为他立刻看出,这条消息为他的空头操作提供了充足的精良装备。

说到我自己,在我轧平小麦与玉米的期货头寸之后,我驾驶着自己的私人游艇去了南方。我在佛罗里达的海域巡游,尽情享受生活,也享受着

　　垂钓的快乐，事事称心如意。我无所牵挂，也不想找什么麻烦。

　　有一天，我在棕榈滩上了岸，遇到了一些华尔街的老朋友和其他熟人。所有的人都在谈论当时名噪一时的棉花期货投机家。来自纽约的一则报道说，佩斯·托马斯赔得一文不名。这并不是一个普通的商业破产事件，而是风传这位世界闻名的操盘手在棉花期货市场上第二次遭遇滑铁卢。

　　我始终对这个人怀有极大的仰慕。我第一次听说这个人是从报纸上，当时的报道提到，在托马斯试图操纵棉花期货市场时，谢尔顿－托马斯股票经纪公司破产了。谢尔顿缺乏他的合作者托马斯的先见之明和勇气，在即将大功告成之时退缩了。最终，他们没能大赚一笔，还制造了一个轰动一时的大破产事件，在当时的华尔街广为流传。我不记得他们到底赔了几百万。公司遭到重创后解散，托马斯独立门户。他在棉花市场上投入了全部心力，很快便东山再起。他连本带息还清了所有的债务——从法律上说，他无需承担偿还这些债务的义务——自己还余下 100 万美元。他在棉花市场的再度崛起颇具传奇色彩，可与 S.V·怀特执事在股票市场上历时一年偿还百万美元债务的闻名经历相媲美。托马斯的勇气与智慧让我佩服之极。

　　棕榈滩上人人都在谈论托马斯在三月棉花交易中的惨败。你知道的，这种事情以讹传讹，不断地演义和膨胀，充斥着误传和夸张的成分，并且被不断添枝加叶。其实，我已经领教过关于我自身的一则谣言，其最终演义的结果连始作俑者都难辨真伪，因为谣言传播的速度很快，不到 24 小时就能再传回来，增加了新内容和绘声绘色的刻画，早已是面目全非了。

　　关于佩斯·托马斯最近的不幸遭遇的消息将我的思绪从钓鱼拉回到棉花市场，我拿到了有关交易报告的文件，仔细阅读，想从中分析市场条件的变化。我回到纽约股票市场之后，将全副精力投入到对棉花市场的研究中。我发现，每个人都看好空头，而且人人都在卖出 7 月棉花的期货合约。你知道人们是怎么回事。我推测，这不过是一种传染效应，一个人之所以做某件事情，不过是身边的每个人都在做着同样的事情。也许是某个阶段或各种各样的从众②本能在起作用。无论是什么情况，从成百上千的交易者的观点看来，最明智和最妥当的事情就是卖出 7 月的棉花期货合约——而且这也是最安全的做法！用轻率这样的词来形容这种大众的交易行为未免太过于保守了。交易者只看到市场的一个侧面和大笔的利润。他们当然期待价格的大幅下跌。

当然，所有这一切我都看到了，而且有一点提醒了我，所有做空头的同行们已经没有足够的时间买进平仓了。我研究的越细，对市场形势就看得越清楚，最终，我决定买进 7 月的棉花合约。我马上入市并迅速买进 10 万包。这个过程没有任何障碍，因为市场上有大量的卖家。我甚至觉得，如果我悬赏百万美元找一位不再卖出 7 月期货的交易者，不论死活都可以，恐怕也没人来认领这笔悬赏金。

此时已经到了 5 月下旬。我一直在买进，而他们一直不停地在卖出，直到我接手了在市场上流通的棉花期货合约，共计 12 万包。在我买入最后一笔合约的几天之后，价格开始上扬。一旦行情启动，市场的确一发而不可收——每天上涨 40 点到 50 点不等。

这是一个星期六——也就是在我开始操作大约 10 天时——价格开始慢慢爬升。我不清楚是否还会有 7 月棉花合约的卖家。我必须自己想清楚。于是，我等待着，直到最后的 10 分钟。我知道那些同行们在这个时候通常是持有空头头寸的。如果当日市场收盘价格上升，他们铁定会被套牢的。于是，我发出了四个不同的指令，每项指令同时以市场价买进 5000 包。这样做的结果是价格上升了 30 个点，空头交易者拼命挣扎。市场以最高价收盘。记住，我所做的一切就是买进最后的 2 万包棉花期货。

第二天是周日。不过，星期一这天，只有利物浦开市时上升 20 点才可能与纽约的涨幅持平。其结果，利物浦的开盘价比前一个营业日高出 50

---

② 从众心理或羊群效应（herd behavior）。在资本市场上，"羊群效应"是指在一个投资群体中，单个投资者总是根据其他同类投资者的行动而行动，在他人买入时买入，在他人卖出时卖出。还有其他一些因素会导致出现"羊群效应"，比如，一些投资者可能会认为同一群体中的其他人更具有信息优势。"羊群效应"也可能由系统机制引发。例如，当资产价格突然下跌造成亏损时，为了满足追加保证金的要求或者遵守交易规则的限制，一些投资者不得不将其持有的资产斩仓卖出。

点。这意味着利物浦市场的涨幅超出纽约涨幅的100%。我和利物浦市场行情的变动毫无关系。这个差异向我表明，我的推算是很合理的，我一直在沿着最低阻力线交易。同时，我并没有昏昏然到忽略掉一个事实，我还有巨额的多头仓位等待处理。无论市场是大幅上涨还是稳步上升，但是，吸纳空头的能力总是会有一个限度的。

当然，通过海底电缆发来的有关利物浦行情的电报使得纽约市场也变得狂热起来。但是，我注意到行情越高，7月棉花的期货合约看上去就越稀少。我自己没有释放任何的多头持仓。星期一的一整天，市场都充满着兴奋的情绪，然而，对于空头而言却没有什么值得高兴的事。从我观察到的整个过程来看，没有任何迹象表明即将出现空头市场的恐慌，也没有开始盲目的蜂拥而来的平仓交易。我持有14万包的多头，我必须找到市场来释放。

星期二的早晨，我前往营业所的时候，在大楼门口遇见我的一位朋友。

"今天早晨的《世界报》有一篇非常精彩的报道。"他笑着对我说道。

"什么报道？"我问道。

"怎么，你不会是想告诉我说你没看过这篇报道吧？"

"我从来不看《世界报》的。"我说道，"到底是什么报道啊？"

"嗨，都是关于你的故事，说你操控了7月份的棉花期货合约。"

"我没有看到报道。"我这样告诉他，随后和他分手了。我不知道他是否相信我。他很可能觉得我没有告诉他这篇报道的真假是很不近情理的。

我进了营业所，找人拿来了那份报纸。果然，就是这篇报道，报纸的头版上赫然一副大标题：

拉瑞·利文斯顿控盘7月份棉花期货合约

当然，我立刻明白，这篇文章会把市场搅乱。如果我要处心积虑地研究一些方法和手段将14万包棉花期货合约脱手的话，眼前我所碰到的这个机会是最好的可以充分利用的契机。要找到这种机会的几率太小了。此刻，全美的读者都会通过《世界报》或其他报纸的转载读到这则消息的，而且还可以通过电讯工具传送到欧洲大陆。利物浦市场的价格变化清楚地表明了这一点。市场简直疯狂了。很明显，这篇报道起了作用。

当然，我知道纽约也会有同样的反应，而且也明白自己该怎么做。纽约市场的开盘时间是上午10点。开盘10分钟时，我手上的棉花期货合约一份都没有了。14万包全部放出。我所接受的所有持仓量的大部分的成交价格最终被证明是当天的最高价。交易者们为我创造了市场。我真正做到的一切就是看到天赐良机让我脱手了所有的棉花期货。我抓住了这个机会，因为我已经欲罢不能，难道我还有其他的选择吗？

我很清楚，我本来需要费尽心机去解决这个棘手的问题，结果却意外地得到了顺利解决。如果《世界报》没有发表这篇文章，我绝不会这么轻易地就能放掉头寸，我幸运地做到了，却无需付出牺牲大部分账面利润的代价。卖出14万包7月的棉花期货并没有导致价格的下滑，如果说这是一个诡计，那么它绝非我的能量所及。可是，《世界报》的报道却使我有了一个华丽的转身。

《世界报》为什么要发表这样一篇报道？我说不出来，也无从得知。我猜测该报的记者从棉花期货市场的朋友那儿得到了贴士，而且自认为发表的是独家新闻。我没有见过这位记者或任何其他《世界报》的人。在那天早晨的9点钟之前，我并不知道报纸会登出这样的新闻。如果不是我在营业部大楼门口遇见我的那位朋友，他提到了这则新闻引起了我的注意，我甚至到那时还被蒙在鼓里。

如果没有这条消息，我不可能有足够大的市场来卸载我的头寸。大规模交易总是有这样的问题。离场时不可能暗中溜掉。当你希望卖出或者认为应当卖出时，不可能总会如愿以偿。当你获得一个市场可以吸纳你的全部头寸时，或者有任何可能离场时，你必须卖出离场。如果抓不住这样的机会迅速出市，你或许要付出几百万美元的代价。你不能犹豫。机会转瞬即逝，亏损接踵而至。你也不要自作聪明，比如，在空头市场上通过竞买的方式抬高价格，因为你或许因此而削弱了市场的吸纳能力。我要告诉你的是，感知市场机会并不是像听上去这么容易。你必须有高度的警觉性，当机会来敲门时或灵感闪现时，你必须抓住它。

当然，并不是每个人都能理解我这次绝妙的机遇。在华尔街或其他任何诸如此类的场合，任何能带给一个人大笔财富的偶然事件都被认为是大有可疑的。当这种偶然事件无利可图时，那么这样的事件从来不会被看作是际遇，而被视为你的贪婪的天性和过度自负的必然结果。然而，只要带来了利润，人们又会将其称为掠夺，大谈奸诈之徒如何得志，保守正派之士如何遭殃云云。

关于这次事件，那些不怀好意的空头交易者，由于自己的轻率受到市场的惩罚而痛心，不仅仅是这些人指责我蓄意采取出人意料的行动。其他人也持有同样的看法。

大概一两天之后，有一位在全世界棉花期货市场数得着的交易大亨遇见我时，对我说道："利文斯顿，这一定是你有史以来干得最巧妙的一次。我在想，如果你在市场上处理这些头寸会亏损多少？你知道的，如果不引发大抛售的话，这个市场的规模只能吸纳5万到6万包的期货合约，那么你是怎么做到既能出清存货又不损失账面利润的？我开始对这一点感到好奇，我想不出你这样的计谋，真是绝妙之计。"

"这件事与我不相干。"我非常真诚地向他保证。

但是，他只是一个劲地重复着："太绝妙了，我的孩子，太绝妙了！何必这么谦虚呢！"

就在这次交易以后，一些报纸称我为棉花大王。但是，我说过，我真的不够资格佩戴这顶王冠。我想没有必要告诉你，全美所有的钱加起来也不足以收买纽约《世界报》的专栏，也没有什么人有足够的个人影响力能保证发表这样的一则报道。这件事当时带给我的是完全名不副实的声誉。

但是，我讲述这个故事并非为了卖弄这些桂冠，而这类桂冠有时会被强加到到某些不相称的交易者头上；也不是为了强调抓住机会的重要性，无论机会何时到来或从何而来。我的目的不过是为了说明，在7月的棉花期货合约交易之后，报纸如何大肆渲染我的所谓恶名。如果不是因为这些报纸的渲染，我也就不会遇到那位杰出的名人——佩斯·托马斯。

12

免疫力

在我轧平7月份棉花期货头寸，取得交易的意外成功之后不久，我收到了一封邀请我会面的信件。来信是由佩斯·托马斯签署的。当然，我立即回复道，我将很高兴见到他，并随时在我的办公室恭候他的到来。第二天，他来了。

我对他仰慕已久。他的大名总是与种植和买卖棉花联系在一起，真可谓家喻户晓。在欧洲以及在全美各地，人们和我交谈时，都喜欢引用佩斯·托马斯的观点。记得有一次，我在瑞士的一个度假胜地和开罗的一个银行家聊天，他喜欢种棉花，而且和已故的欧内斯特·卡塞尔博士合作在埃及种植棉花。当他听说我来自纽约，立即向我询问佩斯·托马斯，他对接收到的托马斯的市场报告坚持不懈地进行研读。

我总是以为，托马斯按科学规律来经营他的投机事业。他是一个真正的投机商，一个富有梦想的思想家，也是一名有勇气的斗士——一个不平凡的见多识广的人，他在棉花期货市场上既有理论又有实践。他乐意倾听，也乐于表达自己的观点和看法，善于总结经验，同时，他对棉花期货交易的实务以及交易者的心理都了如指掌，拥有多年的交易经历，无论赚钱或赔钱均为大手笔交易。

在此前的谢尔顿-托马斯股票经纪公司倒闭之后，托马斯单立门户，在两年之内东山再起，引人注目。我还记得在《太阳报》上读到他重新跨入金融行业所做的第一件事，就是全数偿还他欠老顾客的债务，第二件事是雇用一个专家为他研究并帮助他决策，如何为余下的百万美元选择最佳的投资方式。这位专家查验了他的财产，并分析了几家公司的报告，然后建议他购买特拉华-哈德森公司的股票。

因先前公司的破产倒闭使他损失了几百万美元，后来在棉花期货市场上又赚回几百万美元，但是，他在3月份棉花期货市场上又被清出市场。托马斯来到我的办公室以后没有寒暄几句就切入正题。他建议我们联手操作，无论他得到什么信息都会抢在公之于众之前第一时间传给我。我只负责具体操作，他认为我具有特殊的天赋，而他没有这种天分。

这对我并没有多少吸引力，原因很复杂，我坦诚地告诉他，如果我被套上两副缰绳我就无法行动了，而且我也不想尝试新的套路。但是他坚持认为这是一个理想的组合，后来，我直截了当地告诉他，我不打算和任何可能影响他人交易的事情有牵连。

"如果我愚弄了自己。"我告诉他，"我可以自己忍受，并立即付账。既没有拖欠的债务，也不会有意外的烦恼。我自己选择独自交易还有一个原因，这样交易是最明智并且成本最低的。我自得其乐，用我的头脑和其他交易者的头脑公平竞争——这些人我从来都没有见过，也从来没有交谈过，从来没有给过他们建议买卖什么，也从不期待见面或认识他们。我的盈利来自于我自己对市场的看法。我不会贩卖自己的观点或者将自己的观点作为资本。如果我用其他方法赚到钱，我会觉得没有那么适得其所。我之所以对您的提议不感兴趣，是因为交易这个游戏对我的吸引力正是在于我以自己的方式为自己而交易。"

托马斯说，他很遗憾我会这么想，他试图证明我拒绝他的提议是不妥的。但是，我坚持己见。接下来，我们谈得很愉快。我告诉他，我知道他会"卷土重来"，如果他允许我在资金上对他有所帮助，我将感到非常荣幸。但是，托马斯说，他不能从我这里接受贷款。随后，他向我问起有关7月份棉花期货合约的操作，我将事情的来龙去脉毫无保留地都告诉了他，比如，我为何入市，我买了多少棉花期货，成交价格以及诸如此类的细节。我们还聊到了其他一些话题，随后他就告辞了。

之前我曾经对你说过，一个投机者有很多敌人，很多敌人来自于自身，并干扰交易者的思维，我自己在面对这些内部的敌人时就犯过很多错误。我已经认识到，一个人或许拥有一个独特的头脑并终生习惯于独立思考，然而，在面对一个极有说服力的劝诱时依然是脆弱的。我对于投机者常犯的普通错误还是具有相当免疫力的，比如贪婪、恐惧和欲望。但是，毕竟我是一个普通人，还是难免犯错误。

在这样一个特殊的关头，我应当保持清醒的头脑，因为不久以前我有过一段经历，证明了一个人很容易言不由衷，其所做所为有违自己的判断，甚至和愿望相反。这段经历发生在哈丁兄弟公司的营业所。在那里，我有自己的私人办公室——这是我可以独自占有的一个空间——没有我的允许，其他人不得擅自在交易期间进入。我不希望被人打扰，我的交易头寸很大，账面利润也很多，这也是经纪行的财源之一，所以，我受到特别的保护。

有一天，就在刚刚闭市的时候，我听到有人打招呼："下午好，利文斯顿先生。"

我转过身，看到一位全然陌生的人——大约在30岁到35岁之间。我不清楚他是怎么进来的，但是，他就站在那儿。我断定，一定是他的生意和我有关，所以被放进门。不过我没有表露什么。我只是看着他。他很快说道："我来这是想跟您谈谈瓦尔特·司各特①。"随后，他便打开了话匣子。

他是一位图书代理商。看起来，他既没有特别优雅的风度或高超的谈吐技巧，相貌上也没有特别的吸引力，但是他很有个性。他滔滔不绝地说着，我以为我在听他说，其实，我没有听懂他在说什么。我想我一直都没在注意听，尤其是在此刻，我什么都没听懂。他终于结束了长篇大论，递给我一支新的自来水钢笔和一张空白的表格，我签了字。这是一份购买瓦尔特·司各特丛书的合同，费用是500美元。

签好字的瞬间我才回过神来。但是，他已经将合同放进口袋里了。我不想买这些书，也没有什么地方可以摆放，它们对我没什么用处。我也没有什么人可送，不过，我已经签了合同，花500美元买这些没用的书。

我对赔钱的事早已习以为常，以至于犯错误时都没来得及思索。我总是在思考错误本身，以及犯错误的原因。最重要的是，我希望了解我自身的局限性和思维的习惯方式。另一个原因是我不希望重犯同样的错误。一

---

① 瓦尔特·司各特（Walter Scott）是英国著名的历史小说家和诗人。司各特的诗充满浪漫的冒险故事，深受读者欢迎。

个人只有从错误中吸取教训，并从教训中获益，才能得到原谅。

那么，我已经犯下了漫不经心花出 500 美元买书的错误，但是还没有找出症结所在，所以，我开始打量着他，琢磨他的来意。如果他没有对我微笑——那种费解的微笑！绝对是这样的，可能我也不会这么好奇。他好像看穿了我的心思，我似乎觉得我无需对他解释什么，我不说他也知道。所以，我跳过了解释这一步以及开场白，直截了当地问他：“你从这 500 美元的订单中得到多少佣金？”

他急忙摇摇头回答：“我怎么能那样做？对不起！“

“你到底能得多少？”我坚持要他回答。

“三分之一。但是，我可不能那么做。”他又说道。

“500 美元的三分之一是 166.66 美元。如果你能还给我那份签了字的合同，我可以给你 200 美元的现金。”为了证明我的诚意，我从口袋里掏出了 200 美元。

“我说过我不能那么做。”他说道。

“你所有的客户都会签这样的合同吗？”我问道。

“不是的。”他答道。

“那么，你为什么这么肯定我会签合同？”

“因为你是这种类型的人，你是第一流的输家，你因此而成为第一流的商人。我很感谢您，但是我不能那么做。”

“你现在告诉我，为什么你不想拿比你的佣金更多的钱？”

“确切地说，不是你想的那么回事。”他说，“我工作不仅仅是为了佣金。”他回答。

“那你工作是为了什么？”

“为了佣金，也为了创纪录。”他回答。

“什么纪录？”

“我的纪录。”

“你到底在追求什么？”

“你工作仅仅是为了赚钱吗？”他反问我。

“是的。”我说道。

"不。"他摇着头,"不,你不是的。如果只是为了赚钱,你不可能从中得到足够的乐趣。你工作当然不只是为了在你的银行账户上增加几个美元,你并不是因为喜欢这么轻易到手的利润才呆在华尔街这种地方的。你一定乐在其中,尽管方式不同,当然,我也一样。"

我没有和他争辩,只是问他:"你是怎么从你的工作中获得乐趣的?"

"哦。"他坦白地说,"我们所有的人都有一个弱点。"

"那么你的弱点是什么?"

"虚荣心。"他答道。

"嗯。"我对他说,"你成功地让我在那份合同上签了字。现在我要拿回签了字的合同,我为你 10 分钟就完成的工作付你 200 美元。这还不能满足你的自尊心吗?"

"不能。"他答道,"你看,我们的人都已经在华尔街推销了好几个月了,入不敷出。他们说是因为产品不对路,推销地点也不合适。上司派我来证明是否是推销员能力的问题,跟产品和地点无关。他们推销的佣金是 25%。我本来在克利夫兰,我在两周内卖出了 82 套。我在这儿要推销一定的数量,不仅要卖给那些拒绝从其他推销商那里买书的人,还要卖给那些甚至不可能见到的人。这就是他们给我 33% 佣金的原因。"

"我还不太明白你是怎么卖给我那套书的。"

"哦。"他带着安慰的口吻说道,"我也卖给了 J.P·摩根一套书。"

"不,不会的。"我说道。

他并没有气恼,只是说道。"是真的,我是卖给他了!"

"你卖给 J.P·摩根一套瓦尔特·司各特的作品?你知道,他不仅有一些精装本,而且可能还有一些小说的手稿,对吗?"

"你看,这是他的亲笔签名。"说着,他立即拿出 J.P·摩根亲笔签字的合同对我晃了一下。也许合同上根本不是摩根先生的签名,不过我当时并没有想到这一层,所以也没有产生怀疑。他不是也把我签了名的合同放进口袋里了吗?我觉得十分好奇。于是我问他:"你是怎么通过图书管理员这一关的?"

"我没有见到图书管理员,我是在老先生的办公室见到他本人的。"

"这太离谱了！"我说道。人人都知道，即使要徒手进入摩根先生的私人办公室，也要比携带着像装着闹钟的包裹进入白宫还要困难得多。

不过他还是坚称："我做到了。"

"但是，你到底是怎么进到他的办公室的？"

"那我是怎么进到你的办公室的？"他反问。

"我不知道，你来告诉我。"我说道。

"好吧。我进到摩根办公室的方法和进到你办公室的方法是一样的。我只是和守门人谈了谈，按他的职责是不能让我进来的。我得到摩根先生的签字和得到你的签名的方式也是一样的。你是不会为一套书而签合同的。你不过是拿起我递给你的钢笔照我的要求去做而已。没什么差别，他和你一样。"

"真是摩根的签名？"我问他，三分钟之后我才有机会说出我的怀疑。

"当然！他很小的时候就学会了写自己的名字。"

"这事儿就这么简单？"

"是的，就这么简单。"他答道。"我很清楚我在做什么，这就是所有的秘密。我真的很感谢你，祝你今天过得愉快，利文斯顿先生。"说着，他开始向门外走去。

"等一下。"我说，"我一定要让你从我这里拿到整整 200 美元。"我递给他 35 美元。

他摇了摇头，然后他说道："不，我不能那么做。但是我可以这么做！"他从口袋里掏出那份合同，一撕两半，将碎片递给我。

我点了 200 美元，把钱递到他面前，但是他再次摇摇头。

"这不是你的意思吗？"我说。

"不。"

"那么，你为什么要撕掉合同？"

"因为你没有抱怨，而是自己承担了下来，换位思考，如果我处在你的位置也会这样做的。"

"但是，我是自愿付你 200 美元的。"我说。

"我知道，但是钱不能代表一切。"

他的语音中有着某种特殊的意味，这促使我对他说道："你是对的，钱的确不能代表一切。那么现在你真心希望我为你做些什么呢？"

"你反应很快，不是么？"他说道，"你真的愿意帮我吗？"

"是的。"我告诉他，"我可以帮忙，但是能不能帮得上还要看你想让我做的是什么事。"

"让我跟你一起去艾德·哈丁先生的办公室，告诉他，我想和他谈谈，只谈三分钟。然后让我再和他单独谈。"

我摇摇头说："他是我的一个好朋友。"

"他50岁，是一位股票经纪商，仅此而已。"这位图书经销商说道。

这话没错，于是，我带他去了艾德的办公室。从此我再也没得到来自这位图书经销商的消息或关于他的消息。但是，几个星期之后的一个晚上，当我在第六大道乘火车出城的时候和他不期而遇。他很有礼貌地举起帽子，我点点头表示回敬。他走过来对我说："你好，利文斯顿先生？哈丁先生近况如何？"

"他很好，你为什么问起他？"我觉得他话里有话。

"那天你带我去见他，我卖给了他价值2000美元的图书。"

"他从来没有对我提起一个字。"我说道。

"不会的，他那种人不会谈起这些事的。"

"他是哪种人？"

"就是从来不犯错误的人，因为犯错误就意味着生意做得很糟。那种人总是知道他需要什么，没有人告诉他还有不同的选择。就是那种人可以让我以他们为例教育我的孩子，逗我妻子开心。你给了我很好的回报，利文斯顿先生，你那么急于给我200美元的时候，我就期待你可以给我这样的回报。"

"那么，如果哈丁先生不给你签单呢？"

"噢，不，我相信他会的。我已经发现他是那种人了，他是很容易被搞定的。"

"是的。但是如果他不买你的书怎么办？"我追问。

"那我就回到你这里来，向你推销一些别的东西。祝你今天过得愉快，利文斯顿先生。我要去见市长大人。"火车停靠在公园一站时，他站起身来。

"我希望你能卖给他10套书。"我说道，市长阁下是属于坦慕尼派②的人物。

"我也是共和党人。"他说着，不慌不忙，悠闲地下了车，他确信火车会等着他下车的，果然如此。

我这么不厌其烦地详细描述这个故事的细节，是因为它关系到一位非凡的人物，这位图书经销商让我买了我不情愿买的东西。他是第一个能够驱使我这样做的人。按理说不会再有第二个，其实不然。你决不能以为世界上只有一位这种非凡的人物，或者以为你对这种非凡的个人影响力有着完全的免疫力。

当托马斯离开我的办公室时，在我友好而坚定地拒绝了与托马斯结成交易联盟之后，我曾断定我们二人的商业之路永远都不可能重合。我甚至怀疑我是否会再见到他。然而，就在第二天，他给我写了一封信，谢谢我主动提出帮他，并约我去见面。我答应他我会去的。他再次来信，我如约前往。

后来我们经常见面。听他讲话给我带来很大的乐趣，他几乎无所不知，而且表达饶有趣味。我想，他是我见过的最有吸引力的人。

我们无话不谈，他博览群书，所涉猎的领域之多令人惊异，他具有非凡的演绎天赋，能将知识进行有趣的概括。他的言谈话语之间所透露的智慧令人印象深刻，他的说服力无可匹敌。我听到过很多人指责佩斯·托马斯的许多行为，其中包括他的不真诚，不过，我有时怀疑他的非凡说服力

---

② 坦慕尼派（Tammany man）的前身是成立于1789年的圣坦慕尼公会，创立者是一位名叫威廉·慕尼（William Mooney）的独立战争老兵，名字源自一位叫Tammend的人。这个组织开办之初是社会慈善团体，号称将致力于爱国主义和人民友爱，不过很快便带上了政治色彩。1855年，坦慕尼派当选了他们的第一个纽约市市长，Fernando Wood，迈出了对纽约市长期控制的第一步。19世纪60年代，威廉·M·特威德（William Marcy Tweed）担任坦慕尼会长后，组织势力逐渐达到顶峰，在南北战争期间，坦慕尼派摇身一变成为美国民主党在纽约的组织，并进而控制了纽约民主党，其后赢得对纽约市的彻底控制，开始了一个极端腐败和堕落的时代。坦慕尼派对纽约的长期统治被认为是美国最重要的政治结构形式，其对美国的巨大影响力一直延续到20世纪60年代，历时长达70年。

是否来自下列事实：他首先要彻底说服自己，从而增强了他说服他人的能力。

当然，我们谈到了很多关于市场的话题。我并不看好棉花期货市场的多头，但他的见解不同。我根本看不出任何多头的迹象，而他却能看到。他列举了如此之多的事实和推论，我似乎应该被他驳倒，实际上我没有。我还不能证实我的看法，因为我无法否认它们的真实性，不过这些事实并没有动摇我自己所建立的信念。但是，他坚持不懈地试图说服我，直到我对自己从交易报告和日报中收集的信息产生了怀疑。这意味着我并不是用自己的眼睛观察市场。一个人是不能够说服自己来对抗自己信念的，但是他可能会因这种无休无止的谈话而陷进不确定和犹豫不决的状态，更糟糕的是，这意味着他不能充满自信地安心做交易。

我不能确定地说我已经完全迷惑了，但是至少我心理已经失去了平衡；更确切地说，我放弃了独立思考。我无法对你描述我是怎样一步步达到这种心理状态的细节，而这种状态让我付出了高昂的代价。我想，是因为他信誓旦旦地向我保证他的数据的准确性，从而打动了我，这些数据是他独享的，而我的数据是不可预料的，且不是我独有的，是来自公开的信息。他喋喋不休地表明他的数据是完全可靠的，经得起时间的反复检验，因为他所有的数据来自于1万多名调查对象，遍布美国南方。最终，我按照他本人的方式来理解市场条件——因为我们同时在读着同一本书的同一页，而且是他把书举到我的面前。他有一个很有逻辑性的头脑。一旦我接受了他所列举的事实，毫无疑问，就以他的事实做推论，也就变成了我自己的结论，从而和他的结论高度一致。

他开始跟我谈到棉花期货市场的形势时，我不仅仅看好空头，而且我在市场上持有空头头寸。后来，当我接受了他列举的事实和数字时，我逐渐开始担心我以前建立的头寸是以错误的信息为基础的。当然，我不能带着这样的感觉而不考虑轧平头寸。而且，由于托马斯的说服，使我觉得我做错了，所以，一旦我平仓了，我就不得不做多头。这就是我当时的想法。你知道的，我除了在股票和商品期货市场交易之外别无所长。我很自然地想到，如果做空头是错的，那么做多头必定是正确的，二者必居其一。如果做多头是正确的，那么买进就是势在必行的。就像在棕榈滩时我的老朋友所谈到的，派特·霍恩常说："不下注不知输赢！"我必须证明我在市场上的交易正确与否，而这些证据只有在月底我读到经纪行的交易报告时才看得到。

我开始买进棉花期货，很快就达到我通常的持仓量，大约是 6 万包。这是我交易生涯中最愚蠢的一次交易。我不是依据自己独立的观察和推论来随着市场的起伏进行交易，我不过是在充当别人的傀儡，玩着另一个人的游戏。这种极端明显的愚蠢操作并没有到此为止。我不仅在没有理由看好多头的情况下买进，而且我并没有遵从我多年的交易经验，逐步加码累积头寸。其结果，由于听信他人，做错了交易，我亏损了。

市场并没有按照我的思路发展。当我对自己的头寸十分确定时，我从不会担心或者急躁。但是，市场并不是像托马斯所预测的那样变化，尽管他自认为他是正确的。一步走错后，步步走错，结果把我整个人搞糊涂了。我竟然被人说服，不仅不打算承担亏损，没有采取止损措施，而且持仓来对抗市场。这种陌生的交易方式不符合我的天性，而且违背了我的交易原则和理论。只是，这时的我已经不是我自己了。我是另外一个人——托马斯的化身。

我不仅持有棉花期货的多头，而且有巨额的小麦持仓量。小麦期货交易表现不俗，带给我一笔可观的利润。我在支撑棉花期货价格上的愚蠢交易行为，使我的持仓量增加到了 15 万包。或许我可以告诉你，那个时候，我感觉身体不太舒服，我提起这个不是想为自己的失策找一个借口，只是陈述一个相关的事实。我记得当时还去海边调养了一下。

调养期间，我想了很多。在我看来，我的投机承诺过大。通常我并不会胆怯，但是这么大的头寸交易让我觉得精神紧张，这种状况促使我决定减仓。要达到这一目的，我必须出清棉花或者小麦，二者必选其一，否则不堪重负。

这种处境看上去令人难以置信，我懂得怎么做这种游戏，而且对于股票和商品期货已经有 12 年或 14 年的投机经历，在这种情况下，我恰恰犯了不应该有的错误。棉花期货已经显示，我的账面上有亏损，但是我还在继续持有。小麦显示了账面利润，可我还是卖掉了。这是一种彻头彻尾的愚蠢交易，然而，所有的说辞中唯一能减轻我错误的借口是，这一次实际上并不是我的交易，而是托马斯的交易。在所有投机性的大错误中，几乎没有什么错误比企图为已经亏损的交易降低平均成本的尝试更糟糕了。我的棉花期货交易很快就恰如其分地证明了这一点。有亏损的时候总要卖出，显示账面利润的时候要持有头寸。这是显而易见的明智之举，我对这些交易原则烂熟于心，甚至直到现在，我对当时自己反其道而行之的做法仍然感到惊异和迷惑不解。

就这样，我卖出了小麦，下意识地减掉了显示账面利润的头寸。在我卖出之后，行情持续走高，每蒲式耳小麦上涨了20个点。如果我持有这笔头寸，我可能赚取的利润大约是800万美元。更糟糕的是，在决定继续持有亏损的头寸之后，我买进了更多的棉花。

我记得很清楚，当时我是怎样日复一日地买进棉花并且不断加码的。你认为我持续买进的原因是什么呢？为了保持价格不下跌！还有什么行为比这种超级傻瓜的行为更为愚蠢的呢？我纯粹是在抛出越来越多的资金——最终损失了更多的资本。我的经纪商和密友们都很难理解我的做法，至今也不理解。当然，如果这次交易是另一幅不同的画面，那就是一个奇迹了。不止一次，有人警告我，不要过于信赖佩斯·托马斯所谓的精彩分析。对这样的警告我没有留心，而是继续不停地买进棉花期货来抗拒价格的下行趋势。我甚至还从利物浦市场上买进。在我意识到自己的失误之前，我已经累积了44万包的头寸，然而，一切都已经太晚了。于是，我卖掉了所有的头寸。

我的亏损几乎相当于我在股票和其他商品期货交易中所得到的全部利润。我还没有被完全清出场，账面上还余下几十万美元，而在我遇到才华横溢的朋友佩斯·托马斯之前，我有着几百万的资金。像我这样一个有着丰富经验的交易者，曾经一度遵守所学到的全部交易法则而获得成功，如今，却违反了这些法则，仅仅用"愚蠢"二字不足以形容这样的行为。

从这次经历中我得到的教训是，一个人可以没有任何来由地做出一些愚蠢的交易行为，这个教训很有价值。我付出几百万美元的代价了解到，对一个交易者而言，另一个危险的敌人是他的敏感性，如果有人以难以抗拒的吸引力，并以非凡的表达方式来表明他的观点，那么当事人是很容易被感染的。无论如何，对我而言，我总是觉得，似乎只花百万美元照样可以从中得到很好的经验教训。但是命运女神并不总是让你付出固定的学费，她首先提供的是重磅打击，然后把自己的账单交给你，她知道你不得不买单，无论数额有多大。我因而了解到自己在特定情况下做傻事的能力可以达到何等地步。佩斯·托马斯从此淡出了我的生活。

这就是我的所为，十分之九以上的资本化为乌有——"无可挽回"，吉姆·菲斯科常说的就是这句话。我成为百万富翁还不到一年。我运用自己的头脑，备受幸运之神的青睐，赚取了几百万美元。而我又通过相反的操作过程失去了这些财富。我卖掉了原来属于我的两艘游艇，量入为出，不再奢侈。

但是，祸不单行。我开始走背运。先是病了一场，后来又急需付出20万美元的现金。在几个月之前，这笔钱根本算不上什么，但是，现在几乎意味着我飞速消失的财富中剩余的全部。我必须拿出这笔钱，但问题在于：我到那里去筹钱？我不想把我在经纪行里保存的余额提出来，因为如果我这么做了，我就没有多少保证金可以保持我自己的交易；而且，如果我要将失去的几百万快速赢回来，我需要有比以前更加便利的交易资金。但我所能看到的只有一个选择，就是从股市上拿出这笔钱来！

设想一下！如果你对一般经纪行的普通客户有所了解，你会同意我的下列看法的：在华尔街，靠股票市场赚钱来付账单的这种渴望，是最容易发生亏损的原因之一。如果你决意如此，只能一败涂地。

这一年的冬天，在哈丁兄弟公司的营业厅有一伙人扬言要花3万~4万美元买一件大衣——结果他们当中没有一个人能指望穿上这样的大衣。事情的经过是这样的，有一位很出色的场内交易者——后来成为世界闻名的

"年薪一元"③ 者，即领取象征性微薪的人物——穿着一件水獭毛皮做里子的皮大衣来到交易所。在那个年代，裘皮还没有涨到天价，这件大衣也不过值 1 万美元。结果，哈丁营业厅这伙人之一的鲍勃·吉文，一心想买一件俄罗斯紫貂皮里子的皮大衣。他在城里打听了价格，这种皮大衣的价格也是 1 万美元。

"见鬼，这太贵了。"其中一位表示反对。

"噢，不错！挺公道！"鲍勃·吉文承认这个价码还可以，"相当于一周的薪水——除非你们大家评价我为营业厅最好的男人，想买下来送给我，礼轻情义重嘛。我听到颁奖讲演了？没有？那好吧。我还是让股市替我买单吧！"

"你为什么非要买一件貂皮大衣？"艾德·哈丁问他。

"像我这种个头穿在身上特别搭。"鲍勃一边回答，一边站起身来。

"你刚才说你打算怎么付这笔账来着？"吉姆·墨菲问道，他是这个营业厅最擅长打听贴士的人。

"找一只具有短线特征的股票做精明的投资。詹姆斯，就是这样。"鲍勃回答，他知道墨菲只不过是想找点贴士。

果然，吉姆追问。"你想买哪一只股票？"

"你又错了，朋友。现在不是买进的时机。我想卖出 5000 股钢铁。钢铁股至少要下跌 10 个点。我可以净赚 2.5 个点。这是保守的估计，不是吗？"

"你听到什么风声了？"墨菲急切地问道。这个人是个瘦高个，一头黑发，看上去面黄肌瘦，因为担心错过纸带上的信息，他从不外出吃午餐。

"别人只告诉我，我打算买的皮大衣中哪一件对我最合身。"他转过身对哈丁说道，"艾德，按市价卖出 5000 股美国钢铁的普通股。就在今天，亲爱的！"

---

③ 年薪一元（The "Dollar – a – year men"）是美国在战时尤其是第一次世界大战期间兴起的一种制度，指企业管理人帮助政府推动经济增长，所提供的服务仅领取一美元的年薪。这是因为，美国法律禁止政府接受任何人的免费服务，因此，有能力的管理人实际上可以自愿提供服务而只是领取名义上或象征性的薪水。

他是一个赌徒，是的，鲍勃喜欢整日开玩笑逗乐。这就是他的处世方式，想让满世界都知道他很刚强。他卖出 5000 股钢铁后，股市价格立刻开始上涨。实际上，鲍勃并不像他嘴上说的那么刚强，他在价格上涨 1.5 个点时止损，他对营业厅人的吐露说，纽约天气太暖和，不适合穿貂皮大衣；再说穿貂皮大衣不利于健康又太过招摇云云。其他人借机奚落他。然而没过多久，他们当中有人买了一些联合太平洋公司的股票，想赚钱购进这件皮大衣。结果损失了 1800 美元，之后就散布说女人用貂皮做围裙更好看，如果是一位温文尔雅的绅士，最好不要用貂皮做皮大衣的里子。

在这之后，接二连三有人想方设法要从股票市场上赚够了买这件皮大衣的钱。有一天，我对大家说，我想买下这件皮大衣，免得营业所破产。但是所有的人都说，这样做不公平，就是说，如果我要给自己买这件皮大衣，我就应该让市场来出钱。然而，艾德·哈丁强烈支持我的主张，当天下午，我就去貂皮店买大衣，到了那儿我才得知，一周之前一位来自芝加哥的人已经买走了这件大衣。

这只是一个案例。在华尔街，还没有一个人做这样的尝试而不亏本的，无论是想让股市掏钱支付一辆汽车、一条项链、一艘快艇还是一幅画，均难以得逞。股市的手指缝紧得很，从来不肯为我的生意礼物付费，我做这种尝试赔掉的钱都可以建一家大医院了。事实上，历数华尔街所有的不祥之物，我想企图诱使股票市场充当仙女或圣母的这种念头是最经常光顾的和最缠人的厄运。

就像经过验证的所有不祥之物一样，这种厄运的存在是有原因的。当一个人打定主意要让股票市场为他支付一笔突如其来的费用时，他会怎么做呢？当然，他只有期待。他是在赌博。因而，他要遭遇的风险远大于明智地投机所具有的风险，如果投机明智，他应该在冷静研究市场基础条件的基础上得出合乎逻辑的观点和信念，并以此为基础进行交易。然而，如果追求一夜致富，那么从一开始他就等不起。如果市场对他特别眷顾，就想立即兑现，他会自我恭维，觉得自己所求不多，不过是一次输赢各半的机会。因为他打算快进快出——比如说，输 2 个点即止损，赢 2 个点更好——他紧抱着自己的谬论不放，觉得必然是输赢各半。我认识的很多人就是这样做交易的，损失的美元成千上万，特别是在牛市的顶峰时买进，随后便是行情回落。这种交易方式当然不会有出路。

是的，在我作为股票操盘手的生涯中，这次犯错的愚蠢程度达到了极限，也算对我的最后一击。我被打败了。我在棉花交易之后的一些盈利也化为乌有。我不停地交易，也不停地亏损，这无异于雪上加霜。我坚持认为，股票市场最终还是要让我盈利的。但是，最终我所能看到的唯一结果是我耗掉了自己的全部资金。我负债累累，我不仅对我主要的经纪行欠债，而且对其他接受我做交易但从不要求我交足保证金的经纪行也欠了债。我并不是一时欠债，而且此后一直活在债务的阴影之下。

13

道义的代价

就这样，我又一次破产了，犯了如此致命的错误，境遇简直糟透了。身体欠佳，精神不振，烦躁不安，无法平静地思考问题。就是说，我当时的心情完全不是一个投机者应有的状态，是不适合做交易的。所有事情都不对劲。的确是这样，我开始胡思乱想，觉得自己再也无法恢复到原有的精神状态。我已经越来越习惯于做巨额头寸的交易——比如说，至少不能小于 10 万股——我担心如果做小股交易，可能会失去判断力。如果你仅仅持有 100 股的股票，即使盈利也不觉得有什么价值。在养成大手笔的交易并赚取大额利润的习惯之后，我做小额交易反而不知道该何时出手或如何出手了。我无法向你解释我当时的感觉是多么无助。

再次破产，无法排解心中的郁闷。终日为债务和对错误的懊悔所纠缠。在经历多年的成功之后，错误的调节实际上曾为我的更大成功铺平了道路，然而，这一次的错误后果比我回到当初在对价行起步的时候更糟。我已经学到了相当多的有关股票投机的要领，但我却没有学好如何对抗人性的弱点。没有任何人的头脑可以像机器一样总是可以在任何时候以同等的效率来发挥效用。我现在学到的是，我不可能完全信赖我自己，我并不是在任何时候都能坚持一贯地免受他人或逆境的影响。

我曾经说过，金钱的损失对我的影响是微不足道的。但是，我会为其他烦恼而忧心，事实也是如此。我研究了这次致命错误的细节，当然，并不难发现我是在何时做了蠢事。我找出了准确的时间和地点。一个人如果要在投机性市场上取得不菲的业绩，就必须彻底了解自己的优势和劣势。弄明白我在操作头寸中的愚蠢行为是一个长期的教育过程。有时我会想，对一个投机操作者而言要学会避免骄傲自负，再高的代价也不为过。很多精英才俊溃败的直接原因就在于骄傲自负——这是任何人在任何时候都可能染上的一种富贵病，特别是对华尔街的投机者来说更是如此。

我在纽约心情不快，被各种复杂的感觉所困。我不想做交易，因为我无法呈现出一种良好的交易状态。我打算离开，到其他地方寻找出路。我想，环境的变换有助于我重新找回自己。于是，大败于投机交易之后，我再度离开纽约。我的心情比破产更糟，因为我欠下各类经纪商的债务达10万美元之多。

我去了芝加哥，在那儿找到了一笔资金。这笔资金不多，对我而言，只不过意味着我需要稍长一点的时间将失去的财富再赢回来。我以前曾经与一家经纪行有过生意上的来往，他们非常相信我的交易能力，允许我以同样的方式在他们的营业厅交易，以此证明他们没有看错我。

我很保守地开始交易。我不太确定，如果呆着不动，到底会发展到什么程度。然而，后来所发生的事缩短了我在芝加哥的停留时间，这是我职业生涯中最离奇的经历之一。这个故事几乎令人难以置信。

有一天，我收到一封来自卢修斯·塔克的电报。我以前见过这个人，当时他还在一家纽约股票交易所会员公司的营业厅当经理，我曾在那家公司做过几次交易，但是后来失去了联系。电报是这样写的：

> 速来纽约。
>
> L·塔克

我了解到，他从我们共同的朋友那里得知我的境况，因此，他一定有什么好主意。我不想把钱扔到不必要的纽约行程中，而且我正缺钱。因此，我接到电报的同时，直接打长途电话询问他的意图。

"你的电报我收到了。"我说，"请问是什么意思？"

"意思是有一位纽约的大银行家想见你。"他答道。

"是哪一位？"我问道，我想不出他可能是谁。

"你到了纽约后我再告诉你，不然的话，告诉你也没什么意义。"

"你是说他想见我？"

"是的，他想要见你。"

"会是什么事呢?"

"如果你给他这个机会,他要当面告诉你。"

"你能写信告诉我吗?"

"不能。"

"那就直截了当地告诉我好了。"我说道。

"我不想在电话里说。"

"那么,卢修斯,"我说,"至少告诉我,会不会白折腾一次?"

"当然不会。你来这里对你一定有好处。"

"能给我一点暗示吗?"

"不能。"他说,"这对他不公平。再说,我也不清楚他到底能帮你多少。但是,接受我的忠告,来纽约,而且要快。"

"你确定他想见的人就是我吗?"

"除了你没有别人。我跟你说,你最好来纽约。发电报通知我你的车次,我去火车站接你。"

"那好吧。"我说完,挂了电话。

我不太喜欢神秘感,但是我知道卢修斯是好意,他必定有充分的理由才对我这么说话。何况,我在芝加哥还没有待到这么奢华的地步,以至于我有难舍之情。按我现在的交易速度,我需要很长时间才能积累足够的资金,恢复以前的操作规模。

我回到了纽约,对可能发生的事情一无所知。在旅途中,我确实不止一次地想过这件事,我担心此行一无所获,还要搭上火车票的费用和时间。我绝对猜不到我将开始我整个人生中最离奇的一段经历。

卢修斯来火车站接我,见面就开门见山地告诉我,他所以打电报要我来,是应纽约股票交易所著名经纪公司,即威廉森－布朗公司的丹尼尔·威廉森先生的紧急要求。威廉森先生要卢修斯转告我,他对我有一项商业提议,他确信我会接受这项提议,因为这对我是非常有利的。卢修斯发誓,他不知道这项提议到底是什么。从这家公司的特征来看,可以确定该公司不会要求我做任何不适当的事情。

丹尼尔·威廉森是这家公司的高级职员,公司由埃格波特·威廉森在

19世纪70年代创立。公司创立时以及此后多年并没有布朗其人。这家公司在丹尼尔父辈那个时代有着非常显赫的地位，丹尼尔继承了一笔可观的财富，此后外部的业务扩展不大。他们有一位大客户，其身价相当于100名普通客户，这就是埃尔文·马坤德。他是威廉森的姐夫，时任规模庞大的切萨皮克–大西洋铁路公司的董事长，此外，还身兼十几家银行和信托公司的董事。他是铁路企业中继詹姆斯·J·希尔之后最别具一格的人物，他在被称为鲍蕾道森帮派的势力强大的银行圈内十分活跃，成为他们的发言人和重要成员。他的身价大约在5000万至5亿美元之间，具体估算取决于评价人的偏好。他过世时留下2.5亿美元的遗产，全都来自华尔街的收入。由此看来，他的确不是一般的客户。

卢修斯告诉我说，他刚刚接受了威廉森·布朗公司的一个职位——是为他量身定做的。他承担的工作主要是拓展一般性业务。因为该公司目前正致力于一般佣金业务，于是，卢修斯建议威廉森先生开设几家分支机构，一家设在城里最大的饭店，另一家设在芝加哥。我得到暗示，他们打算让我在芝加哥的分支机构工作，也许是做经理，这是我不太能够接受的。我没有当即对卢修斯表示拒绝，因为我觉得最好由公司正式提出时我再拒绝。

卢修斯带我到威廉森先生的私人办公室，把我介绍给他的上司后，迅速离开了房间，就好像他不希望在认识双方的情况下成为见证人。我准备先洗耳恭听，然后再拒绝。

威廉森先生十分和蔼可亲。他是地地道道的绅士，举止优雅，带着友善的笑容。我可以看出他是一位很容易交到朋友的人，也很善于保持友谊。为什么不呢？他身体好，心情也不错。他有享用不尽的财富，因此，别人不会怀疑他有什么不良的动机。这些优势加上他受到的良好教育和社交训练，对他来说不仅容易做到礼貌与友善，而且乐于助人。

我什么话都没有说。实际上我也没什么可说的，此外，我总是喜欢让别人先把话说完，然后我再发表言论。有人告诉我，已故的国民城市银行的董事长詹姆斯·斯蒂尔曼——顺便说一句，他是威廉森的一位密友——迫使自己养成一种习惯，无论是谁要带给他什么消息，他总是带着冷漠的表情，默默地倾听别人说话。等这个人说完话，斯蒂尔曼还是继续盯着对方，好像对方还有话要说。这样一来，来人感觉必须赶快再说点别的。就是这样看着对方和聆听对方说的话，斯蒂尔曼经常使得对方提供比其他银行更为有利的条件，这是谈话者最初准备开口时所始料未及的。

我保持沉默时并不是要别人提供更优惠的条件，而是因为我喜欢了解每种情况所有的事实。如果让人把话说完，你就有可能当即做出决定。这样可以大大节约时间，避免引起争议和漫无边际的讨论，以致最终一事无成。就我目前所参与的商务而言，几乎没有任何生意上的主张可以用回答"是"或"不是"的方法来敲定。是的，我不能马上说出"是"或"不"，除非所有的提案都摆在我的面前。

丹尼尔·威廉森一直在谈着，我也一直在听。他告诉我说，他听说过很多有关我在股票市场上操作的事情，他很遗憾我离开以往的股票市场而经营棉花期货。那只是因为我运气不好，而他很荣幸见到我。他认为我的专长还是股票市场，我生来就是做这行的，我不应该舍弃股票市场。

"这就是原因，利文斯顿先生。"他带着愉悦的语气做了结语，"所以，我们希望能和你做生意。"

"怎么做呢？"我问他。

"我们做你的经纪商。"他说道，"我的公司愿意接你的股票生意。"

"我倒是想把生意交给你来做。"我说，"可我办不到。"

"为什么？"他问道。

"我一分钱的资金都没有。"我回答。

"这件事不成问题。"他友善地笑着说，"我来提供资金。"他从口袋里掏出支票本，开了一张 2.5 万美元的支票递给我做保证金。

"这是为什么？"我问道。

"这笔钱你可以存在你自己的银行账户里。你可以签你自己的支票。我要你在我们的营业厅做你的股票交易。我不在乎你盈利还是亏损。如果这笔钱用完了，我会再给你一张私人支票。所以，你用这笔钱也不必小心谨慎，怎么样？"

我知道这家公司财大气粗，生意兴隆，不需要介意任何人的生意如何，更不必说给一个同行一笔钱存起来做保证金。而且，这件事他做得实在无话可说！他给我的不是在他经纪行里的信用额度，而是实实在在的现金，因此，只有他自己知道这笔钱从哪儿来，唯一的条件是我应该通过他的公司做交易。不仅如此，即使这笔钱亏损了，我还可以继续获得资金！当然，一定另有其因。

"您到底有什么打算？"我问他。

"我只是希望在这间营业厅有这么一个大家都知道的非常活跃的大客户。人人都知道你总是看好空头，并且喜欢做空头头寸的大手笔交易，这也是为什么我这么喜欢你的原因。你是有名的豪赌客。"

"我还是不明白。"我说道。

"我对你直说了，利文斯顿先生。我们这里有两三个非常有钱的客户，他们做着大笔的股票交易。我不想每次我们卖出 1 万或 2 万股票时，让华尔街的人都怀疑他们在卖出多头股票。如果华尔街知道你在我们的交易厅交易，就弄不清抛到市场上的股票是你在做空头还是其他客户在卖出多头平仓。"

我立刻明白了他的用意。他要利用我的豪赌客的名声来掩饰他姐夫的操作动机！我之所以有此名声，是因为我在大约一年半以前做空头大赚了一笔，当然，这就成了华尔街众说纷纭的话题，那些愚蠢的谣言传播者就养成了习惯，每次价格下滑都怪罪于我。直至今日，每当市场出现疲软的状态，他们就说是我在洗劫市场。

我用不着仔细琢磨。一眼就看出丹尼尔·威廉森为我提供了一个东山再起的机会，而且会很快。我接受了这张支票，存入银行，在他的公司开了一个账户开始交易。当时的市场行情十分活跃，行情波动的范围足够让交易者放开操作，而不必局限在一两个板块之中。我说过，我开始总是担心我已经失掉了正确操作、一击必中的能力。不过看起来还好，在三个星期之内，我已经凭借丹尼尔·威廉森给我的 2.5 万美元赚到了 1.12 万美元。

我找到威廉森对他说："我来是想还你的 2.5 万美元。"

"不，不要还！"他一边说着，一边摆着手，就如同我塞给他的是一杯用蓖麻油调出来的鸡尾酒。"不要这样，小伙子。等到你的账户增加到一定的程度再说。不要想这些事情，你现在不过是赚了一点小钱。"

这就是我铸成大错的地方，以至于我后来追悔莫及，比我在华尔街交易生涯中的任何一次错误都感到痛悔。这种痛悔积压在我的心头很多年，让我终日苦闷。我应当坚持要他收下这笔钱。这样我就可以毫无束缚地走我自己的路，赚取的利润也能比我损失的多得多，如果没有心理负担，我可以走得更快。在三周之内，我的平均利润为每周150%。从那儿以后，我的交易规模可以稳步增长。然而，我无法从所有的亏欠别人的束缚中解脱出来，而顺从了他的意志，没能坚持让他接受我还给他的2.5万美元。当然，正因为他不肯收回他的2.5万美元，他先胜一筹，让我觉得不好意思取出我的利润。我对他心怀感激，而且我就是这种人，不喜欢欠别人的钱或者人情，我可以偿还这笔钱，然而所欠的人情和善意也只能用善意来偿还，以恩报恩——你很容易就会发现，这种道义之交有时要付出很大的代价。此外，这种偿还是没有时效的。

我留着这笔钱不去动它，继续我的交易。我在股市上的操作很顺利。我恢复了心理平衡，我敢肯定用不了多长时间，我就可以恢复到1907年大踏步前行的状态。一旦进入这种状态，我所要求的全部就是让市场行情维持的久一点儿，这样我就可以挽回我的损失并且富富有余。让我感到高兴的是，我已经丢掉了一些错误习惯，不再迷失自己。我已经吃了几个月的苦头，但是，我从中得到了教训。

就是在这时，我转向空头交易，开始卖出几只铁路股票的空头头寸。其中有一只就是切萨匹克－大西洋铁路的股票。我想我已经建起了这只股票的空头头寸，大约是8000股。

有一天早晨，我去了城里，丹尼尔·威廉森在市场开盘之前把我叫到他的私人办公室，他对我说："拉瑞，目前不要对切萨匹克－大西洋铁路的股票采取什么行动了。你这笔交易没做好，你已经卖出了8000股。我今天早上在伦敦市场给你平仓了，并且转为多头。"

我确定切萨匹克－大西洋公司股票要下跌。纸带行情非常清楚地告诉我这一点，除此之外，我对整个市场看跌，虽然达不到猛烈或疯狂的程度，但是足以感觉可以舒服地做一次中等仓位的空头了。我对威廉森说："你为什么要这么做？我对整个市场是看跌的，而且行情都会下跌的。"

但是，他只是摇着头说："我这么做是因为我知道切萨匹克－大西洋铁路公司的一些事情，而你不可能知道。我建议你不要卖出这只股票的空头，直到我告诉你安全的时候再做。"

我能做什么呢？这算不上是什么愚蠢的贴士。消息来自这位戒廉森先生，而他的姐夫是公司的董事长。丹尼尔不仅是埃尔文·马坤德的好友，而且他很友善，慷慨大方。他对我很信任，对我的话充满了信心。我也对他的知遇之恩充满感激之情。因此，我的感觉再次战胜了我理智的判断，我屈服了。让自己的判断服从于他的渴望实际上是在毁灭我自己。感激是正人君子难以抑制的情绪，但是，一个人不能为这种情绪所束缚。结果，我知道的第一件事情是我不仅损失了所有的盈利，而且另外还欠公司 1.5 万元的债务。我感觉很糟糕，但是丹尼尔叫我不必担心。

"我能帮你脱离困境。"他承诺，"我说到做到。但是，只有你配合我，我才能帮你。你不要再自己做交易了。我不能一边做你的经纪行，又让你将我的操作全部抵消掉。你只是暂时离场一段时间，给我个机会为你赚点钱。你看怎么样，拉瑞？"

我再说一遍，我能做什么呢？我想到他的善举，我不能有任何举动让人觉得我是个负心人。我已经有些喜欢他了。他举止优雅而且对人友好。我记得我从他那儿得到的总是鼓励。他一直都在向我保证，所有的事情都不会有问题。有一天，大约是 6 个月之后，他来找我，很高兴地笑着递给我几张存单。

"我告诉过你我会帮你脱离困境的。"他说道，"我做到了。"我发现他不仅消掉了我所有的债务，而且我还有一小笔余额。

我想我不费什么周折就可以让这笔资金膨胀，因为市场行情很好，但是他对我说："我给你买了 1 万股南部大西洋铁路公司的股票。"这是丹尼尔的姐夫埃尔文·马坤德所控制的另一家铁路公司，他同时还掌控着该股票的市场命运。

当有一个人像丹尼尔·威廉森对待我一样地对待你，除了"谢谢"还能说什么呢——无论你对市场的看法如何。你或许能肯定你是正确的，但是正如派特·霍恩常说的那句话："不下注不知输赢！"丹尼尔·威廉森替我交易了——用他自己的钱。

这时，南太平洋铁路公司的股票价格开始下跌，保持在低位，我的1万股亏损了。我忘了具体数字是多少，直到丹尼尔为我卖出了头寸。我欠他的更多了。但是你很难在生活中找到这样一位好心而又固执的债主。他从来没有过一句怨言。相反，总说一些鼓励和宽慰的话，告诉你不必担心。最终，我的亏损以同样的慷慨而神秘的方式累积了起来。

无论情况如何，他从来不做详细解释。所有的事情都是和数字有关的。丹尼尔·威廉森只是对我说："我们用其他股票的交易利润弥补了你在南部大西洋铁路公司股票的亏损。"他还会告诉我他如何卖掉7500股其他的股票赚取了不少利润云云。说实在话，我对我的这些交易从来都是一无所知的，直到他告诉我说所有的债务都消掉了。

这样的事情重复了几次之后，我开始思索，我不得不从一个不同的角度来审视我的处境。最终我突然意识到，很明显，丹尼尔·威廉森一直在利用我。想到这一点我就感到愤怒，但是，让我更愤怒的是我没有迅速识破这一勾当。当我将事情的来龙去脉理清之后，我就去找丹尼尔·威廉森，告诉他我与这家公司决裂了，我辞职离开了威廉森－布朗公司的营业厅。我对他无话可说，和他所有的合伙人更无话可说。即使说了什么，又能起到什么作用呢。

但是，我得承认，我有痛恨的感觉——而且我对我自己的痛恨不亚于我对威廉森－布朗公司的痛恨。

还是那句话，金钱的损失不会让我感到烦扰。无论什么时候在股市上赔了钱，我总是把它看作是我交的学费，总会学到些什么，就是说，尽管我亏损了，但是我有了更多的经历，所以，亏损的钱实际上就是应该付出的代价。一个人要积累经历就要付出这种代价。但是，我在丹尼尔·威廉森营业厅的亲身经历对我造成了极大的伤害，也让我错过了一个理想的市场机会。损失了金钱没什么了不起，还可以再赚回来。但是我应当拥有的那些机会并不是每天都能遇到。

你看，这时的市场很适合于做交易。我的意思是，我是正确的，我对市场的解读很准确。实际上赚取百万美元的机会就在那儿，但是我却让感激的情绪干扰了我的操作。我束缚了自己的手脚。我不得不按着丹尼尔·威廉森的善意要求去做。总之，这比与亲友做生意更难缠。十足糟糕的生意！

然而，这还不是最糟糕的，整件事情最糟糕的地方在于，在这之后实际上我没有什么大幅盈利的机会了。市场进入了平淡期，事情的变化使我的境遇雪上加霜。我不仅损失了所有的资金，而且重新陷入债务的泥沼——比以往更重的负债。从 1911 年直到 1914 年，这是一段漫长难捱的岁月。无钱可赚，因为根本没有赚钱的机会，我的处境比以往任何时候都更悲惨。

这件事情让我感到痛彻心扉的地方在于，我已经尖锐地看到可能会发生的局面，但还是坐视亏损。正是这一点让我耿耿于怀，当然，我的内心由此不得安宁。我懂得，一个交易者易于屈服的人性弱点几乎是数不清的。对于我而言，从为人处世的角度上，我在丹尼尔·威廉森营业厅的所作所为是合乎情理的，然而，作为一个交易者，任何出于违背市场判断的考虑从而受其干扰的行为都是不适当和不明智的。感恩戴德固然品行高尚——但是股票市场不认，因为纸带不具有骑士风度，更不会奖赏忠诚之士。我也意识到，即使我明白这个道理，我还是会这么做的。我不能只因为自己要在股票市场上做交易而违背良知。但是，生意终归是生意，我的职业就是做一名永远忠于自己判断的投机者。

这是一段很微妙的经历。我会告诉你我对这件事情是怎么想的。丹尼尔·威廉森第一次见到我的时候对我的谈话是完全真诚的。每次他的公司在股市上卖出或买入某只股票的时候，华尔街便立刻推测是埃尔文·马坤德在买进或卖出。无疑，他是这间交易厅里的大户，他把自己的所有生意都交给了这家公司处理，他是华尔街史上最大且最好的交易者之一。那么，我就成了一枚烟幕弹，尤其是替马坤德的卖出作掩护。

埃尔文·马坤德在我入市之后不久就病倒了。他的病其实早就被诊断为不治之症，丹尼尔·威廉森当然在马坤德本人知道之前就获知了他的病情。这就是为什么丹尼尔为我的切萨匹克－大西洋股票平仓的原因。他开始清理他姐夫对这只股票或其他一些股票的持仓。

当然，在马坤德过世时，处置遗产就需要清理他的投机性或半投机性头寸，到那时，股市已经进入熊市状态。丹尼尔以他的方式束缚了我的手脚，实际上是帮了遗产处置一个大忙。当我说自己是一个大手笔的交易者并且对市场的看法完全正确时，我并没有夸大其词。我知道，威廉森还记得我在1907年熊市期的成功操作，他不能承受有我在市场独自大笔交易的风险。为什么呢？如果我按我自己的交易风格来操作，我就会做几十万股的交易，并赚取巨额利润。那么，丹尼尔在试图清理埃尔文·马坤德的部分遗产时，我早就在进行几十万股的大笔交易了。作为一位活跃的空头交易者，我可能会给马坤德的遗产继承人带来数百万美元的损失，其实，埃尔文·马坤德留下的遗产不过2亿美元多一点而已。

让我先负债，而后还债，他们这样做所付出的成本要比我自己在其他营业厅做活跃的多头操作对他们造成的遗产损失要小得多。而我为这一教训所付出的高昂代价则是不成比例的。我上次在股市破产后欲重振旗鼓的时间由此延后了好几年。当然，我还很年轻，有足够的时间和耐心等待几百万美元失而复得的时机。但是，对一个贫困中的人来说，5年的时间实在是很漫长的岁月。无论是年长还是年轻，这种滋味都是很难受的。我可以忍受没有游艇的日子，但是市场行情不佳，没有卷土重来的机会，这才是一种煎熬。我一生中最大的机会就在我的鼻子底下，我却丢弃了这笔财富。我无法伸出手来够到它。丹尼尔·威廉森这位厉害的角色被他的家族造就得油滑狡黠，富有远见，足智多谋，坚韧不拔。他善于思考，富有想象力，能洞悉所有人的薄弱点，而后施与冷酷无情的打击。他就是这样捕捉我的弱点，猜测我的心思，找到了对付我的办法，只为了削弱我在市场上的防卫能力。实际上，他这样做的本意并非攫取我的钱财。相反，所有的行为表面上看来都是非常善良的。他爱他的姐姐马坤德夫人，而且在他认为需要的时候尽到了责任。

14

债务缠身的日子

离开了威廉森－布朗的营业厅之后，我一度总是苦恼不堪，担心市场再也无法恢复昔日的面容。我们撞进了一个很长的市场平淡期，大约有四年的时间。市场上赚不到一分钱。就像比利·亨利奎兹曾经说过的，"这种市场简直连臭鼬的屁味儿都闻不着。"

我觉得自己好像失去了命运之神的宠爱。或许上天有意惩罚我，但是，我实际上并没有妄自尊大到如此地步以至于受到这样不公正的对待。亏损的交易者必须赎罪的所有投机罪名中，我并没有触犯过其中任何的一项，我也没有过欺行霸市的罪名。我曾经做过的，或者更确切地说，我曾经选择不去做的，都是应当受到褒奖的，而不是责罚——如果是在华尔街以外的地方正该如此。但是在华尔街却变成了荒唐的行为，而且代价惨重。然而，到此为止，这件事最糟糕之处在于它所显示的一种倾向性，它使得一个人一旦进入安放有报价机的特区，就不再那么倾向于理解人类的情感，而变得更加冷酷。

我离开威廉森的营业厅，到其他经纪行另谋生计。每到一处我都会亏损。这是我应得的报应。因为我在试图强迫市场给予我它无法给予的——就是说，强迫市场赐予我赚钱的机会。我毫不费力地得到我所需要的信用，因为这些人对我很熟悉，并且信任我。你可以体会到他们对我具有多么强的信心，我可以告诉你，当我最终停止使用信用额度进行交易时，我的欠债超过了100万美元。

问题不在于我丧失了把握市场的能力，而在于这令人沮丧的4年中，根本不存在交易赚钱的机会。我还是在努力工作，试着积攒一笔资金，其结果债务越积越多。后来我停止了交易，因为我不想欠朋友更多的钱，我

155

转而替他人做账户管理而谋生，这些人相信我精通这一行，甚至在熊市上也足以取胜。我从利润中提取1%作为我管理服务的报酬——如果还有利润的话。这就是我当时的生活。我是说，我就这样支撑了下来。

当然，我并不总是亏损，但从来没有赚到足够的钱来实质性地减少我的欠债。最终，市场形势变得越来越糟，有生以来，我第一次感觉到如此心灰意冷。

好像每件事情都在跟我作对。我并没有一味地叹息我是如何从拥有游艇的奢华生活坠落到债务缠身、生活俭朴的境地。我不喜欢这样的处境，但也不会自哀自怜。我也不打算坐待时来运转，让上苍抚慰我的伤痛。于是，我研究自己的问题所在。很明显，摆脱目前处境的唯一方法就是赚钱。要做到这一点，我只需要成功地操作。我以前成功地操作过，我必须再次做到。过去我不止一次地从微不足道的点滴利润滚动到百万美元。市场迟早还为我提供这样的机会。

我说服我自己，无论是什么错误都是我自己的错，而不能指责市场。那么现在我到底遇到了什么麻烦呢？每当我的交易出现问题，我总是研究问题的各个方面，而且总是对自己提出这同一个问题。我冷静地思考并得出了结论，我主要的麻烦就在于我对欠债忧虑过多。我在精神上一直没有从债务所带给我的烦忧中解脱出来。我必须给你解释，这不仅仅是我作为债务人的过度敏感。所有的生意人都会因常规经营签订债务契约。我的大多数债务也和生意债务有关，而不是别的，是由于不利的商业环境所致，与一般商人的债务别无二致，比如当反季节性气候带来不寻常的长期诅咒时，商人们都会遭受这样的债务困扰。

当然，随着时间的推移，我依然无力偿还债务，于是，我开始对欠债这件事越来越缺乏冷静。我可以对这种状态作出解释：我的债务有100万美元之多——统统都是我在股票市场上的亏损所致，记得么。我的债权人大部分都很通情达理，也不会拿这件事情来烦扰我，唯独有两个债主一直在折磨我。他们通常跟在我左右。每次我若有盈利，他们两个总会在场，还要向我了解所有的细节，并坚持要我马上还钱。我欠其中一位的债务总计800美元，他以起诉和查封我的办公家具来威胁我，诸如此类。除了我看上去并不像舞台上潦倒致死的流浪汉以外，我想不出他为什么会以为我隐瞒资产。

随着我对问题的研究，我看得出，并不是我阅读纸带行情的能力有问题，而是我没有按照自己的理解来阅读纸带行情。我非常冷静地得出结论，只要我对债务的担忧情绪不减，我绝不可能取得任何成就；同样明显的是，只要我还在欠债，我就无法消除这种担忧。我的意思是，只要有任何债主在那天翻脸不认人，或者坚持要在我积攒到像样的资金能够还债之前干扰我，我都很难解除这种纷扰。所有这一切都是如此明显和真实，我对自己说："我必须申请破产保护①。"除此之外，还有什么能够解除我的心理负担呢？

听上去既简单又合理，不是嘛？然而，我可以告诉你，这样做的本身并不是一件令人愉快的事。我讨厌这么做。痛恨把自己放在这样一个被人误解和误判的境地。我自己从来不会过度在意钱的事情。我从来也没有多想是不是值得为金钱而撒谎。但是，我知道并不是每个人都这么想。当然，我也知道，如果我能东山再起，我一定会还清所有的债务，因为我的义务还在。不过，除非我能够按过去的方式进行交易，否则，我永远不可能还清百万美元的欠债。

我鼓起勇气去见我的那些债权人。这件事情对我而言实在难以启齿，因为他们中的大多数都是我的私交和老熟人。

我非常坦诚地对他们解释了我的处境。我说："我不是因为我不想还债而出此下策，实在是因为我想对你我都有个妥善的交代。我必须将自己置于一种可以交易赚钱的位置上。这件事我已经想了很久了，大概足有两年了，只是我一直没有勇气像现在这样对各位坦诚相见。如果各位能够宽容我，我想我们双方都会受益无穷。请大家务必冷静，听我解释：我现在债务缠身，备受骚扰，心烦意乱。实在没法儿找回过去的自己。我应当在一

---

① 破产保护是指不管债务人是否有偿付能力，当债务人自愿向法院提出或债权人强制向法院提出破产重组申请后，债务人要提出一个破产重组方案，就债务偿还的期限、方式以及可能减损某些债权人和股东的利益作出安排。这个方案要给予其一定的时间来提出，然后经过债权人通过，经过法院确认，之后债务人可以继续营业。

年前就做出现在的决定。除此理由之外，我无话可说了。"

第一位站出来说话的这位代表了大家的利益，也道出了他们的心声。他站在他公司的立场上首先发言。

"利文斯顿。"他说道，"我们可以理解，我们充分意识到你目前的处境，我来告诉你我们会怎么做：我们只是想让你得到解脱。让你的律师准备好你所需要的文件，我们会签字的。"

我所有的大债权人都表达了这样的立场，这也向你展示了华尔街的一个侧面。这样做并不表明华尔街随随便便的自然本性或者华尔街的公平，而是做了一个明智的决定，也因为这是最妥当的处理方法。我既感激他们的良苦用心，也欣赏他们的气度。

这些债权人豁免的债务加起来超过了百万美元。但是，有两个小的债权人不想签署豁免协议。其中之一就是我前面提到过的那个人，我欠他800美元。另外，我还欠另一家经纪公司6万美元，这家公司已经倒闭了，接管这家公司的人对我一无所知，迟早也会纠缠不休。即使他们迫于无奈而追随最大债权人的做法，我并不认为法庭可以迫使他们签署豁免协议。无论如何，我的破产清单上仅有10万美元左右的债务，尽管我实际的欠债超过100万美元，我已经说过。

当我看到报纸上刊载的这条消息时，心里很不是滋味。我一向全数还债，而现在这种经历让我痛心疾首。我知道，只要我活着，我会还清每一份债务，然而，读到这篇文章的人并不了解我的心境。自报纸对此事做了报道之后，我感到惭愧，羞于出门。这种感觉直到现在才逐渐淡化了，我无法向你描述我当时那种强烈的被释放的感觉，我不会再受那些人的骚扰了，他们并不了解，一个人必须全身心地投入交易——如果他希望在股市投机上获得成功。

此刻，我的备受困扰的身心得到释放，不再为债务所困，可以怀着成功的期待，重振旗鼓，再度投入交易。纽约股票交易所已经在1914年7月31日关闭，并一直持续到当年的10月中旬，华尔街一片荒芜。在很长一段时间里没有什么生意可做。我对所有的朋友都欠了债，我无法心安理得地请求他们帮我的忙，只因为他们曾对我如此宽容和友善，我也知道大家的处境都很困难，让人帮忙勉为其难。

在这种情况下，要找到一笔本金是极为困难的事情，因为纽约股票市场的关闭，我不可能要求任何经纪商帮我的忙。我倒是试了几家，终是徒劳。

最终，我去见了丹尼尔·威廉森。那是在1915年的2月了。我告诉他我已经摆脱了债务的精神负担，可以像以往一样投身于股市交易。你应该记得，当年在他需要我的时候，他曾经主动提供给我2.5万美元的资金。

现在是我需要他的时候，他说道："如果你看到有合适的投资机会想买进，那么500股以内的额度没有问题，尽管买好了。"

我表示感谢并告辞，他曾经阻止我按自己的意志做交易，从而让我损失了大笔盈利，而他的营业厅却从我的交易中赚取了大量的佣金。我承认，只要我一想到威廉森－布朗公司并没有给我一笔像样的本金，我心中便有一丝不快。开始入市时，我还是非常谨慎地交易。如果我的头寸一开始能超过500股稍多一些，那么不久我就可以轻松迅速地解决我的资金困境。不过，我意识到，无论如何，这都是我东山再起的机会。

我离开丹尼尔·威廉森的办公室，开始研究基本的市场形势，尤其是要考虑我自身存在的问题。这是牛市。这对我和其他成百上千的交易者是一样的明显。但是，我的本金不过是可以做500股交易的一个承诺。就是说，没有可回旋的余地，交易受限。开始交易时，我甚至不能承受哪怕轻度的行情回转。我必须靠最初的一搏壮大自己的本金。我一开始买进的500股必须是有利润可赚的。我不得不赚到一笔实实在在的本金。我知道，除非我有足够的交易资本，否则，我不可能发挥自己良好的判断力。没有足够的本金，我也不可能采取冷静的不带感情的态度来做股票交易，这种态度来自于我承受少量亏损的能力，就和我以往常常在做大笔交易之前先测试市场的情况是一样的。

我想，现在我已经意识到自己处在一个投机者交易生涯中最关键的时刻。如果这次失败了，很难说下一步从哪里或到什么时候才能再筹到一笔本金，我或许还得为此再尝试一次。很明显，我必须等待和把握市场心理活动最确切的脉搏。

　　我没有呆在威廉森－布朗公司附近。我的意思是，我有意避开他们，专心研究纸带有六周之久。我担心的是，如果去了营业厅，知道自己可以买进500股，我或许会在错误的时机入市交易，或者选错了股票。一个交易者，除了研究基本的市场条件，回顾市场变化的前例，注意分析大众的心理活动和他们经纪行的局限性，还必须了解自己，随时准备克服自身的弱点。不必因为自己是个普通人而恼怒。我开始意识到，如何读懂自己与如何解读纸带行情同样必要。我已经研究过自己本性冲动的反应，也分析过市场活跃时一些不可避免的诱惑，并且，当我进行分析的时候，我采用的是与分析谷物生长条件或研究盈利报告同样的方法。

　　就这样，破产的我渴望重新交易，在另一家经纪行的营业厅，日复一日坐在报价板前面研究着市场，而在这间营业厅，我什么股票的买卖都不能做，然而，我却不想错过纸带上显示的任何交易信号，守望着能够敲响市场全面加速的钟声，观察着股市这一心理时刻的到来。

　　在1915年早期的那些关键时刻，鉴于众所周知的市场条件，我当时看好多头，尤其看好伯利恒钢铁公司的股票。我认准这只股票是要上涨的，但是为了保证我的第一笔交易更有把握，而且我必须要保证这一点，我决定等下去，直到价位越过票面价值。

　　我想我已经告诉过你，从我的经验来看，无论何时，当一只股票的行情越过100、200或300美元这样的整数价位，那么，它总是会保持上行30至50个点——而且越过300美元这一整数价位时，其上行速度要远远超过越过100或200美元整数价位时的上涨速度。我第一次最大的交易是和阿纳康达公司的股票有关，在这只股票越过200美元的价位时买进，在稍后上升到260美元时卖出。我挑选一只股票的价位刚刚越过票面价值这一时刻买进股票的做法可以追溯到我在对价行交易的时期。这是一种传统的交易原则。

　　你可以想象我是多么强烈地渴望重温我大规模交易的旧梦。我是如此急切，以至于我满脑子除了交易什么事都不能想，但是，我努力克制着自己。我每天看着伯利恒钢铁公司股票的价位在爬高，不断上涨，正像我预计的那样，我抑制着自己的冲动，没有跑到威廉森－布朗经纪公司的营业厅马上买进 500 股。我知道，我必须确保最初的这笔交易做到人类所能达到的极致。

这只股票每个点的上升都意味着我正在错过 500 美元的利润。最初上涨的 10 点意味着我可以按金字塔方式加码，我或许现在持有 1000 股而不是 500 股，这样的话，每个点都将给我带来 1000 美元的盈利。但是，我还是稳扎不动，拒绝听从欲望的呼唤或信念的强求，我只留心听取经验所提醒我的声音以及常识的忠告。如果我有一笔像样的本金，我一定能把握机会。然而，我身无分文，要抓住机遇，甚至哪怕很微小的机会，统统都是不可企及的奢望。我在六个星期中一直耐心等待——不过，最终还是常识战胜了贪婪和欲望，成了赢家。

当这只股票的价位升至 90 美元时，我的确开始动摇，万分焦虑。想一想，我看好多头，却买不了股票，赚不到钱。后来，当股票价位升至 98 美元时，我对自己说："伯利恒钢铁股马上就要突破 100 美元了，一旦突破这个顶点，肯定会一路飞涨！"纸带几乎在同时报出了这一行情。事实上，纸带是在向我高声宣布这个消息。我可以告诉你，当纸带机刚打出 98 美元的价格时，我已经误到了纸带上所显示的 100 美元的价位。当然，我知道这不是欲望的声音或渴望的信号，而是我的阅读纸带的本能在宣告这一消息。于是，我对自己说："只要它达到 100 美元我就不再等待下去了。现在，我必须开始行动了，现在正是价位超过面值价值的那个时刻。"

我冲进威廉森－布朗公司的营业厅，发出了买进 500 股伯利恒钢铁公司股票的指令。此时的价位在 98 美元。我以 98 ~ 99 美元之间的价位买进了 500 股。就在这一刻，股票价格扶摇直上，我隐约记得，当晚收盘时的价位大约是 114 或 115 美元。我又买进了 500 股。

第二天，伯利恒钢铁公司股票的价位是 145 美元，我有了自己的本金。不过，这是我自己赚来的。已经苦等了六个星期了，在等待恰当时机的这段时间，是我从未经历过的最艰辛最疲惫的时期。但是，我的付出终于有了回报，因为现在我有足够的资本从事相当规模的交易。如果只做 500 股的交易，我走不了多远。

无论从事的是什么行业，好的开始便是成功的一半，在伯利恒钢铁公司股票的成功交易之后，我踏上了坦途——我的交易如此顺利，你简直不能相信这是同一个人在做交易。事实上，我的确脱胎换骨，想想过去那个备受骚扰的我，步步出错，而今的我轻松自在，事事顺利。没有债权人的烦扰，也不会因资金短缺而干扰思绪，而且，我的内心在倾听经验的真诚忠告，我一直处于盈利的状态。

转瞬之间，我走在通向属于我的财富之路，此时，又发生了卢西塔尼亚号②事件。每过一段时间就会有一次意外的打击，就像在心口上被扎了一刀，大概只有这样才能让你想起一些可悲的事实，没有哪一个人在股市上能够做到一贯正确，更不能预测突发事件所带来的影响。我听到有人这样议论过，没有一个职业投机者被卢西塔尼亚号遭鱼雷袭击这件事所击垮，人们照样谈论着他们如何在华尔街获悉这则消息之前就听到了风声。我这个人并没有聪明到提前获取信息而逃离市场，我所能告诉你的是，由于卢西塔尼亚号沉没或其他一两次我无力预见的行情逆转，使我蒙受了一些损失。1915 年底，我发现自己在经纪行的账户余额为 14 万美元。这是我实际上所赚到的钱，尽管这一年的大部分时间里，我对市场的看法一直都是正确的。

我在来年的交易中业绩好多了，而且非常幸运。我在疯狂的牛市中毫无节制地做着多头。形势的发展当然对我有利，剩下的事情就是拼命交易赚钱了。这让我想起了已故的 H. H·罗杰说过的话，他生前在标准石油公司干过，他那段话的意思是，如果好运气来了挡都挡不住，想不赚钱都不可能，就像一个人在暴风雨天出门没带伞，那就只能淋雨了。这是我们从来没有经历过的轮廓分明的牛市行情。人人都看得出，协约国大量购买供给品，从而将美国造就成世界上最富有的国家。我们拥有所有的产品，而其他国家物资匮乏，我们迅速将全世界所有的现金都赚到我们的名下。我的意思是，全世界大量的黄金都倾注到了这个国家。当然，通货膨胀是不可避免的，这意味着物价的普遍上升。

---

② 卢西塔尼亚（Lusitania）号豪华轮属于英国，在 1915 年 5 月 7 日被德国潜艇发射的鱼雷击沉于北大西洋。

从一开始，所有这些促使市场行情上升的迹象如此明显，几乎没有或者无需外力操纵。这轮行情上升的前期准备比其他牛市要少得多，这就是原因所在。不仅是战时繁荣发展的程度高过以往任何时期，而且对一般大众而言，盈利的机会也是史无前例的。就是说，在1915年的股票市场上，公众盈利所分布的广泛程度超过华尔街历史上任何一次股市繁荣时期的分布。但是，公众并没有将所有的账面利润转化为硬通货，或者说没有长期保留他们实际上已经赚取的利润，这种现象不过是历史的重复。世界上没有任何其他市场像华尔街这样放任历史无休止、毫无变化地重演。当你阅读当代有关繁荣或恐慌的消息，有一件事情或许能给你留下最深刻的印象，那就是，当今的股市投机和股市投机者与历史上的股市投机和投机者如出一辙，几乎看不出任何区别。游戏规则不变，人类的本性犹在。

1916年，我一直追着上涨的行情走。我和其他交易者一样看好多头，不过，我当然会瞪大眼睛，保持警觉。因为我和其他人一样清楚，牛市总会终结，而我正在观测警示信号的出现。我对推测贴士来自于哪个角落没有太大兴趣，所以，也不会把眼光盯在某一点上。我不会这么做，我从来也没觉得我会和市场的任何一方不可分离。牛市曾增加了我的银行账户余额，熊市也曾对我特别慷慨，只要我接收到市场的警示，我没有足够的理由一定要站在牛市或熊市一边。一个交易者不必发誓永久效忠多头或空头一方。他所关注的只是正确与否。

还有一件事情需要记住，这就是：市场不会以绚丽的烟火来昭示它是否抵达顶点，也不会突然逆转。实际上，早在价格普遍开始下跌之前，牛市的状态就已经消失了，市场能够做到，而且经常会这样做。当我注意到这些现象的时候，我早已期待的警示信号出现了，这些曾在股市上成为领头羊的股票一只接一只地从价格顶部下落几点之后——这是几个月来的第一次——再也没有出现回升。很显然，它们跑完了赛程，这促使我必须改变交易策略。

道理很简单。在牛市中，价格趋势毫无疑问当然是上升的。因此，无论什么时候，如果有一只股票的走势与总体趋势相反，你就可能以假设来判定这只特别的股票一定是什么地方出错了。对一位有经验的交易者来说，这一点就足以说明这只股票有问题。他决不能期盼纸带变成一个讲师来分析原委。他所能做的就是听从纸带发出"出市"的指令，立即离场，你不可能期待它呈交什么合法的文书来签署。

我说过，我注意到曾有大幅上涨的牵头股票已经停止上升的势头。这些股票下跌了 6~7 个点之后就黏住不动了。同时，市场上的其他股票还在继续上涨，追随着其他充当新标杆的股票。既然这些公司本身并没有出现什么问题，就要在别处另寻原因。这些股票的价格随着整个股市大潮流已经上行几个月了。当它们停止上涨，尽管牛市潮流依然很猛，这意味着某些特定股票的牛市已经结束了。其他股票则依然保持确定无疑的上升趋势。

没有必要感到困惑而束手无策，这其中并没有什么名堂。此时，我不想转而做空头，因为纸带还没有告诉我要这样做。牛市终结的时刻尚未到来，尽管远处已经传来熊市的脚步。在到达牛市的终点之前，多头交易依然可以盈利。正因为如此，我不过是对那些价位停止上涨的股票看好空头，而其他股票还存在支撑其上升的因素，因此，我既有买进也有卖出。

我卖出的股票是那些已经不再做牵头羊引领行情上涨的股票。每只这样的股票我都建起了 5000 股的空头仓位，然后，对持续上涨中新的牵头羊建起了多头仓位。做空头的股票头寸并不大，然而，多头头寸的股票数额在增加。当最终这些股票上升的趋势停止的时候，我卖出了这些股票，并转为做这些股票的空头——每只股票也是 5000 股。这时，我的头寸中空头大于多头，因为很明显，下一个赚取大额利润的机会是看跌行情。尽管我能确切地感觉到在牛市结束之前熊市已经真真切切地开始了，但是我知道，大笔做空头交易的时机尚未到来。所谓比国王更保皇是毫无道理的，尤其是在机会远未成熟的时候。纸带只不过在说空头主力部队中的巡逻队已经冲过去，是准备的时候了。

我继续买进和卖出，直到大约一个月以后，我累积了 6 万股的空头头寸——12 只不同的股票中，每只卖出 5000 股。这些股票在年初曾是大众最青睐的股票，因为它们都是大牛市中的牵头股票。这算不上是重仓，但是别忘了，市场也谈不上是确定无疑的熊市。

后来有一天，整个市场变得相当疲软，所有股票的价格都开始跌落。这时，我持有空头头寸的 12 种股票每一种都至少有 4 个点的利润。我知道，我做对了。纸带告诉我，现在是放心做空头的时候了，我立刻增加了一倍的空头头寸。

我有了自己的市场地位。我在市场呈现很明显的熊市状态下积累了多种股票的空头头寸。对我而言，我没有任何必要做市场的推手。股市正朝着我所预测的方向发展，既然我很清楚这一点，那么，我就等得起。在加倍建仓之后，我在很长时间内没有再做任何交易。在我有了足额的头寸之后，大约过了七厝，我们遇到了闻名的"泄密事件"，股市跌得很惨。据说有人事先从华盛顿得到消息，威尔逊总统要发表声明，要尽快向欧洲大放和平鸽。当然，战时繁荣的开始与持续都仰仗于世界大战，和平的消息实际上是熊市的信号。有一位很聪明的场内交易者被指责有意透露这一前期消息以谋取利润，不过他只是说，他并没有根据任何消息而卖出股票，而是因为他考虑到牛市已经走过头了。我自己在七周之前就已经加倍建起空头仓位。

上述消息一出，市场应声大幅下滑，我自然会利用这个机会轧平头寸。如果有什么事情发生，超出了你原有的计划，你理所当然地要利用这样的机会，这是命运赐予的礼物。有一点你可以体会，像这样急剧下跌的行情中，市场回旋余地很大，你可以轻松运作，这是将账面利润转为现金的时机。甚至在熊市中，一个人也可能很难轧平 12 万股这么大的头寸，而不会导致价格上行。他必须等待市场允许买进这么多头寸，同时又不至于伤及自己的利润，因为这些利润仅仅是以账面利润的形式存在的。

我想指出，我最初并没有指望这个特殊的原因在这一特殊时期可能会引发行情的崩跌。但是，就像我以前已经说过的，从我 30 年的交易经历来看，这样的事件通常会沿着最低阻力线的方向运行，我就是按照市场的这一规律设立我的头寸的。还要记住另外一点：永远不要尝试在最高点卖出。这是不明智的。待行情回落后，如果没有上涨就可以卖出。

1916 年，我在清算后赚了大约 300 万美元，当牛市持续时，我一直在做多头，当随后熊市行情开始后我就一直做空。我以前说过，一个入没有必要和市场的多头或空头一方结缘而相携终生。

那年的冬天我去了南方的棕榈滩，我通常会来这里度假，因为我迷恋海钓。我在股市和小麦期货市场上都有空头头寸，两方的头寸都显示了可观的账面利润。没有什么事情来烦扰我，可以尽情享受生活。当然，除非我去欧洲度假，否则我不可能真正与股市以及期货市场隔断联系的。比如，在阿迪朗达克的寓所里，我的经纪行的营业厅可以直接连线到我的房间。

在棕榈滩度假时，我习惯于时常到我经纪公司在当地的分支机构的营业厅去走走。我注意到以前不感兴趣的棉花期货行情在上升，并且势头很猛。就在这时——即 1917 年——我听到很多关于威尔逊总统如何致力于和平的消息，报道来自于华盛顿，既有报社发来的报道，也有棕榈滩朋友们的私人情报。由于这些原因，我注意到，不同的市场对威尔逊先生的成功反应强烈，信心十足。看上去和平即将到来，股市和小麦期货行情应当下跌，而棉花期货行情应该上涨。我已经做好应对股票和小麦期货行情变化的准备，但是，对于棉花期货我什么都没做，这已经有一段时间了。

那天下午的 2：20，我一包棉花的头寸都没有，但是到了 2：25，我确信和平已近在咫尺，我随即入市买进了 1.5 万包棉花期货作为初始头寸。我打算按我原有的交易系统操作——即逐渐买入全部头寸——我已经描述过这种方法。

就在那天下午闭市之后，我们得知德国宣布实行无限制战争手段的通牒[③]。除了等待第二天开市，我们什么都不能做。我记得那天晚上在格瑞德利俱乐部的一些事情，全美最大的钢铁巨头之一以低于当日下午收市价 5 个点的出价卖出任何数量的美国钢铁。在场的会员当中，有几个是匹兹堡的百万富翁，然而，却没有一个人对这种出价感兴趣。他们都知道，第二天开市的行情一定会出现巨幅下挫。

果然，第二天早晨，股票市场与商品期货市场都出现了骚动，你可以想象得出当时的场景。一些股票的开盘价低于前一天收盘价 8 个点之多。

---

③ 1917 年 1 月 31 日，德国宣布从 2 月 1 日起，在英伦三岛、法国、意大利、地中海东部附近指定区域进行无限制的潜艇袭击。这使美国也受到威胁，于是美国于 2 月 3 日与德国断交，美国号召"中立国和美国采取同一行动"。

对我而言，这意味着天赐良机，我可以轧平所有的空头头寸来赚取利润。我以前说过，如果在熊市中突然出现了全面溃败众人沮丧的情况，买入平仓总是明智的。如果你正操作一笔大规模的头寸，要将一大笔账面利润迅速转化为现金，而且又不会出现令人遗憾的缩水，这是唯一的方法。例如，我仅在美国钢铁一只股票上就持有 5 万股空头，当然，我还持有其他一些股票的空头。当我看到市场对我有利时，我便入场买入平仓。我的利润达到 150 万美元。这种机会是不可以轻易放弃的。

我持有 1.5 万包的棉花期货多头头寸，这是在前一营业日下午的最后半小时中买进的，当日开盘价下挫了 500 点。惊人的跌幅！这意味着一夜之间损失了 37.5 万美元。在股票和小麦期货市场上，我几乎完美无缺地利用价格的下挫买入平仓，做得非常明智，然而该如何处理棉花期货，我就不是很清楚了。有多种因素需要考虑，如果我确信自己做错了，我总是会立即采取行动止损。那天早晨我还不甘心止损。后来我又想，我到南方本来是为钓鱼休假的，不应该让自己陷入棉花期货的苦恼中难以自拔。更何况我在股票和小麦期货上已经赚取了一笔丰厚的利润，所以，我决定对棉花期货止损。我是这么算的，就当我的利润是 100 万美元多一点，而不是150 万美元。这些数字不过是和会计账目有关，如同你问了推销商太多问题，他会敷衍地回答你一样。

如果我在前一天收市时没有买进棉花期货，我就可以多出 40 多万美元的利润。这说明一个人可能在很短的时间内招致很大的损失，即使你的交易规模并不是太大。我操作的主要头寸是绝对正确的，我从一个偶然事件中受益，而这个事件的性质与当初促使我建立股票和小麦期货的动机是相反的。请注意，这再次说明市场投机的最小阻力线对交易者所具有的价值。价格走势跟我预期的一样，尽管德国通牒事件引入了预期之外的市场因素。如果事情像我预计的那样发展下去，那么，我在三个市场的运作都将是100% 的正确，因为随着和平时期的到来，股票和小麦的期货价格都会走低，而棉花期货价格将会大幅上涨。然后，我就会在三个市场全部平仓。无论是和平还是战争，我在股票和小麦期货市场上的交易头寸都是正确的，这就是为什么意外事件可带来意外之惊喜的缘故。对于棉花期货的交易，我的计划是基于市场外有可能发生的某个事件来制定的——就是说，我认定威尔逊先生的和平谈判一定成功。是德国军方造成了我在棉花期货上的损失。

当我在 1917 年初回到纽约的时候，我偿还了我所欠下的全部债务，大约超过 100 万美元。能够偿还这些债务对我而言是一种解脱，身心备感轻松自在。我本该在几个月之前就可以还清这些债务，之所以没有这么做，原因很简单：我的交易很活跃，也很成功，我需要这些资本金。无论对我自己还是对我心目中的债权人而言，我都有责任利用 1915 年至 1916 年所呈现的奇妙的市场行情而有所作为。我知道我会赚取大笔利润，我并没有因为让他们多等几个月而有所困扰，他们中的许多人从没有期待过我会把钱再还给他们。我不想每次还掉所有债务的一小部分或还清其中一个人的债务，而是想一次还清所有人的债务。所以，只要市场对我有所眷顾，我就坚持在资源允许的范围内尽可能操作大规模的交易。

我愿意支付利息，但是所有那些在债务豁免协议上签字的债权人都不肯接受我支付的利息。在所有的债权人中我最后偿付欠款的这个人就是我只欠他 800 美元的那位，他曾经扰乱我的生活，让我不堪忍受，以至于我无法做任何交易。我让他等到最后，直到他听说我已经还清其他所有人的债务，这时他才得到他的那份。我要开导开导他，下一次如果有人欠他几百美元的债务，最好能多少体谅一下别人的处境。

这就是我东山再起的过程。

在我全数付清所有的债务之后，我将相当大的一笔钱投入了年金基金。我下了决心，我不想再次被捆住手脚，也不想再陷入生活困窘的境地或者再次出现资金不足的状况。当然，在我结婚之后，我为我的妻子投入了一笔信托基金，在儿子出生后也为他投进了一笔信托基金。

我之所以这样做，并不只是担心股市说不定什么时候会卷走这笔钱，而是因为我知道一个人有可能花掉所有可以随手抓到的钱。我做这样的安排是为了确保我妻儿的生活有保障，而不会因我的交易而受到影响。

在我认识的人当中，不止一个人是这么做的，只是，当他需要钱的时候，仍会诱骗他的妻子签字放弃，结果把这笔钱也赔进去了。所以，我就锁定这笔钱，无论是我还是我的妻子想要做什么，信托基金都是固定和有效的。无论我们之中谁要采取什么行动，或者我在股市上需要资金，甚至我深爱的妻子要为我主动放弃，这些基金都是绝对安全的，我不想冒任何风险！

15

非预期事件

在投机风险中，未曾预料的事件——甚至可以说是不可预料的事件——排名最高。对于某些特定的风险，即使是最审慎的人也理应承担——如果他不希望自己成为商业软体动物的话，就要承担这些风险。一般的商业风险并不比人们出门上街或坐火车旅行所遇到的风险更大。当我由于任何人都无法预见的事件而亏损时，我从来都不会因此而耿耿于怀，就像不期而遇的暴风雨带来的种种不便一样，不必太在意。从摇篮到坟墓，人生本身就是一场赌博，上帝并没有赐给我千里眼，那么，在我身上所发生的一切我都会默然承受。但是，在我作为投机者的交易生涯中，有那么几次遭遇让我心中不平，我操作正确，交易公平，然而，一些心地污秽毫无职业道德的对手靠欺诈将我的利润攫为己有。

思维敏捷或富有远见的生意人可以对抗恶棍、懦夫或群氓，并保护自己。除了年少时在一两个对价行有此遭际之外，我还从来没有遇到彻头彻尾的欺骗行为，因为即使在对价行，诚实也是最佳的策略。大笔盈利的机会来自公正而不是靠赖账或者欺诈。我也从来没有想过做生意时必须随时留心同行，否则他可能有诈，如果什么地方有着这样的生意规则，那么这绝不是什么好生意。但是，要对付以哀怨做伪装的骗子，正派人就会感到力不从心了。公平交易就是公平交易。我可以告诉你很多亲身经历，在这些故事中，我因为尊崇信守承诺或者"君子一言驷马难追"这样的理念而成为欺诈的牺牲品，我本不该那么做，因为对骗子信守承诺只能助纣为虐，达不到公平交易的目的。

小说家、教士或者妇女喜欢将纽约股票交易所的营业大厅暗讽为贪婪者的战场，将华尔街的日常交易比作恶战。这些听上去富有戏剧性，但实际上纯属误导。我不认为自己的生意是倾轧与竞赛。我从来没有与某个人或某个投资群体争执。只不过有时观点不同——对市场基本条件的看法有分歧，仅此而已。剧作家笔下的生意场并非人类之间的争斗，而仅仅是生意洞察力的相互检验。我试图坚持以事实为依据，只有如此，才能根据事实来确定我的行动。这正是伯纳德·M·巴洛奇赢得财富的成功秘诀。有些时候，我没有充分或者早一点看清事实——所有的事实，或者也没有进行逻辑推理。无论什么时候，只要出现这样的情况，必定会亏损，就会犯错误，而错误总是要付出代价的。

任何一个理性的人都不会拒绝为其错误付出代价。在犯错误这个问题上，不存在按所谓"优先债权人"讨价还价的余地，没有什么例外或者豁免。但是，当我觉得自己正确时，我会拒绝亏损。我并不是指某些特定交易规则突然改变而使交易受损。我会牢记投机的一些特定风险，时时提醒自己，除非利润已经兑现存入银行，否则就不安全。

在欧洲爆发第一次世界大战之后，人们就预期商品期货市场的价格将会开始上涨。预测这一点和预测战争引起通货膨胀的道理一样简单。随着战争的拖延，商品期货市场价格的上涨自然也在持续。你可能会记得，1915年我正忙着卷土重来。股市的繁荣就在眼前，我没有理由不加以充分利用。我最安全、轻松和快捷的大笔交易是在股票市场上，你知道的，我当时运气很好。

1917年7月，我不仅有能力还清所有的债务，而且有相当大的一笔额外积蓄。这意味着我现在既有时间，也有资金，并且有意愿考虑在商品期货市场和股票市场上同时运作。多年以来，我已经养成习惯，同时研究所有的市场。商品期货市场上的价格上涨已经超过了战前的水平，涨幅在100%～400%之间。其中只有一个例外，这就是咖啡。当然，其中必有原因。战争的爆发意味着欧洲市场关闭，巨额的货物运送到美国，这里是当时唯一的一个大市场。这就导致咖啡原料的大量过剩，从而使得价格保持在低位上。就在那时，我第一次考虑咖啡的投机可能性，实际上，它的卖出价格已经低于战前的水平。如果说导致价格下降的原因是显而易见的，那么，德国和奥地利的潜艇日益活跃并不断增加运行效率的事实，必定意味着用于商业目的的货船数量将以惊人的数量减少。最终，这会转而导致咖啡进口数量的萎缩。这也是显而易见的。随着进口的减少，消费数额保持不变，原有的超额库存将会被市场吸收，到那时，咖啡价格必然发生变化，将和其他商品期货价格一样，出现上涨的趋势。

这个推理过程并不需要夏洛特·福尔摩斯大侦探的水平，但为什么大家都不买咖啡期货，这件事我说不出理由。我当时决定要买进咖啡的时候，我并没有把它看作是投机，这样做更像是投资。我知道做这笔期货要花费很长时间才能兑现利润，然而，我也清楚，做这笔交易一定会有可观的收益。这实际上是一种保守的投资操作——更像是一种银行家的行为而不是赌徒的投注。

1917 年冬天，我开始大量买进咖啡期货。然而，市场没有任何反应，继续维持其疲软的状态，价格并没有像我所预期的那样上涨。其结果，我只是毫无目的地持有这批咖啡期货头寸达 9 个月之久。合同到期，我卖掉所有的期权①。这笔交易使我蒙受了巨大的损失，但是，我依然认为我的看法是合理的。就选择时机而言，我显然是错的，但是，咖啡期货必定像其他商品期货一样上涨，这一点我很有信心，因此，卖出咖啡期货头寸不久，我又再次买进。这次我买进的头寸是上次的 3 倍，只是上次的头寸在毫无希望的 9 个月中没有任何利润而言。当然，我买进的是可延期期权②——是我所拿到的最长期限。

这次我错得没那么离谱。我刚刚买进三倍的头寸，市场价格就开始上涨。突然间各地的人们似乎都意识到咖啡期货市场注定要发生什么。从苗头看，似乎我的投资将给我带来很高的利润率。

我持有的合同买方是烘烤咖啡的厂家，大部分是德裔字号及其附属企业，他们从巴西买进咖啡，非常有信心地期待着将这些咖啡运抵美国。但是，找不到运送货物的货船。眼前，他们发现自己处于非常尴尬的境地，

---

① 期权（Option）是一种特殊的合约协议，它赋予持有人在某给定日期或该日期之前的任何时间以固定价格购进或售出一种资产的权利。

② 可延期期权（Deferred Option）可以在到期日执行，也可以延长一个预先确定的时间。期权要求持有人支付额外的期权费以延长期权。

在巴西，咖啡源源不断地流进他们仓库，在美国，他们跟我做了大量的空头。

请记住，当我刚开始对咖啡期货看好多头的时候，价格实际上处于战前的水平，不要忘了，在我买进之后持有 9 个月之久，最终遭受巨额损失。对错误的惩罚就是金钱的损失。而对正确操作的奖赏就是盈利。显然我是正确的，并且持有一笔很大的头寸，我有理由期待可赚取大笔利润。行情用不着上涨很多，我就可以拿到令自己满意的利润，因为我的头寸是数十万包咖啡。我不太喜欢谈论操作的具体数字，因为有时这些数字听上去十分惊人，人们可能会以为我在吹牛。实际上，我做交易时量力而行，总是留有余地。在这个案例中，我已经够保守了。我之所以放手买进期权，是因为我觉得不会有亏损，因为找不到亏损的理由。市场的发展对我有利。我已经苦等了一年，而现在，我应该对我的等待和正确的判断有所犒赏。我可以预见利润的实现——很快。一切都是明明白白的，很简单，我看得见，大家也看得见。

利润来得既快又稳，几百万美元！但是，我从来都没有拿到这笔利润，没有。不是因为市场条件的突然变故而出了问题。市场并没有发生逆转。咖啡也没有倾泻到美国的市场上。那么究竟发生了什么事？不可预料的事件！这样的事情恐怕谁都没有经历过，所以，我没有任何理由对此进行防范。我将这类不可能预料的风险加进投机风险的清单中，作为永远的警示。事情很简单，那些卖给我咖啡的厂家，也就是那些空头持有者，很清楚他们的处境，为了从他们自己当初卖出的空头头寸地位中挣脱出来，绞尽脑汁想出了一招新的赖账方法。他们跑到华盛顿哀怨求援，并如愿以偿。

也许你还记得，政府为了防止生活必需品市场出现囤积居奇牟取暴利的现象，制定了各种各样的方案。你知道大多数方案是如何实施的。就这样，那些仁慈的咖啡期货空头持有者，找到战时工业理事会的价格管制委员会——我想这是官方制定的。他们在委员会面前，以保护美国人早餐的权利为名，发表了一通爱国请愿。他们宣称，职业投机者，一位叫做劳伦斯·利文斯顿的人已经垄断或将要垄断咖啡期货市场。如果其投机计划得逞，他将会充分利用战争带来的有利条件大发横财，美国人民将被迫为他们每日饮用的咖啡支付天价。这些爱国者曾卖给我大批的咖啡，找不到货船装运，他们现在声称，让一亿左右的美国人向毫无良知的投机商进贡简直是不可思议的。他们所代表的是咖啡贸易的行业利益，而不是咖啡赌徒的利益，因此，他们愿意帮助政府打击任何或明或暗的牟取暴利行为。

现在，我处于这些人令人恐怖的哀怨声中，我无意暗示价格管制委员会没有忠实地履行限制牟取暴利行为或制止浪费的职责。但是，这并不能妨碍我表达自己的观点，该委员会并没有深入了解咖啡市场的具体情况。他们为咖啡设定了一个上限，也为现存的合约设定了时间限制。当然，这个决策意味着咖啡期货交易所没有什么生意可做。对我而言，只能做一件事，而且我也这么做了，就是卖出所有的咖啡期货合约。这次成百万利润的实现就和我每次预计盈利的交易一样，本该轻松到手，却就此全部化为乌有。我和其他人一样，强烈反对在生活必需品市场上囤积居奇牟取暴利，然而，在价格管制委员会颁布咖啡市场新规则时，所有其他商品期货价格都超过了战前的水平，涨幅在250%～400%之间，而咖啡豆实际上始终低于战前几年的平均成交价格。无论谁来支撑咖啡市场都不会有本质的区别。价格注定是要上涨的，但是原因不在于没有良知的投机商的操作，而在于供给的萎缩，是因为进口的减少造成的，而后者完全是由于德国潜艇攻击导致世界范围内货船的大量减少。价格管制委员会还没有等到咖啡市场起步上升，就强行急刹车。

作为一项政策和权宜之计，强制咖啡交易所闭市是一个错误。如果委员会不去理会咖啡市场，那么咖啡市场的价格无疑会上升，原因我已经分析过，这和任何受指控的操控者没有任何关系。但是，上涨之后的高价——不一定是天价——将成为吸引咖啡市场供应商的一个动力。我曾经听到伯纳德·M·巴瑞奇说过，战时工业理事会在管制价格时，将保证供给这一因素考虑在内，正是为了这个原因，抱怨某些商品的限制过高是不公平的。后来，当咖啡交易所恢复交易时，咖啡价格在23美分。由于供给短缺，美国人不得不支付这样的高价，供给之所以短缺因为价格管制委员会偏听那些仁慈的咖啡空头者的建议，将价格定得太低。由此导致供给短缺和价格上升，只有这样的高价才能支付高昂的海运费，从而保证咖啡的持续进口。

我一直认为，我的这笔咖啡期货交易是我所有商品期货交易中最合理的一笔。我更多地视这笔交易为投资而不是投机。交易的时间超过了一年。如果这其中有任何赌博的成分，那么，正是所谓的爱国者，那些德裔字号的咖啡烘烤商，是他们在赌博。他们在巴西买进咖啡，在纽约将这些咖啡卖给我。价格管制委员会只是限定了咖啡这种价格唯一没有上涨的商品。在价格启动之前，他们为保护公众利益而采取行动制止牟取暴利的行为，然而却没想到如何应对随之而来的不可避免的高价。不仅如此，甚至当绿色咖啡豆在每磅 9 美分的价位徘徊时，烘烤的咖啡和其他商品的价格一起上涨。如果绿色咖啡豆每磅的价格上升 2 ~ 3 点，对我就意味着几百万美元。如果是这样，公众也不会为后来咖啡价格的涨幅付出这么大的代价。

事后懊悔对于投机生意来说纯粹是浪费时间，于事无补。但是，上述这笔特定交易有一定的教育意义。我这次的交易和以往我那些成功的交易一样漂亮。价格上涨是注定的，而且是这样合乎逻辑，以至于我实在不可能错过几百万盈利的机会。然而，一切都是徒劳的。

我还遭遇过另外两次类似事件，交易所管理委员会在没有预警的情况下宣布交易规则的变化。但是，在这些情况下，我自己的头寸从技术上说是没有问题的，只是就商业投资而言没有我的咖啡期货那么合理。我刚才讲述的这些经历，促使我将不可预料的事件加进我的投机风险列表中非预期因素一栏。

这次咖啡期货交易插曲之后，我在其他商品期货交易和股票市场的空头交易上做得非常成功，以至于开始遭受愚蠢的流言蜚语的困扰。华尔街的职业人士和报纸记者已经习惯于将行情的崩跌归罪于我，当价格不可避免地下跌时，指责我突袭市场。每次我的卖出都被说成是缺乏爱国精神——无论我是否真的在做空头。我猜想，他们之所以夸大我操作的影响，无非是要满足公众的要求，他们总是不厌其烦地追问每次价格波动的原因。

我大概说过一二遍了，没有什么操纵可以将股市行情打压下来，或者让它保持低位不变。关于这件事没有任何神秘可言。只要肯动脑思考几秒钟，人人都能明白这个道理，假如一位操盘手袭击一只股票——将这只股票的价格压到实际价值以下，那么一定会有什么不可避免的事情要发生，是什么呢？为什么会这样？袭击者立刻会遭遇内部买入者的阻击。如果这只股票的卖出价偏低而且有利可图，知道这只股票实际价值的人总是会买进的。如果内部买入者无力买进，那是因为总体情况对他们形成了阻力，他们无法自由支配自有资源，这样的总体条件并不是看涨的征兆。当人们谈到突袭的时候，其推论是指突袭本身是不合理的，几乎是在犯罪。但是，在一只股票的实际价值以下卖出股票也许是一种冒险行为。最好记住这一点，一只被突袭的股票没有上涨，这通常说明没有多少内部买入者，如果有，价格就不能维持低位。我可以这么说，所谓突袭，有99%的案例是属于合理的下跌，不时还会加速下跌，并非主要由职业交易者的操作引起，无论他有多大能力调动大额头寸。

将大多数行情突然下跌或巨幅下挫的案例归结于大作手的操作，这样的观点或许是信手拈来的一个借口，满足一些不学无术盲目赌博的投机者的猎奇，这些人从不肯自己动脑思考，只是偏听偏信别人的风言风语。突袭是这些不幸亏损的投机者宽慰自己的一个最好借口，他们常常从经纪商或金融媒体的闲言碎语中得到这种反向贴士。正向贴士与反向贴士的区别是：做空的贴士是具体的，积极地建议卖出，做空头。但是反向贴士——对行情作解释，但解释的理由本身并不成立——只不过是让你远离思考，无法明智地选择卖出或做空头。当一只股票的价格大幅下滑时，人们很自然地倾向于卖出股票。行情变化必有原因——尽管是未知的原因，但总有一个很好的理由，所以要离场。但是，如果将行情的下挫归结为一个操盘手的突袭，那么，离场就是不明智的，因为一旦这位操盘手停止打压，价格必然会反弹。这就是反向贴士！

16

贴士

贴士，人们何以对贴士如此着迷！人们不仅渴望得到贴士，也慷慨地给予别人贴士，竭尽传播之能事。其中既有贪婪的本性，也有虚荣心在作祟。有时一些看着很聪明的人也对此趋之若鹜，实在是件很有趣的事情。派发贴士的人不必对贴士的质量费神，因为寻求贴士的人从不追究贴士的可信度，任何贴士都可以。如果得到贴士后结果不错，那很好！如果不灵，下次再碰碰运气。我想到在佣金经纪行里那些普通的客户，有一类人自始至终都相信贴士的神奇，他们要么是贴士的倡导者，要么是操纵者。这类人将贴士的正常流通视为某种高尚的传播事业，是世界上最好的生产推介方式，因为接受贴士的各方都会始终如一地将贴士传下去，贴士的传播变成某种无尽的广告链条。贴士或称情报贩子的倡导者有一种错觉，他们认为，只要贴士传递得法，每个活着的人都不能抗拒贴士的诱惑。所以，这些人苦心研究如何富有艺术性地转播贴士。

我每天也会接到成百上千的贴士，这些贴士来自各色人士。下面我给你讲讲与婆罗洲锡业公司有关的一则故事。

还记得这只股票最初是如何发行的吗？那是在经济最繁荣的时期，发起者集团听从了一个非常聪明的投资银行家的建议，决定在公开市场上发行股票并立即着手交易，而不是由辛迪加①包销承购之后逐渐推向公开市场。这是一个很好的建议。唯一的失误是这个集团的成员缺乏经验。他们

---

① 辛迪加是法语 Syndicat 的音译，原义是"工会"。辛迪加是资本主义垄断组织的一种基本形式，原指同一行业的少数大企业为了获取高额利润，通过签订共同销售产品和采购原料的协定而建立起来的垄断组织。在金融业，辛迪加是指大宗机构投资者组成的证券（股票、债券）认购包销集团，经理人一般在发行人的统一组织下，成立一个有银行和证券商参加的承购辛迪加，由该辛迪加及与之相联系的其他银行推行即将发行的证券。

没想到，当股市处在疯狂的繁荣时期可能会出现什么样的状况。同时，他们也不是理性的自由派，他们一致认为有必要提高发行价格，以便能将股票更多地推向市场，但是，他们所启动的交易价格使得交易者和投机先驱者们在买进股票时仍然疑虑重重。

在这种情况下，发行股票者按理说本该被套在股市中，但是，在疯狂的牛市里，他们的贪婪竟然被划归为保守主义的一派。只要有足够的贴士，公众便会买进任何股票。投资并不是他们所需要的。他们需要的是一夜致富，是确定的赌博红运。大量的黄金通过巨额的战争物资交易源源不断地倾泻到美国。他们告诉我，婆罗洲锡业公司股票的发行人为了将他们的股票推向市场，在股票首次交易之前曾经三度调整股票的开盘价格，官方宣称这是为了公众的利益。

有人提议我加入这个发行人集团，我做过深入了解，但并没有接受加入的邀请，因为如果有任何市场交易机会的话，我宁愿单独做交易。我喜欢以自己的情报做交易，而且遵循我自己的交易方式。当婆罗洲锡业公司股票上市的时候，我知道这个发行人集团的资源如何，以及他们准备怎么做，也知道公众可能会采取什么样的行动，因此，在开市当天的第一个小时，我买进 1 万股锡业股票。至少在这个时候，锡业公司股票的初次登场展示了它的成功。事实上，发行人集团发现市场需求如此活跃，于是，他们认定，太多太快地脱手这些股票是一个错误。他们察觉到我的 1 万股几乎是在他们有了下列想法的同时买进的，即只要他们仅仅将市场价格推高25 点到 30 个点，他们就能够卖出所有的股份。于是，他们推论我的 1 万股锡业股票的利润将从他们早已盘算好的几百万利润中瓜分出一大块，而这些利润本来已经差不多入了他们的银行账户了。因此，他们实际上中止了策动价格上涨的行为，想把我甩出市场。但是，我却稳坐钓鱼船。他们最终无功而返，放弃了这种尝试，因为他们不想失去掌控市场的机会，又开始重新抬高价格，没有损失很多股票，至少是在他们可承受的范围之内。

他们看到其他股票的行情疯狂地上升，于是，他们开始得寸进尺，幻想着成 10 亿美元的盈利。当婆罗洲锡业公司的股票升至 120 美元时，我将1 万股甩给了他们。我的这笔卖出阻止了行情的上涨，发行人集团的管理人放缓了促动价格上升的行动。在接下来的一轮普遍上涨的行情中，他们故伎重演，再次试图为这只股票营造一个活跃的市场氛围，而且剥离了手中的部分股票，只是这批货看上去价格太昂贵了。最终他们将价格挂升到150美元。然而，牛市的高峰时期难再持续，于是，发行人集团在价格下跌过程中被迫尽量出手，把股票卖给那些喜欢在强烈反弹之后买进的人。这些人有一种谬论，既然某只股票曾经达到150美元的高点，那么回落到130美元时就算是便宜的，如果跌到120美元时买进更是有利可图了。在这种情况下，他们也会首先将贴士转播给场内交易者，这些人通常可以维持一段短暂的市场行情，随后将贴士传给佣金经纪行。尽管每次作用有限，但是发行人集团还是用尽浑身解数。问题在于股票多头交易的大好时光已经过去。那些寻常的交易者已经吞咽了其他的渔钩加诱饵——婆罗洲锡业公司股票发行人集区的这群人不曾看到或者不愿正视这一点。

我正携妻子在棕榈滩度假。有一天，我在格瑞德利俱乐部小赚了一笔，回家后，从中抽出一张500美元的票子给了利文斯顿太太。不过，还真是一个有趣的巧合，她在当晚的晚宴上遇到了婆罗洲锡业公司的总裁维森斯坦先生，他已经变成了发行人集团的管理人。我们后来才知道这是维森斯坦先生刻意安排的，他颇费了一番心思，以便在晚宴上能坐在利文斯顿太太的旁边。

他对利文斯顿太太表现得特别友善，并饶有兴致地和她交谈。最后，他极其机密地对她说：“利文斯顿夫人，我打算做一件我从来没有做过的事，我会很高兴这么做，因为你会懂得这究竟意味着什么。”他停住话头，热切地盯着利文斯顿太太，以确认她是位既聪明又谨慎的女性。她从他的表情上读懂了他的意思，就像白纸黑字印出来了似的。她只是简单地回答：“是啊。”

“是的，利文斯顿太太，见到您和您的先生我感到非常愉快，我想证明我这番话的诚意，因为我希望以后能经常见到您二位。我相信我不用多说，您也会明白我下面要说的事情是多么重要的机密！”接着，他耳语道：“如果您买进一些婆罗洲锡业公司股票的话，一定会赚到一大笔钱。”

“你真的这么认为？”她问道。

"我刚刚离开宾馆来这里之前。"他说，"收到了几封电报，其中的内容公众至少要在几天之后才会知道。我打算尽可能收购这只股票。如果明天开盘的时候您能买到这只股票的话，那么您就和我在同样的时间同等的价位买进这只股票了。我担保，婆罗洲锡业公司股票的价格一定会上涨。你是我唯一透露这一消息的人，绝对是唯一的。"

她向他道了谢，然后告诉他，她对股票投机一无所知。但是，他向她保证，只要听从他的建议，其他的事情懂不懂都无关紧要。为了确认她没有会错意，他又重复了说了一遍他的建议：

"你只需要尽可能按自己的意愿买进婆罗洲锡业公司的股票。我向您保证，只要您能买到，就不会损失一分钱。在我的一生中，我还从来没有对哪一位女士——或先生做这样的建议——买进什么东西。但是，我对这件事太有把握了，这只股票不会在 200 美元附近停住的，我只是希望您能赚到钱。您是知道的，我自己不可能买下所有的股票，如果除我之外有人从中受益，我宁愿这个人是您，而不是其他陌生人。宁愿是您！我告诉您这个秘密，是因为我知道您不会把这件事情说出去。相信我的话，利文斯顿太太，一定要买进婆罗洲锡业的股票！"

他说这件事的时候态度非常诚恳，成功地打动了利文斯顿太太，她开始想到，如果听从他的建议，我下午给她的 500 美元就有了一个很好的去处。这点钱对我来说算不得什么，是她零用钱之外的所得。换句话说，如果她不走运的话，输掉了也没什么了不起。况且他说过她一定能盈利。如果自己能抓住赚钱的机会那太好了——以后再告诉我来龙去脉，给我一个意外的惊喜。

就这样，先生，第二天一大早，股市开盘之前，她去了哈丁公司的营业厅，她对那儿的经理说：

"哈雷先生，我想买些股票，但是我不想用平时的账户买，我不想让我的先生知道这件事，除非我赚了钱。你能帮我办到吗？"

这位叫哈雷的经理说道："噢，好的。我们为您开一个特别户头。您选的是那只股票？买多少股？"

她递给了经理那 500 美元，对他说道："请听好，我不希望亏损的钱超过这个数。如果出现了这种事情，我可不想欠你任何东西，请记住，我不想让利文斯顿先生知道有关这件事的任何细节。用这笔钱买进婆罗洲锡业公司的股票，能买多少就买多少，就按开盘价买进。"

哈雷接过了钱对她说，他会守口如瓶，一开盘就为她买进了 100 股。我想他是在 108 美元的价位上买进的。这只股票在那天的市场上很活跃，收盘时上涨了 3 个点。利文斯顿夫人为自己的冒险行为感到非常兴奋，好不容易忍住才没有向我透露这件事情。

碰巧，我当时依据市场的基本条件，那天一直越来越看好空头。婆罗洲锡业公司不寻常的活跃表现引起了我的注意。我认为此时还没有任何一只股票到了上行的恰当时机，更不用说按现在的涨幅上行。我决定就在同一天开始空头操作，我最初卖出 1 万股婆罗洲锡业公司的股票。如果我没有卖出的话，我想这只股票一定会上升 5 点或 6 点，而不是 3 个点。

紧接着的第二天，我以开盘市价又卖出 2000 股，在即将闭市前再卖出 2000 股，价格跌至 102 美元。

哈雷，也就是哈丁兄弟公司棕榈滩分支机构营业所的经理，此刻正在等着利文斯顿太太在买进股票的第三天早晨现身，她通常在大约 11 点钟左右顺路来营业所查询一下事情的进展，也看看我是否有所动作。

哈雷把她拉到一边，告诉她："利文斯顿太太，如果您要我继续为您持有那 100 股婆罗洲锡业的股票，您需要追加保证金。"

"但是我没有其他闲钱。"她告诉这位经理。

"我可以把它转到您平时的账户上。"他说道。

"不。"她反对，"因为这么一来，L. L（拉端·利文斯顿名字的首写字母）就会知道了。"

"但是，这个账户已经显示亏损了——"他开始试图劝说她。

"可是我当初很明确地告诉过你，亏损的钱不能超过 500 美元。我甚至连这笔本金也不想亏掉。"

"我知道，利文斯顿太太，但是在我征询您的意见之前我不想卖掉您的股票，现在，除非您授权给我继续持有，否则我会立即卖出。"

"可是，我买进这只股票的那天，它的表现很好啊。"她说道，"我简直不能相信这么短的时间跌了这么多，你觉得呢？"

"不。"哈雷答道，"我也想不到。"他们这些在经纪公司营业厅工作的人都会一些外交辞令。

"到底是哪里出了问题，哈雷先生？"

哈雷当然知道是怎么回事，但是如果他告诉她就等于出卖了我，为客户的生意保密是他的神圣职责。于是，他说道："我没有听到任何特别的事情。您看这只股票的走势！这波又创了新低！"他手指着报价板。

利文斯顿太太注视着报价板上股票行情的下滑，惊叫着："噢，哈雷先生！我不想亏掉我的 500 美元！我应该怎么办呢？"

"我不知道，利文斯顿太太，不过如果我是您，我就去问利文斯顿先生。"

"噢，不！他不要我自己做股票投机，他对我说过的。如果我要做的话，他会替我买卖股票的，但是我以前从来没有像这样自作主张，先斩后奏。我可不敢告诉他。"

"没关系。"哈雷平心静气地说道，"他是一位很棒的交易家，他知道该怎么办。"看到她拼命摇头，他加重语气说了一句："要不然就再追加 1000 或 2000 美元来保住您的婆罗洲锡业股。"

看来别无选择，这让她当场下了决心。她在营业所逗留着，然而，市场行情变得越来越疲软，她只好走到我观看报价板的地方，告诉我，她想和我谈谈。我们走进我的私人办公室，她将事情的来龙去脉都告诉了我。我只是对她说："你这个笨女孩儿，你还是别做这笔交易了。"

她承诺不会再掺和。我给了她 500 美元，她高高兴兴地接过钱走了。这时，股票正处在 100 美元的面值上。

我明白是怎么回事。维森斯坦这个人很精明，他料定利文斯顿太太会把从他那里听来的消息告诉我，那么我就会研究这只股票。他知道市场的动向总会吸引我的注意力，而我又是以大手笔操作著称。我猜他以为我会买进 1 万到 2 万股。

这是我听说过的策划最周密和转播方式最巧妙的贴士。但是这个贴士没有像通常那样传下去，中途出了问题。只能是这个结局。首先，这位女士正巧在这一天意外得到 500 美元，因此，处在一种比平时更喜欢冒险的情绪状态。她希望凭自己的能力赚些钱，加上女性化戏剧般的诱惑，所产生的吸引力是难以抗拒的。她了解我对外行做股票投机的看法，她不敢对我提起这件事。维森斯坦对她的心理状态判断得不够准确。

他把我划归为他所认为的那类交易者是毫无道理的。我从来不听信贴士，我对整体市场总是看空的。他以为可以有效地诱使我买进婆罗洲锡业公司股票——也就是在市场当时有了 3 个点的行情上涨之后，实际上，恰好就在那时，我决定对整个市场卖空，他的这种策略促使我选择卖出婆罗洲锡业公司的股票作为卖空操作的起点。

在我听完利文斯顿太太的故事之后，我比任何时候都更想卖出婆罗洲锡业公司的股票。每天上午开盘和每天下午临近收盘时，我都会照例向维森斯坦甩出一些婆罗洲锡业股票，直到我看准时机将所有的婆罗洲锡业股票平仓，赢得一笔可观的利润。

在我看来，听信贴士所传递的消息来交易简直是愚蠢之极。我有时会想，迷信贴士的人就像酗酒的人。有些人无法抗拒其中的诱惑，总是想从中寻觅幸福感。张开耳朵听信贴士是再容易不过的事情了。只是简单地遵从贴士所告诉你的去做，这样一种快意的选择，仅次于幸福，但这种方式可能是误导你实现心中长久渴望的第一步。与其说是求富心切的贪婪使你变得盲目，倒不如说疏于思考的惰性束缚了你的希望。

你可以发现，习惯听信贴士的人不仅限于圈外的公众，而且在纽约股票交易所场内的职业交易者中也大有人在。我可以确定无疑地说，他们之所以对我有这么深的成见，是因为我从来不给任何人提供任何贴士。如果我告诉一个普通人说："为你自己卖出 5000 股美国钢铁股票！"他会立刻照做。但是，如果我告诉他我对整体市场相当悲观，并且详细解释我的理由，他可能会听得不耐烦，等到我谈完了，他可能会瞪着我，怪我浪费了他的宝贵时间解释什么基本市场条件，而不是直接给他一个特别贴士——就像华尔街到处可见的那些慈善家那样，他们似乎乐善好施，喜欢把几百万美元塞进朋友、熟人甚至是陌生人的口袋里。

所有的人天生具有一种对欲望的毫无节制的放纵，期盼奇迹的发生。

有些人表现出周期性的肆无忌惮的狂热。我们所有的人都知道，终日沉醉于欲望的酒鬼是典型的乐观主义者。贴士的接受者都是这类人，其程度有过之而无不及。

我有一位熟人是纽约股票交易所的会员，因为我从来都不给人以贴士，也不劝告朋友做任何交易，所以，很多人都认为我自私自利，他就是其中之一。大约在几年前，有一天，他和一位报社记者聊天时，后者偶然提到他有一则可靠的消息来源，G. O. H 股票将会上涨。我的这位经纪人朋友立即买入 1000 股，却看到股票价格下滑的如此迅速，以至于他在止损之前损失了 3500 美元。他在一两天之后又遇到这位记者，他依然耿耿于怀。

"你给我的到底是什么贴士？"他抱怨道。

"什么贴士？"这位记者问道，他根本就想不起来了。

"关于 G. O. H 股票的，你说你有可靠的消息来源。"

"是的，没错。是那家公司的一位董事，他还是公司财务委员会的成员，是他告诉我的。"

"到底是谁？"这位经纪人愤愤地地追问着。

"如果你一定要知道。"这位报社记者答道，"就是您的岳父大人，韦斯特莱克先生。"

"该死的，为什么不早告诉我你说的是他！"这位经纪人喊叫起来，"你竟让我亏了 3500 美元！"他不相信来自家庭成员的贴士。消息来源越远，贴士就越显得纯净。

老韦斯特莱克是一位富有而成功的银行家和贴士的倡导者。有一天，他碰到约翰·W·盖茨。盖茨向他打听消息。"如果我给你一个贴士，你得照做。否则的话我就不多费口舌了。"老韦斯特莱克性情乖戾，这么对他说了一句。

"当然，我会照办。"盖茨满心欢喜地承诺。

"卖空雷丁公司的股票！肯定会有 25 点的空间，或许更多。但是 25 点是绝对有把握的。"韦斯特莱克郑重其事地说道。

"太感谢您了。"踌躇满志要"赌你一百万"的盖茨热情地与韦斯特莱克握手告别，走向他经纪公司的营业厅。

韦斯特莱克对雷丁公司独有研究，他对这家公司所有的事情都很清楚，并且与内部人素有交情，所以，这只股票的行市对他而言一目了然，人人都知道这一点。这次，他建议那位西部赌客卖空雷丁公司股票。

可是，雷丁公司的股票一直在不停地上涨，在一周之内大约上涨了100点。有一天，老韦斯特莱克在街上又撞见了约翰·W·盖茨，但是他假装没看见，继续走他的路。约翰·W·盖茨快步追上他，满面笑容地伸出手，老韦斯特莱克跟他握着手，一头雾水。

"我要谢谢您给了我雷丁公司股票的贴士。"盖茨说道。

"我没有给过你任何贴士啊。"韦斯特莱克皱着眉头说道。

"您肯定给过。而且还是一个很棒的贴士。我赚了6万美元。"

"赚了6万美元？"

"没错！您记得吗？您告诉我要卖空雷丁公司的股票，所以，我就买进了！我总是和您的贴士反着做来赚钱，韦斯特莱克。"约翰·W·盖茨愉快地说道，"而且这样做总是能赚钱。"

老韦斯特莱克盯着这位率直的西部人，过了一会儿才羡慕地对他说道："盖茨，如果我有你这样的脑子，我该是多么富有啊！"

后来有一天，我遇见W.A·罗杰斯先生，一位著名的漫画家，他刻画的华尔街经纪商备受吹捧。多年来，他在《纽约先驱报》登出的每日卡通栏目给千千万万的人带来快乐。那次，他给我讲了一个故事。当时正是我们要和西班牙交战之前。有天晚上，他和一位做经纪商的朋友在一起消遣。这位朋友离开时，从衣帽架上拿起他的礼帽，至少当时他觉得是他自己的礼帽，因为外形是一样的，而且戴上正合适。

那时的华尔街，大家想的谈的全是与西班牙交战有关的话题，这场战争是不是会打起来？如果真要交战，股市行情就会下跌，主要的压力并不是来自我们美国人自己的卖出，而是欧洲市场上美国证券持有者的抛售。如果保持和平，那就是显而易见的买进股票的好时机，因为随着街头小报煽情的喧嚣，已经引起股市行情大幅度下跌。罗杰斯先生接着给我讲述了如下故事：

"我的朋友，就是那位经纪商，前天晚上我们曾一起呆在他的经纪公司。昨天，他站在交易所大厅里，脑子里焦虑地斗争着，到底要站在哪一方交易比较好。他把正方与反方两个方面都想了一遍，但是，还是无法确认哪些是谣言、哪些是事实。他没有什么可靠的消息来源作为依据。一会儿觉得战争是不可避免的，一会儿又几乎说服了他自己交战是完全不可能的。他的困惑让他觉得浑身发热，于是摘下礼帽擦着额头。他想不清楚是该买进还是卖出。"

"他碰巧看了一眼礼帽，发现里子上有几个金黄色的字母正好拼成一个词——战争（W. A. R）。这就是他所需要的预感。难道这不正是上帝借我的礼帽送给我的贴士吗？于是，他大量卖出股票。果然如期宣战了，他在行情大滑时平仓，大赚了一笔。"W. A·罗杰斯讲完了这个故事，说了一句："我再也要不回那顶帽子了！"

然而，在我搜集的贴士故事中，最特别的故事是关于纽约股票交易所一位闻名遐迩的会员 J. T·胡德的。有一天，另外一位场内交易员伯特·沃克告诉胡德说，他曾帮了太平洋南方铁路公司一位有名的董事一个大忙，作为酬谢，这位内部人告诉他，让他尽可能用全部资金买进太平洋南方铁路公司的股票。董事会决定采取某些行动，将股价上推至少 25 个点。尽管不是所有的董事都会参与这个交易，但是，根据投票的结果来看，大多数董事都是赞成的。

据伯特·沃克推测，分红的比率将会上升。他将这个消息告诉了他的朋友胡德，他们两人分别买进了 2000 股太平洋南方铁路公司的股票。在他们买进的前后，这只股票的市场表现很弱，但是，胡德解释说，很明显这是为伯特为首的内部一帮人搜集筹码提供便利的。

第二天是星期四，下午收市之后，太平洋南方铁路公司的董事们开会并通过分红方案。星期五早晨开始的最初六分钟，这只股票下跌了 6 个点。

伯特·沃克觉得自己被愚弄了。他打电话问那位心怀感激的董事，后者痛心不已，再三忏悔。他解释说，他把告诉沃克买进股票的事情忘记了，正因为这一疏忽，所以，董事会里占上风的一派改变了最初的计划这件事，他也没有及时告知沃克，这位懊悔的董事急于弥补他的过错，又给了伯特一个贴士。他还好心好意地解释说，他有两个同事要买进更便宜的股票，不听他的劝阻，并采用粗鄙的手段买进。他不得不让步以换取他们的选票。但是，现在他们已经积累了满仓的股票，没有什么因素可以阻止行情的上涨，现在买进太平洋南方铁路公司的股票是轻而易举的事情，而且是双保险的。

伯特不仅原谅了他，而且和这位身居高位的金融家热情地握别。自然他会找到他的朋友兼受害者胡德，与他分享这一消息。他们打算大赚一笔。据以前的贴士所传递的消息说，在他们买进前后那只股票会上涨，所以他们就买进了。但是现在已经跌了15点了，所以买进就更容易了。于是，他们俩用共有的账户买进了5000股。

就好像由他们两人触发了铃声似地，股市急剧下挫，显而易见，这是内部人在抛出。两位场内经纪商气急败坏地证实了他们的疑惑。胡德卖掉了他们的5000股。当他卖完股票之后，伯特·沃克对他说道：“如果那个该死的白痴不是在前天跑到佛罗里达去了，我非得抽他一顿才罢休。是的，我会的。你和我一起去。”

“去哪儿？”胡德问道。

“去电报局。我要给这个卑鄙小人发一封电报，让他永远忘不掉。跟我来。”

胡德答应了，伯特引路一道去了电报局。在那儿，伯特气愤难忍——他们做的5000股损失惨重。他拟了一封大师级的电报，竭尽侮辱性言辞。他读给胡德听完后说道：“这差不多可以让他明白他在我心目中是个什么样的人了。”

他正要把电文递给在旁边等候的电报员，这时，他听到胡德说：“等一下，伯特！”

“怎么了？”

“我不想发这封电报。”胡德诚心诚意地劝阻道。

“为什么不？”伯特厉声问道。

“他读了这封电报会恼羞成怒的。”

“这正是我们所要得到的效果，不是吗？”伯特有些吃惊地看着胡德说道。

　　然而，胡德坚决地摇了摇头，语气严肃地说道："如果我们发了这封电报，就再也别想从他那里得到任何贴士了。"

　　这实际上是一位职业交易商说的话。既然如此，我们议论那些普通投资者迷恋贴士又有什么意义呢？正像我在前面提到的，人们接受贴士并不是因为他们太愚蠢，而是他们喜欢沉醉于色彩斑斓的渴望之中。老罗斯柴尔德[2]赢得财富的秘诀更适用于投机。有人问他在交易所赚钱是不是很困难的事情，他的回答正相反，他认为容易得很。

　　"您这么说是因为您太富有了。"请教者不赞同他的说法。

　　"完全不是的。我发现了一个很好的方法，我一直坚持用这个方法。赚钱很容易，挡都挡不住。如果你想听，我会告诉你这个秘密。听着：我从来不在底部买进，我卖出股票也很早。"

　　投资者则完全是不同种类的生意人。大部分人看重库存，重视收入的统计数字以及各种数据，就好像它们代表着业绩和确定性。而人的因素则通常被缩小到了最低限度。很少有人愿意因某个决定性人物而买进其所在公司的股票。然而，我认识的一位最明智的投资者是宾夕法尼亚的荷兰后裔，一路发展到华尔街，他就认准了拉舍尔·赛奇[3]这个人。

　　他是很高明的调研者，一位从不知疲倦的人。他相信必须自己提出问题，用自己的眼睛而不是用别人的眼睛来观察问题。这是几年前的事情了。他好像持有一些艾奇逊－托皮卡－圣菲铁路公司的股票。当时，他开始耳闻这家公司和其管理方面的令人不安的消息。有人告诉他，这家公司的总裁莱因哈特先生名不符实，过度奢侈，很快将使公司陷入混乱。厄运来临时，所有的欠债必定要偿还。

　　这类消息正是这位宾夕法尼亚荷兰后裔所需要的生命攸关的信息。他迅速赶往波士顿约见了莱因哈特先生，并询问了一些问题。这些问题包括他反复听到的一些指控，后来，他向这位艾奇逊－托皮卡－圣菲铁路公司的总裁求证这些传闻的真实性。

---

② 罗斯柴尔德（Rothschild），著名的犹太财阀。
③ 拉舍尔·赛奇（Russell Sage）被喻为"现代期权交易之父"，在柜台交易市场建立了一个买权和卖权的交易系统，并引入了买权、卖权平价概念。

莱因哈特先生不仅断然否认了这些说法，而且进一步宣称：他会用数字来证明这些传言都是恶意中伤。这位宾夕法尼亚荷兰后裔询问到有关的确切信息，总裁有问必答，向他表明公司运作及财务状况良好。

这位宾夕法尼亚荷兰后裔谢过莱因哈特总裁，返回纽约，立即卖掉了所有的艾奇逊－托皮卡－圣菲铁路公司股票。大约一个星期之后，他用闲置的资金买进一大笔特拉华－拉克万纳－西部铁路的股票。

多年以后，我们谈起运气互换的话题，他引用了自己的这个案例，解释了为什么那么快卖出艾奇逊－托皮卡－圣菲铁路公司股票的原因。

"你看。"他说道，"我注意到莱因哈特总裁写下那些数据的时候，从桃花心红木制老板台上的文件夹里拿出一沓信笺，是非常精致的重麻纸。公司抬头采用华丽的双色雕印，不仅价钱昂贵，更糟糕的是——这种花费是完全没有必要的。他用这样的一张纸写出几个数字，仅仅是为了对我说明公司几个部门盈利的情况，或者证明公司如何有效地削减了成本，然后就把那张纸揉成一团扔进了废纸篓。不一会儿，他要向我展示他们打算引进的项目，再次抽出一张用双色雕印公司抬头的信笺，只写了几个数字——又扔进了废纸篓！就这样不加思索地浪费钱财。这让我感到震惊，如果总裁是这样一个人，他又怎么可能坚持采取节约成本的措施或奖励有经济成效的人？因而，我决定相信人们告诉我这家公司的管理奢侈浪费的传闻，而不是接受总裁的自我标榜，回到纽约后，我立即卖出了持有的艾奇逊－托皮卡－圣菲铁路公司的股票。"

"几天以后，我碰巧有机会去特拉华－拉克万纳－西部铁路公司的办公室。老萨姆·斯隆任该公司的总裁。他的办公室距离入口处最近，门敞开着。这间办公室的门总是开着。在那些日子里，只要有人走进 D. L. & W④的总裁办公室，都会看到总裁坐在他的办公桌后面。任何人都可以直接走进去，和他商谈业务。金融报刊的记者常常告诉我说，和萨姆·斯隆交谈从来都不需要拐弯抹角，直接提出疑问就可以，而萨姆也是直来直去，回答'是'或'不是'，无论其他董事对股票市场的关切程度如何，都是

---

④ D. L. & W，特拉华－拉克万纳－西部铁路公司的简称。

如此。"

"当我走进办公室时，我看到老先生正在忙着。起初我以为他在拆读信件，我走近他的办公桌之后才知道他正在忙什么。我后来得知他有一个日常习惯，就是将信件分类，然后打开。他不会将空信封随手扔掉，而是积攒起来带到他的办公室。空闲的时候，他把这些信封沿着四周裁开。这样一来，每个信封都有两张纸，每一张都有一面是空白的干净纸。他把这些纸叠在一起，随后分给大家，在随笔涂写数字的时候可以当信笺用，就像莱因哈特对我说起一些数字时在双色雕印公司抬头的信笺上涂画一样。老先生的做法既不浪费空白信封，也不浪费自己的空闲时间。充分利用了每一种资源。"

"这让我想到，如果 D. L. & W 公司有这样一位总裁，公司所有的部门都会实施有效的管理。总裁会关注这件事的！当然，我还知道这家公司定期派发红利，有殷实的财产。所以，我就尽可能地买进 D. L. & W 公司的股票。从那以后，该公司的股本总额开始翻倍，后来竟翻到了 4 倍。我每年的分红额和我最初的投资一样多。我现在依旧持有 D. L. & W 公司的股票，而艾奇逊公司已经落入他人之手——就在我看到总裁将一张张带有双色雕印抬头的亚麻信笺扔进废纸篓的几个月之后，他用这样几张写有数字的信笺想向我证明，他并没有铺张浪费。"

这个故事的美妙之处在于它是真实的，而且这位宾夕法尼亚的荷兰后裔所买到的任何其他股票都没有抵过他在 D. L. & W 公司股票上的投资。

17

"黑猫"

我有一位密友非常喜欢向别人讲述我的故事，他极力推崇我的预感。他总是将我的一些操作归结于一种难以解释的力量。他宣称，我只是盲目地遵循某种神秘的冲动，因此，在股票市场上我总能选择恰当的出市时机。在早餐的餐桌边，他的奇闻轶事中有一则是关于黑猫的故事，他说，是这只黑猫告诉我应该卖出所持有的全部股票，我在收到这只小猫咪的信息之后变得牢骚满腹，神经分分，直到我卖掉手中的所有股票。我实际上是在股价波动的最高点卖出的。这当然强化了我这位头脑顽固的朋友对直觉的看法。

当时，我已经去往华盛顿，试图说服一些国会议员，向他们说明，对我们这些人课以重税是不明智的，我当时对股票市场并没有太大的关注。我卖出所有持仓的决定来得很突然，这就是我朋友发表上述奇谈的缘由。

我承认，我有时免不了产生一些难以克制的冲动，要在市场上采取某些行动。这和我持有多头还是空头无关，只是觉得必须离场，除非这样做了，否则便心神不宁。我自己对此的看法是，之所以会出现这样的情形，是因为我看到了一些警示信号。也许并没有一个单独的信号足够清晰或足够强烈，能向我提供一个确定无疑的原因，使我突然感觉必须做些什么，也或许是所有的信号共同产生了一种他们称之为"报价机感应"的现象，据年长的交易者说，詹姆斯·R·基恩具有强烈的"报价机感应"，在他之前，也有一些人具有此种能力。坦白地说，这种警示出现的时候，不仅感觉很强烈，而且恰逢其时。

但是，在上述这个特定的案例中，我并没有什么预感，和所谓的黑猫没有任何关系。我的朋友对大家说，那天早晨我突然怨声载道，我可以对此进行解释——如果我的确怨声载道——那是由于我失望之极。我知道我无法说服我所见到的国会议员，委员会对华尔街征税问题的看法与我有所不同。我无意阻止或逃避对股票交易征税，但是，我只是想提出建议，作为一个有经验的股票交易者，我认为目前的税负既不公平，又不明智。我不想看到山姆大叔杀鸡取卵，如果公平地对待股票市场的交易者，股市这只金鹅可以生出很多金蛋来。也许是因为我没能成功地说服他们而使我烦躁不安，而且也让我对未来面对的股市不公平税收深感悲观。不过我会告诉你到底发生了什么事。

在牛市行情刚开始的时候，我觉得钢铁贸易和铜交易都有很好的市场前景，因而我对这两个板块的股票均看好多头。于是，我开始积累这两种股票的部分头寸。我开始买进 5000 股犹他①铜业公司的股票，随后停手，因为我觉得行动有误。就是说，其市场行为与我所预期的不同，让我觉得继续买进是不明智的做法。我想它的价格大约是 114 美元。同时，我几乎在同样的价位上开始买进美国钢铁公司的股票，因为决策正确，所以，第一天我就一鼓作气买进了 2 万股，买进的过程我在前文中已有过描写。

美国钢铁公司的股票表现甚佳，所以，我继续积累头寸，最终我买进的全部头寸达 7.2 万股。但是，我持有的犹他铜业公司的股票还维持在最初水平，一直没有超过 5000 股。它的市场表现不鼓励我继续买进。

后来发生的情形人人皆知，出现了一个很强劲的牛市行情。我知道市场正在上扬，基本条件非常有利，甚至在股票价格上涨了很大幅度，我的账面利润已有显著增长之后，纸带行情还在呼叫：继续涨！继续涨！当我抵达华盛顿时，纸带依然向我展示同样的信息。当然，时间已经很晚了，我没有追加持仓的意愿，即使我还是看好多头。与此同时，市场显然正按我的预想发展，我没有必要整天守在报价板前面，逐个小时地期待出市的信号。在撤出的号角吹响之前——当然，完全排除非预期的灾祸——市场应该出现徘徊的迹象，或者显示投机形势的逆转，我应该为此做好准备。这就是为什么我还有闲情逸致去拜访那些国会议员的缘由。

---

① 犹他（Utah）是美国西部的一个州，铜矿丰富。

　　与此同时，价格还在保持上扬，这意味着牛市的终结正在逼近。只是我还不能确定终结的具体时间。这种事情已非我能力所及。无须讳言，我在注视着逆转信号的出现。无论何时何地，我总是会这么做，这已经成为我的商业习惯。

　　我不能肯定，但更多的是怀疑所出现的情况，在我卖出的前一天，我看到价格高企，这让我想到，我有大量的账面利润和大规模的交易头寸，以及后来我徒劳无功的劝导我们的立法者公平和明智地处理华尔街的事务。也许看空的情绪就是以这种方式在这种时刻在我的心里播下了种子。我在潜意识中辗转反侧了一整夜。第二天早上，我在考虑市场行情时，开始琢磨当天应该采取的行动。我走进营业厅的时候，价格继续创新高的股票并不是很多，我的账面继续出现令我满意的利润，而市场依然显示出有一股强大的力量在吸纳，而且的确是一个大市场。我可以在这个市场上卖出任何数量的股票，当然，当一个人持股满仓的时候，必须随时观察市场，以待有利时机，将账面利润转化为实在的现金。在互换过程中，他应当试图尽可能地减少亏损。我的经历教会了我，一个人总能找到机会来实现账面利润，而这个机会通常是来自目前一波行情的尾声。这并非出自纸带阅读或者一种预感。

　　当然，那天早上，我发现市场处在这样一种状态，我可以毫不费力地卖掉所有的股票，于是我就照做了。当你决意要卖出股票时，卖出50股还是5万股，谈不上哪种做法更明智或者更勇敢，然而，即使在最平淡的行情下，卖出50股时也不至于引起价格的滑落，而单只股票卖出5万股则完全是另一回事。我当时持有美国钢铁公司的股票是7.2万股。这算不上是很庞大的头寸，但是，卖出这么大的额度总是会损失一些利润，本来在计算这些账面利润时觉得非常可观，就像已经放进银行账户一样安全，如果卖出时有损就会觉得很可惜。

　　我的利润总计有150万美元，我抓住了很好的俘获时机赢得了这笔利润。但是，这并不是我卖出时觉得自己抉择正确的主要理由。市场本身证实了我决策的正确性，这才是我心满意足的源泉。事情是这样的：我成功地卖出了我所持有的7.2万股美国钢铁股，成交价格仅低于当日这波行情最高点的一个点。这说明在那一刻我是正确的。然而，就在同一天的同一个时刻，我开始卖出所持有的5000股犹他铜业股，价格跌破了5个点。请记住，我是在同一时刻开始买进这两种股票的，我采取了明智的行动，将美国钢铁公司股票的头寸从2万股增加到7.2万股，同样明智地保持犹他铜业公司股票的头寸不变，一直维持在最初买进的5000股。我之前没有卖出犹他铜业公司股票的原因是因为我看好铜业贸易，它的股价在上涨，我觉得犹他铜业股即使不会有大的盈利，也不可能有太多损失。至于说到预感，其实什么预感都没有。

一位股票交易者的训练如同医学教育一样。一名内科医生必须花很多年的时间学习解剖学、生理学、药物学和十几种附属学科。首先要学习理论，而后将理论终生付诸实践。医生要对所有的病理学现象进行观察和分类，要学会诊断。如果诊断是正确的——这取决于观察的准确性——他应该有很好的预见，当然要记住，人类是很容易犯错的，还有一些全然不可预见的因素，所以，他不可能100%命中问题的核心。然而，随着经验的积累，他不仅学会了正确地采取行动，而且知道何时应该当机立断，以至于那么多人会以为他是凭直觉在行动。这的确不是无意识的行为。实际上，他是根据多年来对此类病例的观察而做出的诊断，他处理这类病例的方法是拜他的经验所赐而采取的适当方法。你可以传递知识——就是说，搜集一些带卡片索引的事实——但是无法传递经历。一个人有可能知道该怎么做，但是还是会有亏损——如果他的行动不够迅速。

观察、经历、记忆以及数学——这些都是成功的交易者所必须具备的。他不仅要准确地观察，还要在任何时间记住所观察到的全部内容。他不能在非理性或非预期事件的因素上下赌注，无论他对人类的非理性怀有多么强烈的个人信念，或者他对非预期事件发生的频率的感知是多么确定，他必须始终在可能性上下赌注——就是说，尽力尝试预测事态发展的可能性。多年的交易经验和持续不断的学习，始终记住所观察到的事实，这样，当非预期事件发生或预期行情来临时，交易者就能够立即采取行动。

一个人可能具有很强的数学计算能力和不寻常的精确观察能力，除非他同时拥有经验和对观察的记忆。否则，还是会在投机交易中失手。那么，就像一个医生需要跟进科学的进步一样，一个聪明的交易者必须不停地研究基本的市场条件，保持追踪任何地方发生的可能影响或干扰不同市场发展的动向。在多年的交易之后，这会变成一种职业习惯。他几乎是下意识地采取行动。他会采取一种宝贵的职业态度，这使得他有能力不时地在交易中获胜。职业和业余甚至是偶尔为之的交易者之间的区别无论怎么强调都不过分。例如，我发现记忆和数学对我帮助很大。华尔街的盈利仰赖于其数学基础。我的意思是，盈利靠的是对事实和数据的处理。

当我说到交易者必须跟进每分钟的市场动态，他必须对所有的市场以及动向采取一种纯粹的职业态度时，实际上我只是再次强调，预感和神秘的"报价机感应"对于交易的成功起不了多大作用。当然，有经验的交易者时常会出现这种预感，其行动如此之快，以至于事先来不及说出所有的理由——然而，无论如何，都是些有利的和充分的理由，因为这些理由是来自于他在多年的实践中从职业化的角度对事物的思考和观察以及积累，对职业交易者而言，磨坊里储藏的都是谷粒。

我来说明一下职业态度的涵义。

我一直在关注商品期货市场，这也是多年养成的习惯。你知道，政府报告表明今冬的小麦收成与去年持平，而春季小麦收成高于1921年，形势有很大改善，或许有一个比往年更早的丰收年。当我分析这些条件的时候，我看出小麦的产出大概是多少——靠数学计算——我也立刻想到了煤矿工人和铁路职工的罢工。我不由自主地想到这些，是因为我的脑海里总是在思索市场的动态。我马上意识到这场罢工已经影响到各地的货物运输，也必然对小麦的价格产生不利影响。我是这样想的：冬小麦运抵市场肯定要延迟相当长的一段时间，原因在于罢工导致运输设备瘫痪，等到事情有所转机的时候，春小麦收获已毕，可以投入运输了。这意味着当铁路可以大量运送小麦之时，就会带来这两季小麦在市场的汇合——由于运输延误的冬小麦和提前收获的春小麦，这将意味着巨量的小麦在一刹那间倾泻到市场。倘若事实果真如此——这种概率非常明显，像我这样了解小麦市场的交易者不会对小麦市场的整体看好多头。除非价格跌至一定的价位，买进小麦是一种很好的投资，否则，他们不会有买进的意愿。如果市场上不存在买入的力量，价格必然会下跌。有了这样的想法之后，我必须验证自己的想法是否正确。就像老派特·霍恩以前常说的："不下注不知道输赢。"从看好空头到卖出之间不需要浪费太多的时间。

经验已经告诉我，市场的行为方式是一个操作者应该追随的优秀向导。这就像医生测量一位患者的体温和脉搏，或者观察患者的眼球和舌苔的颜色一样。

其实，一般人平时可以在 1/4 的波幅内买进或卖出 100 万蒲式耳的小麦。但是，在这一天，当我卖出 25 万蒲式耳小麦期货来检验卖出时机的时候，价格下跌了 1/4 点。随后，市场的反弹并没有确定地给出我所希望的信号，我又卖出了另外一笔 25 万蒲式耳的小麦。我注意到，市场在逐步微量地吸纳这笔小麦期货，就是说，买入方买进的多是 1 万或 1.5 万蒲式耳的单笔数量，而不像常规情况下做两三笔交易就完全吃进了。此外，除了这种顺势买进的方式之外，在我卖出时，买入价格也下跌了 $1^1/_4$ 个点。那么现在，我不需要再浪费时间指出市场是如何承接我卖出的小麦期货了，我卖出时，价格在单边下跌，这说明市场上不存在买进的力量。既然如此，我还能做什么？当然是更多地卖出。跟随经验的提示行事可能时不时地也会受到愚弄。但是，如果忽视经验的提示，那么每一次的行为都是愚蠢的。就这样，我卖掉 200 万蒲式耳的小麦，价格进一步下跌。几天之后，市场行为实际上迫使我又卖出了 200 万蒲式耳，价格继续下跌，又过了几天，小麦价格大幅下挫，每蒲式耳价格跌落了 6 个点之多。然而，下挫的趋势并没有减缓，一直在滑落下去，间或有一些短暂的回弹。

这一次我没有凭灵感行事，也没有得到什么人的贴士，是我对商品期货市场职业习惯或职业化的态度让我赢得了这笔利润，而这种态度来源于我多年从事投机交易的经历。之所以潜心研究市场，只因为我的事业是交易。纸带行情告诉我，我正走在正确的轨道上，那么我就在此时增加我的头寸。这就是我交易的整个过程。

我发现，做投机交易很容易把经验转化为稳定的红利收益，观察所得到的贴士是所有贴士中最好的一个。某种特定股票的行为时常就是你需要的全部线索。你要注意观察这只股票。然后，经验会告诉你如何通过通常的各种情形即概率来获取盈利。例如，我们知道所有的股票一起以同样的方式运动是不可能的，但是，某一类的所有股票有可能在牛市行情中上行，或在熊市行情中下行。这在投机市场上是司空见惯的。这就是最常见的自我表露的贴士，佣金经纪行对此了如指掌，并且将这种贴士传递给场内每一个缺乏悟性的客户，我的意思是，他们总是建议客户买卖那些同一组股票中价格变动滞后的股票。如此一来，如果美国钢铁公司的股票上涨，交易者就合乎逻辑地假设，熔炉炼铁公司或共和钢铁公司以及伯利恒钢铁公司等股票的跟进不过是个时间问题。一组股票中的所有股票的交易条件和前景展望都应当是相似的，所有的股票都应该共享繁荣。无数次的经验证实，从理论上说，市场上的每只股票都有其风光之时，公众之所以会买进A和B钢铁公司的股票，这是因为C和D公司的股票以及X和Y公司的股票已经上涨多时，由此推论，A和B公司的股票还有上行的空间。

如果一只股票的价格表现不符合它当时所在市场的表现，即使在牛市行情中我也从来不会对这类股票有所青睐而买进。我有时会在确定无疑的牛市行情中买进一只股票，同时发现同一类的其他股票并没有表现出看涨的趋势，我就会卖出我持有的股票。为什么？经验告诉我，拼命反抗我所称之为显现群体趋势的行为是不明智的。我不能期待只做有确定性的交易。我必须评估概率并有所预期。有一位老经纪商曾经对我说："如果我沿着铁轨走路，看见一列火车以每小时60英里的速度向我驶来，那么我还要继续沿着铁轨走吗？朋友，我会闪开。我怎么可能为这样的事拍拍自己的后背夸自己如此聪明和审慎呢。"

去年，在市场行情整体上涨还在持续时，我注意到，某一组股票中有一只并没有与这组股票的其他成员一起显示出同样的变动趋势，尽管这组股票和市场上的其他股票在同步运动。这只股票是唯一的例外。我持有一大笔布莱克伍德汽车公司的股票，人人都知道这家公司生意做得很大。该公司股票价格每天上升1点到3点不等，公众越来越多地涌入市场。这自然使这一板块的群体成为公众关注的中心，所有的汽车业股票价格都在上涨。然而，其中却有一只股票坚守不动，这就是切斯特汽车股票。这只股票的价格变动滞后于其他股票，很快引起了公众的议论。切斯特汽车公司股票的低价位和它的冷漠行为与布莱克伍德汽车和其他汽车板块股票的强劲和活跃形成鲜明的对照，公众顺理成章地转向贴士的兜售者和情报贩子以及一些自以为是的人，并且开始买进切斯特汽车股，因为从理论上说，这只股票必然会呈现出与同板块的其他股票相同方向运动的趋势。

公众有节制地买进切斯特汽车股，并没有引起价格上涨，实际上这只股票反而有下跌的趋势。那么，在这种牛市行情下，要推高切斯特汽车股票的价格是轻而易举的事，考虑到属于同类板块的布莱克伍德汽车股，已经成为这组股票整体上行的领头羊而令人注目，大家谈论的话题都离不开对所有汽车的需求如何大大改善、汽车产量如何破纪录等。

显而易见，切斯特汽车公司圈内的人并没有按照通常情况下内部人在牛市上的固定方式行事。他们之所以没能够按照通行的方式维持股票价格，可能有两方面的原因。或许内部人没有推高价格是因为他们希望在价格上涨之前积累更多的头寸。然而，只要研究一下切斯特汽车股票的交易规模和交易特征，这种推论是站不住脚的。另一个原因是他们不想推高价格，这是由于他们担心自己为了推高价格而不得不大量买进股票，而他们对此也有所顾虑。

这些人本该接手股票而拒绝接受，那么为什么我应该买进呢？我估算了一下，无论汽车行业其他股票前景是多么繁荣，都应该卖空切斯特汽车股票，这是显而易见的，经验告诉我，买进一只拒绝跟进板块牵头羊的股票要倍加慎重。

我很容易确认这样的事实，内部人不仅没有买进，而且他们实际上是在卖出。还有其他一些征兆也在警示，反对买进切斯特汽车股，尽管我所得到的信号只是关于这只股票与同类股票不一致的市场行为。是纸带再次给了我提示，这也是我卖空切斯特汽车股的理由。在这之后不久，有一天，这只股票大幅下挫，后来我们了解到一则官方消息——内部人的确是在卖出，因为他们对公司状况的恶化了如指掌。像通常一样，原因的披露是在行情崩跌之后。然而警示出现在崩跌之前。我留意的不是崩跌的事实，而是关于崩跌的信号。我不知道切斯特汽车公司到底出了什么问题，也没有追踪所谓的预感，我只知道这只股票一定有什么地方不对劲。

　　就在前一天，我们从报纸上读到被称之为圭亚那黄金公司股票的异常变动的消息。这只股票在街头市场曾以 50 美元或接近于这个价格出售，后来在纽约股票交易所上市。在交易所以大约 35 美元的价位进行初始交易，然后开始下滑，最终跌破 20 美元。

　　其实，我从来不会将这种下滑称为异常变动，因为它的表现完全在预期之中。如果你咨询一下就会了解到这家公司的历史。很多人都知道这段历史。我了解到的情况如下：大约有六七位声名显赫的资本家和一家著名的银行组成了一个辛迪加。其中的成员之一是贝尔岛勘探公司的牵头人，这家勘探公司先期投入圭亚那黄金公司的资金超过 1000 万美元，持有该公司的债券以及圭亚那黄金矿业公司总计 100 万股本中的 25 万股。这只股票一直以分红为基础，广告做得很好。贝尔岛勘探公司的人认为最好是将这些债券和股票变现，他们为 25 万股的转让一事拜访了这些银行家，银行家们打算在市场上安排股票的出售事宜，顺便处理他们自己持有的股票。他们打算委托职业操盘手来控制市场，并将 36 美元交易价以上成交利润的 1/3 作为操盘手的报酬。我了解到这项协议已经草拟并且准备交付签字，但是，就在最后一刻，银行家们决定自己来承办销售事宜，这样就可以省下这笔费用。于是，他们组织了一个内部人集团。银行家们得到贝尔岛勘探公司 25 万股的出价是 36 美元，以 41 美元的价格由内部人购进。这就是说，内部人一开始就支付给他们的银行同仁 5 个点的利润。我不知道他们是否了解这一点。

　　显而易见，对银行家而言，其操作过程是非常有把握的。当时的市场正进入牛市行情，圭亚那黄金公司股票所属板块的股票都是市场的领头羊。该公司赢得一大笔利润，照例派发红利。再加上该公司的出资人都是头面人物，所有这一切都促使公众将圭亚那黄金公司的股票视为热门股。有人告诉我说，他们卖给公众的股票大约是 40 万股，价格一路上扬到 47 美元。

　　黄金板块涨势强劲。然而，目前圭亚那黄金公司的股票却在下滑，跌了 10 点。如果银行家内部人集团正在发售股票，那就不会有什么问题。但是，华尔街很快开始传闻，事情的进展并非尽如人意，该公司的资产质量并不能承受推销者的高额预期。当然，随之而来的行情下跌的原因是很明显的。不过，在此原因公之于众之前，我已经得到警示，并且采取了行动检测圭亚那黄金公司股票的承受力。这只股票的运行和切斯特汽车公司的特征相近。于是，我卖出了圭亚那黄金股。价格开始下跌，我再度卖出。实际上，这只股票重蹈了切斯特汽车股以及其他十几只股票市场表现的覆辙，它们的临床病史我记得很清楚。纸带准确无误地告诉我，一定是什么地方出错了——所以内部人都不想买进，这些内部人确切地知道为什么在牛市行情中不能买进他们自己的股票。另一方面，不知情的局外人却在买进，他们觉得，卖出价曾经在45美元及以上的股票，那么35美元及以下的价位看上去非常便宜。红利照常派发。这只股票的确有利可图。

这时，有新闻爆出。通常，我会先于公众得到其他重要的市场新闻，这次也一样。但是，报告确认的是，钻探到的是贫瘠的矿岩而不是富含黄金的矿石，这不过是让我了解到内部人前期卖出股票的原因。我自己并不是依据这次信息而卖出的，我是依据这只股票的市场行为很早就卖出的。我对它的考虑一点都不复杂。我是一名交易员，所以，我在寻求一种此类迹象：内部人买进。但是并没有出现任何此类迹象。我没有必要知道为什么内部人没有考虑在行情下跌时买进他们自己的股票。他们的市场计划显然没有包括进一步策动市场行情上行，这一点就足够了。据此，卖空股票成为必然的选择。公众买进的股票几乎达50万股，持有者唯一可能发生的变化是，一群无知的局外人希望卖出股票止损，而接手的另一批无知的局外人希望买入这只股票赚钱。

我之所以对你讲述这些，并不是借公众买进圭亚那黄金股票而亏损或者我卖出同一只股票而盈利这件事来炫耀或者说教，而是要强调研究板块行为是多么重要，以及这样的教训如何被一些头脑装备不足的大小交易者所忽略。不仅在股票市场上由纸带发出警示，在商品期货市场上这种警示也同样至关重要。

我在棉花期货交易中有一段有趣的经历。我在股票市场上看空，只建起了适量的空头头寸。同时，我在棉花期货市场上做的也是空头，共计5万包。我的股票交易已经显示了盈利，却忽略了棉花期货。我知道的第一件事就是我的5万包棉花期货交易损失了25万美元。我说过，我的股票交易很有趣，而且我一直做得很好，我也不想在股票市场上分心。无论何时，只要我想到棉花期货，我就对自己说："我要等到行情反弹时平仓。"这时的价格有一点反弹，但是，在我还来不及决定是否止损平仓之前，价格已经再度上涨，而且比以往任何时期都要高。于是，我决定再继续等待片刻，我必须让思绪回到我的股票交易上，倾注我的注意力。最终，我轧平了股票头寸，获得一笔相当可观的利润，然后离开了市场，去温泉胜地疗养度假。

这实际上是我第一次可以让心思从股市上释放出来，处理我在棉花期货交易上的损失。这次的交易对我不利。有几次，我几乎觉得自己能赢回来。我注意到，无论何时，只要有人重仓卖出，价格就有明显的回落。然而，随后价格几乎即刻开始上涨，并再创这波行情的新高。

最终，就在我到达温泉度假的几天之后，我的亏损达到糟糕的 100 万美元，这还没有将上涨的趋势考虑在内。我将前前后后的交易过程想了想，包括采取的行动和未采取的行动在内，我对自己说："我一定是做错了！"对我而言，感觉到自己做错了和决定平仓出市实际上是同一个过程。于是，我平仓了结，损失大约 100 万美元。

第二天早晨，我去打高尔夫球，什么都不去想。我已经完成了棉花期货的交易。我已经做错了，我也为自己的错误付出了代价，付款收据就在我的口袋里。我不再为棉花期货市场而烦心，就像此刻一样。当我返回酒店吃午饭的时候，顺便在经纪行的营业所驻足，看了看报价板。我看到棉花期货价格下跌了 50 点。这不算什么。然而，我还注意到，棉花期货的价格并不像过去几周之内的习惯性表现那样，只要特定抛售向下的压力一减轻就会有上涨。这说明，最低阻力线是向下的，我对此视而不见，从而付出了 100 万美元的代价。

无论如何，我平仓造成的极大亏损的理由不再是一个很好的理由，因为并没有出现通常的即刻和有力的上涨。所以，我卖空 1 万包，而后等待。市场很快就下跌了 50 点。我稍等了一会儿，还是没有变化。此时的我已经是饥肠辘辘了，于是，我走进餐厅，点好了午餐。服务员还没来得及上菜，我就跳了起来，跑到经纪行的营业所，我看到价格还是没有上涨，就卖空了另外 1 万包。稍等了一会儿，开心地看着价格下跌了 40 点还多。这说明我这次交易是正确的，所以，我回到了餐厅，吃完我的午餐后，重新回到经纪行的营业所。当天的棉花期货价格没有上涨。就在那天晚上，我离开温泉度假胜地。

打高尔夫球当然其乐无穷，然而，我卖出棉花期货的交易却一直在出错，无论是卖空还是平仓时，我都有失误。所以，我干脆返回市场，回到我可以纵情交易的场所。我卖出第一个 1 万包的市场表现促使我卖出第二个 1 万包，第二个 1 万包的市场表现使得我确信行情有了转折。区别在于不同的市场行为。

就这样，我抵达华盛顿，到了经纪公司的营业所，这里由我的老朋友塔克负责。当我到了那里，市场行情已经在下跌。我认为自己目前交易正确时的信心胜过我做出错误决定时的信心。于是，我又卖空了 4 万包，市场随之下跌了 75 个点。这表明市场并没有任何支撑的力量。当晚的市场还是在低价位收盘。原来的买进力量显然已经消失了。我没有办法知道，在何种价格水平上才能再度聚集这股买进的力量，但是，我对自己明智的头寸操作非常有信心。第二天早晨，我离开了华盛顿，驱车前往纽约。心情轻松，也没有必要匆忙地赶路。

当我们到达费城的时候，我顺路开到一家经纪行的营业所。我看到棉花期货市场正在大规模地清算。价格急剧下挫，出现一波小规模的恐慌。不等我回到纽约，我就通过长途电话联系我的经纪商，轧平了我所有的空头头寸。我一接到交易报告就发现，我实际上已经弥补了我之前的亏损。我一路赶往纽约，而没有在半路上停下来查看行情。

一些和我一起在温泉度假胜地的朋友们至今还在谈论我如何从午餐的餐桌旁跳起来，赶往交易所卖出第二个 1 万包棉花期货的故事。很清楚，这一次也不是什么预感。这是一种冲动，这种冲动来自于对卖出棉花期货的时机到来的一种判断，无论我以往的错误有多么严重。我必须利用它，这是我的一个机会。我在潜意识中或许一直都在思考，并得出结论。在华盛顿卖出棉花期货的决策是我观察的结果。我多年的交易经历告诉我，最低阻力线从上升变为下降。

我并没有因在棉花期货市场上亏损 100 万美元而耿耿于怀，我也不怨恨自己在这场交易中所犯下的错误。同样也不会因在费城平仓弥补了损失而骄傲。我的头脑关注的是交易问题。我想我有资格断言，我能够弥补最初的亏损，这要归功于我的经历和记忆。

18
市场操作者

　　华尔街总是在不断地重演着它的历史。你是否还记得我讲过的一个故事？是关于我如何在斯特拉顿已经操控玉米市场的情况下买入轧平空头头寸。其实，另外还有一次，我几乎是在股票市场上如法炮制。那只股票是热带贸易公司的股票。我既做过多头，也做过空头，均有盈利。它一直是一只非常活跃的股票，备受喜欢冒险的交易者的青睐。圈内人常常受到报纸的抨击，指责他们更关心股票价格的波动，而不是鼓励对这家公司的长期投资。前几天，我认识的一位非常有才干的经纪人曾断言，即便是丹尼尔·德鲁在伊利湖公司股票上的操作，或者是 H.O·哈夫迈耶在糖业股票上的运作，都不及马利根总裁和他的朋友在热带贸易公司股票上的出色表演，他们对这只股票的操作几乎是完美无缺的。有很多次，他们鼓励交易者们对热带贸易公司股票卖空，随后用商业化的手段彻底地挤压这些卖空者。没有比这次"液压机"似的操作过程更加狠毒的了——或者说，也没有什么比这样的行为更令人作呕的了。

　　当然，每当谈到热带贸易公司的市场表现，有些人就会议论起所谓"令人作呕的事件"。不过我敢说，批评者显然都是在热带贸易公司股票逼空操作中的受害者。为什么这些场内交易者如此频繁地落入内部人设局的圈套，却依旧乐此不疲，还要继续参与这种游戏？原因很多，其中有一点就是，他们喜欢这种游戏，从热带贸易公司股票的交易中，他们得到了某种满足。这只股票总是不甘寂寞，不会长时间地保持沉寂。没有什么原因，也不会有人给予解释，你甚至无需浪费时间想这些，也用不着耐心或紧张地等待内幕消息的披露。市场上总有足够多的股票在流通——除非做空的头寸大得足以使他们认为制造流动性短缺来逼空是值得的，总会有人上当受骗。

这事发生在一段时间以前，我当时还在佛罗里达，像往常一样在冬季来南方避寒度假。我忙着钓鱼，享受着垂钓的乐趣，不去想任何关于股市的事情，除非在收到一沓报纸的时候。有一天早晨，半个星期一次的邮件送到了，我打开载有股票行情的版面，看到热带贸易公司股票的卖出价是155美元。我想上次我看到的报价大约是140美元。我的看法是，市场正在进入一轮下跌的行情，我正在等待时机做股票空头。不过，用不着急于冲进市场。所以，我心安理得地忙着钓鱼，远离报价机的声音。我知道我要在市场真正发出召唤时返回去。在这期间，无论我做了什么或没做什么，都不会加速市场的发展进程。

那天早晨，我从报纸报道的消息了解到，热带贸易公司股票的市场行为有其显著的特征。可以据此将我对整体看空的想法具体化，因为我觉得内部人在面对总体市场普遍沉闷的情况下推高热带贸易公司股票的价格是非常愚蠢的。有时候，挤压市场是要适可而止的。一些异常因素在交易者的考量中极少是合意的，在我看来，此时推升这只股票的价格是极大的错误。没有人可以犯这么大的错误而免受惩罚，在股票市场上更不可能。

读完报纸之后，我继续钓我的鱼，然而脑子里却在思考内部人在热带贸易公司股票上究竟意欲何为。他们这样做是注定要失败的，就像一个人不带降落伞从20层楼上跳下来必然要摔成肉饼一样。除此之外，我想不了别的事情。最后，我终于放弃了钓鱼，给我的经纪人发了一封电报，以市价卖出了2000股热带贸易公司的股票，到了此时，我才算能安心地回去钓鱼，而且大有收获。

当天下午，我的电报有了回复，是特别通讯员送来的。我的经纪人报告说，他们卖出2000股热带贸易公司股票的成交价为153美元。到目前为止还算不错。我是在市场行情下跌时卖出空头，照理说是应该这样做的。不过，我无法在这里继续钓鱼了，这个地方离报价板太远。在我开始分析出热带贸易公司的股票应该随大市下跌而不是在内部人操控下独自上涨之后，就更觉察到离报价板太远，鞭长莫及，无法直接感受市场律动的脉搏。于是，我离开了钓鱼营地，回到棕榈滩，或者更确切地说，是恢复与纽约的直接联系。

就在我抵达棕榈滩的那一刻，我看到那些误入歧途的内部人还在做着最后的挣扎，我将第二批 2000 股热带贸易公司的股票甩给了他们。很快就收到 2000 股成交的交易报告。市场表现得非常精彩。我的意思是，在我卖出时，市场行情应声而跌。件件事情都很完美，我走出去透了透气。然而，我心中不快。想得越多就越难开心，我觉得卖得还不够多。于是我返回经纪公司的营业所，又卖出了 2000 股。

直到我卖完这 2000 股，我才觉得舒心了。此时，我已经积攒了 6000股的空头头寸。然后，我决定返回纽约。现在我有生意要做了，钓鱼可另择他日。

当我抵达纽约的时候，我特别留意了一下热带贸易公司的经营状况，包括实际运作和未来的前景。我对情况的了解坚定了我的信念，那些内部人变本加厉，在得不到大市的支持或公司盈利支撑的情况下推高价格是不合理的。

这种不符逻辑和不合时宜的价格推升，还是吸引了一些公众的跟风，这种受追捧的局面无疑鼓励了内部人继续推行不明智的策略。因此，我卖出更多的股票。那些内部人终于停止了自己荒唐的行为。于是，我根据自己的方法一次又一次地检测市场，直到最后，我已经持有 3 万股热带贸易公司的股票。当时的价格是 133 美元。

有人警告过我，热带贸易公司股票的内部操控者确切地知道他们的每一只股票在华尔街的下落，也知道每一位空头交易者确切的交易规模和身份，以及其他有战术意义的事实。他们都是些很有能力的人，也是精明的交易者。总之，这是一种危险的组合，很难对付。但是，事实终究是事实，我最强大的同盟是市场条件和走势。

当然，从 153 美元滑落到 133 美元的过程中，市场上的空头头寸有所增长，在价格回落时买进股票的公众开始像通常那样，有了新的考虑：这只股票曾经在 153 美元的价位上被认为是值得买进的股票，现在低了 20点，买进的时机毫无疑问是更好的。同一只股票，同样的分红率，同一批管理者，同样的业务。太便宜了！

公众的购买减少了市面上的供给，内部人知道许多场内交易者都持有空头，认为到了挤压空头者的有利时机了。很快，价格扶摇直上到150美元。我敢说，有大量空头者在买入平仓，我照例不为所动。为什么我可以沉得住气？内部人也许知道还有3万股的空头头寸尚未平仓，然而这一点会威胁到我吗？当初，我在153美元的价位上卖空，后来在价格下跌到133美元时照样保持不动，驱使我这样做的理由不仅依然存在，而且比以往任何时候都更加强烈。那些内部人或许期待能够迫使我平仓，但是，他们没有任何令人信服的理由。基本的市场条件是站在我这一边的。无所畏惧和耐心守候对我而言是不难做到的。投机者必须对自己有信心，也要对自己的判断充满信心。已故的迪克森·G·沃茨，即纽约棉花期货交易所的前任理事长，是名著《投机是一门精美的艺术》的作者，他曾经说过："投机者的勇气不过是将自己经过思考而做出的决策付诸行动的信心。'对我而言，我不惧怕犯错误，因为除非市场证明我是错的，否则，我从来不认为自己在犯错。事实上，如果不能把经历转化为获利的资本，我便心有不安。特定时间的市场进程并不足以证明我是错误的。市场行情的上涨或者下跌的特征决定了我的市场头寸是正确还是谬误。我只能伴随知识而成长，如果我被击败，那必定是我自己的错误所致。

因此，从133美元上涨到150美元的市场特征并没有让我感到恐惧而平仓出市，正如预期的那样，当前这只股票的行情又一次开始下降。在内部人集团还没来得及提供支撑时，股价已经跌破140美元。就在内部人买进的同时，市场开始泛滥着看好这只股票的传言。我们听说"这家公司正在赚取令人难以置信的利润，因而可以合理地认为定期分红率将有提高"。此外，据说"空头头寸的数额在巨额增长，世纪大挤压足以让空头一方遭受沉重打击，尤其是某个特定的持仓过度的交易者将受到重创"。我很难细说我听到的所有传言，这时，他们将市场价格推高了10点。

对我来说，这种操控并不构成特别的威胁，当市场价格触及149美元的时候，我决定不去听任华尔街将周遭流传的看好谣言当做事实而全盘接受，那是非常不明智的。当然，我和其他局外人都没什么可说的，因为无论怎样解释都无法安慰那些受到惊吓的空头者，也不能说服那些在佣金经纪行中凭道听途说的贴士而交易并轻信别人的客户。最有效和有力的反驳就是纸带报价机所打印出来的行情。人们宁愿相信纸带，而信不过任何一位大活人信誓旦旦的保证，尤其是出自做空了 3 万股的交易人之口，就会觉得更不可信了。所以，我采用了对付斯特拉顿操控玉米市场时的同一种策略，那时，我卖出燕麦引导交易者看空玉米。这次我依靠的还是我的经历和记忆。

当内部人抬高热带贸易公司股票的价格恐吓空头交易者时，我并没有通过卖出股票来制止价格的上涨。我已经做空了 3 万股，这在市面上流动的股票中占有很大的比例，我认为持有这个比例的空头是很明智的。我不想将自己的头伸进他们善意设好的圈套之中——第二轮行情的上涨的确是一次急迫的邀请。我的做法是，当热带贸易公司股票的价位触及 149 美元的时候，我抛出了 1 万股赤道商业公司的股票。这家公司在热带贸易公司持有大批股份。

赤道商业公司的股票并不像热带贸易公司的股票那么活跃，随着我的卖出，价格应声大幅下挫，正如我所预计的那样。当然，我的目的达到了。那些交易者——佣金经纪行的客户们，他们还沉浸在那些自圆其说的有关热带贸易公司的利好传言中，当看到在热带贸易公司股票行情上升的同时，赤道商业公司的股票却被大量抛出，而且价格急剧下跌，他们自然就会得出结论，热带贸易公司股票的坚挺不过是烟幕弹——很明显是人为策划而操控的上涨行情，旨在掩护内部人对赤道商业公司的股票变现，而这家公司是热带贸易公司的最大持股者。两者必然都被有意推高，而且，赤道贸易公司也被内部人操控，因为局外人做梦也不会想到在热带贸易公司股票行情大涨的这一刻卖空这么大的头寸。于是，他们开始卖出热带贸易公司的股票，阻止了这只股票的上涨，内部人这次做得倒是很恰当，并不希望承接所有争相出售的空头头寸。当内部人放弃支撑热带贸易公司股票行情的那一刻，价格立即滑落。交易者和主要的佣金经纪行开始卖出赤道商业公司的股票，我借机买入平仓，稍有获利。我卖出这只股票不是为了通过这次操作盈利，而是为了阻止热带贸易公司股票价格的上涨。

热带贸易公司的内部人和他们勤奋的公关人员一次又一次地向市场倾

泻各种利好消息。每次传来这样的消息时，我都会卖出赤道商业公司的股票，在热带贸易公司股票行情有所反应时买入平仓并持有赤道商业公司的股票。终于，操控者的风头大减。热带贸易公司股票的价格最终下滑至125美元，空头头寸扩张的实在太大了，以至于内部人还可以将价格推高20或25点。这一次，由于空头头寸过度扩张，驱动价格上涨具有足够的合理性，不过，当我预见到这波的上涨行情时，我没有平仓，我不希望丧失自己的立场。在赤道商业公司的股票尚未来得及追随热带贸易公司股票一道上涨之前，我卖掉了大量的赤道商业公司的股票——得到了通常情况下应有的结果。这就戳穿了有关热带贸易公司股票利好的谎言，而这些谎言在最近一波令人惊异的上涨之后一度喧嚣不已。

这一轮交易之后，总体市场已经变得相当疲软。我说过，因为我确信熊市摆在眼前，所以，我在佛罗里达钓鱼营地时就开始做热带贸易公司股票的空头。我还做了其他股票的空头，但是，热带贸易公司股票是我的最宠。最终，整体市场条件施加了太多的压力，以至于内部人无力抗拒，热带贸易公司的股票行情如同坐上雪橇一样滑落了。这只股票跌到了120美元以下，是数年来的第一次，后来又落到110美元以下，在它跌落到与票面价值持平时，我依然没有平仓。直到有一天，整个市场极度疲软时，热带贸易公司的股票行情跌破90美元，在其锐气大减时我买入平仓。基于同样的理由！我拥有机会——市场资金容量很大，在疲软的状态下，空头交易者大于多头交易者。我或许应该告诉你，即使这样做可能是在冒险——被误认为我在不厌其烦地夸耀自己是多么聪明。我要说的是，我买入3万股热带贸易公司股票的成本价是这波行情中最低的。但是，我并没有想在底部平仓，我的意图是将我的账面利润转化为现金，而且希望在转化中不会有任何亏损。

我在整个过程中始终坚守不发，因为我了解自己所持有的理由充分的立场。我没有对抗市场趋势的意图，我不打算违背基本的市场条件，我做的正相反，正因为如此，我对内部人的过度自信必然导致失败这一点确定无疑。他们试图做的事情，其他人在此之前也尝试过，结局总是失败的。即使我和其他人一样清楚，频繁的上涨行情一定会出现，但是，我不会为这种威胁所动。我知道，只要坚持到最后，其结果要比试图平仓后以更高的价格建立新的头寸要好得多。我觉得自己是对的，所以始终保持原有的头寸，最后的利润超过了 100 万美元。我并不是凭预感或者娴熟的纸带阅读技巧以及鲁莽的勇气而取胜的。这是我坚信自己的判断而得来的回报，而不是来自于我的聪明或自负。知识就是力量，有了这样的力量无需惧怕谎言——即使这种谎言来自于行情纸带。就这样，市场的收缩迅速随之而来。

一年以后，热带贸易公司股票的价格再次抬升到 150 美元，并在这个价位上徘徊了几个星期。整体市场呈现的回落迹象已经很明显，因为市场经历了一个顺利的上涨行情，牛市不可能再持续下去了。我了解这一点是因为我已经进行了检测。这时，热带贸易公司股票所属的板块都处在非常不利的经营状态下，无论怎样，我看不出有任何支撑这些股票行情上涨的理由，即使市场的其他股票价格会上涨，更何况大市的趋势并不乐观。所以，我开始卖出热带贸易公司的股票。我的意图是，一次抛出 1 万股。价格随我的抛出而应声跌落。我没有看到任何支撑市场的力量。随后，市场上买进一方的特征突然间发生了变化。

我并没有试图把自己装扮成魔法师，不过，我向你保证，在支撑力量进入市场的瞬间我立即就辨认出来了。这马上引起了我的注意，我想是否是内部人对这只股票做手脚，这些人从来不会觉得他们对维护股票价格的涨势负有道义上的责任，却在面对大市下跌的情况下买进这只股票，其中必有原因。他们既不是无知的蠢驴，也不是信奉博爱主义的慈善家，更不是为了在场外柜台交易中卖出更多证券以维持股价的投资银行家。尽管我和其他人都在卖出，价格还是在上涨。我的 1 万股分别在 153 美元和 156 美元的价位上平仓，我实际上已经成了这只股票的多头，因为就在这个时候，纸带行情告诉我，最低阻力线已经上移。我对整体市场是看空的，但是，我所面对的某一只股票的交易条件却与一般的投机理论不符。这只股票的价格冲出人们的视线，直升到 200 美元。这在当年是一桩奇闻。报纸上发表连篇累牍的评论，说我这次被挤出了 800 万~900 万美元，这实在是太恭维我了。实际上，我非但没有做空热带贸易公司的股票，反而一直持有这只股票的多头。事实上，我持有的时间太久，所以放掉了一部分的账面利润。你想知道我为什么会这么做？因为我觉得，如果换位思考的话，热带贸易公司股票的内部操控者很自然地会按照我的方式来做。但是，我没有想过我的生意和他们相关，因为我的生意是交易——就是说，我坚持分析摆在我面前的事实，而不会去想其他人应该怎么做。

19

逼空行为

　　说到"操作"一词，我不知道是在何时、由何人第一次把它与股票交易所大批量买卖证券的行为联系在一起的，实际上，这里通行的是与其他市场同样的交易操作过程。研究市场，低价买进股票，并积累头寸，这一过程也被称为操作。但是，操作与操纵是有差别的。操作无需自甘堕落、采取非法手段，当然，要完全避免一些被称为非法的事情是很困难的。如果你在牛市上打算买进一大笔股票，怎样才能避免由于你的买进而推高价格呢？这就是一个问题。如何解决？这取决于很多的因素，你无法给出一个整体的解决方案，你只能说"或许可以通过熟练操作来解决。"具体怎么做呢？这要依赖于具体条件。你不可能给出比这种答案更具体的解决方法了。

　　我对我的交易经历的各个阶段都抱有浓厚兴趣，当然，我从他人的交易中所学到的经验和我自己摸索来的经验一样多。不过，如今要从经纪行营业部下午收市后大家议论的趣闻轶事中学会如何操作股票是非常困难的。过去的大多数诀窍、策略和应急手段都已经过时或者无效了，或者是非法和不可行的。纽约股票交易所的规则和条件也有了变化，有些故事，即便是相当精彩并有着详尽的故事情节——诸如丹尼尔·德鲁、雅各布·里特尔或杰伊·古尔德他们在 50 年前或 75 年前所制造的传奇，在今天也很少有听取的价值了。当今的市场操作者不必再考虑做什么和怎么做，就像西点军校的学员再也不必通过研究古人的射箭术来提高操作大炮的弹道学知识一样。

　　另一方面，研究与人有关的因素还是会受益匪浅——比如，人类的轻信，并倾向于让他们感到愉悦的东西，他们如何允许自己甚至是强迫自己被贪婪所驱使，或者为一般人的草率而付出学费。人类的恐惧与欲望是永恒的，因此，研究投机者的心理因素与以往任何时候一样具有重要的价值。尽管武器换了，但是战略依旧是战略，无论在纽约股票交易所还是在战场上都是如此。我认为，对整个股市最精辟的总结出自托马斯·F·伍德洛克的描述："股票投机成功的原则是建立在一个假设的基础之上，那就是，人们在将来会继续重复过去的错误。"

在经济景气时，便是大批公众参与市场的时期，操作者的数量也是最多的，这个时候从来都不需要注意市场变化的细微之处，所以，如果在这样的时刻浪费时间讨论是操作还是操纵没有任何意义，这就像在雨天试图找出同时落在大街对面屋顶上的雨点之间有什么区别一样。易上当受骗的交易者总是指望免费午餐，在所有景气的阶段，他们从来都不加掩饰地被所有的景气所吸引，贪婪唤起赌博的天性，也被蔓延的繁荣所驱使。寻求一夜致富的人们最终不可避免地为追求这种特权而付出代价，这也确切地表明，这种特权在地球的红尘中是不可能存在的。最初，当我听说一些旧时代的交易和手段时，我通常会想，19 世纪 60 年代和 70 年代的人总是比 20 世纪初的人更容易上当受骗。然而，我可以保证，今天或者明天，你总是可以在报纸上读到一些诸如此类的新闻，如最近的庞氏骗局①，或者某间对价行被查封，或者上当受骗者的几百万美元的资金汇集于沉默的大多数②，瞬间消失的无影无踪。

当我第一次来到纽约时，人们谈论虚伪交易和买卖等额指令③时还在小题大做，因为这些交易行为是交易所明令禁止的。有时，虚假交易实在太粗陋，以至于很难掩人耳目。经纪行会毫不犹豫地宣布，"虚假交易非常活跃"，无论什么人试图抬高这只或那只股票的价格，他们都会这么说。我前面说过，他们不止一次开诚布公地谈到"对价行偷袭"。这是指某只股票在

---

① 庞氏骗局（Ponzi），是指以投资基金为掩饰的骗局。2009 年，投资界名人麦道夫（Bernard Madoff）的巨额诈骗案之后，美国揭发了更多以投资基金为掩饰的庞氏骗局，因为经济衰退令人们想拿回投资本金，以致投资骗局一个接一个浮现。
② "沉默的大多数"（silent majority），是指占美国人口大多数的政治上无发言机会的美国人。
③ 买卖等额指令（matched orders）等同于虚伪交易（wash sale），亦称虚买虚卖指令。它是指委托一名股票经纪人在证券市场上用同样价格买进、卖出相同数量股票、证券，意在制造市场形势的假象，属非法操纵行为。

瞬间下跌 2 点或 3 点，只是为了在行情纸带上留下价格变动的痕迹，这样一来，对价行就可以将无数做这只股票空头的小额交易者洗劫一空。至于买卖等额指令，他们采用这类指令时总会有所顾忌，因为经纪行之间很难协调或者同步操作，所有这些交易方式都是违背股票交易所规则的。几年前，有一位著名的操盘手在他的买卖等额指令中取消了卖出指令部分，却没有取消买进指令部分，其结果，一位不明就里的经纪商在几分钟之内就将价格推高了 25 点左右，当他的买进一停止，只见股票价格迅速跌回原点。买卖等额指令原本的意图是人为地创造交易活跃的假象。采用如此不可靠的手段进行交易，这样的生意显然做不好。你看，你甚至不能对你认为最好的经纪商抱有足够的信心——当然不能，如果你要他们继续保留住纽约股票交易所会员资格的话。而且，如今制定的税法涉及所有的交易，包括虚假交易在内，这使得交易成本比旧时代的人采用虚假交易手法所花费的成本要高得多。

词典中对操作的定义包括逼空[④]行为。如今的逼空也许是操作市场的结果，或许是竞争性买入的结果，比如，1901 年 5 月 9 日，对北方太平洋铁路公司股票的逼空原因很明显并非来自操作市场。在斯图茨逼空事件中，有关各方都付出了惨重的代价，无论是从财务上还是在声誉上都是如此。显然，这并不是蓄意策划的逼空事件。

实际上，在大量的逼空案例中，极少案例表明始作俑者可从中渔利。康门多尔·范德比尔特两次在哈勒姆铁路公司股票上逼空都大有收获，但是，100 万美元的盈利是这位老操盘手应得的，那是从许多赌徒、不诚实的立法者和企图欺骗他的参议院手中得来的。另一方面，杰伊·古尔德在逼空西北铁路公司股票时亏损。S.V·怀特执事逼空拉克万纳铁路公司的股票时获利 100 万美元，而吉姆·基恩在汉尼拔－圣乔铁路公司股票上的逼空操作中则亏掉了 100 万美元。逼空行为在财务上的成功当然取决于逼空者能否以高出成本的价格卖出积累起来的持仓，并且空头的规模要达到一定水平时才可能发生。

---

④ 逼空（corner），是指对于那些空仓的投资者或是机构，多方快速拉升，不给其建仓的机会，迫使其在高位建仓，减少其价格差异收入的操作方法。

我常常感到困惑，为什么在半个世纪以前逼空者在大操盘手之中如此流行。他们都是精明强干的人，经验丰富，头脑清醒，不会天真地相信同行的交易者怀有博爱之心。然而，他们上当受骗的案例达到惊人的频率。有一位聪明的老经纪商曾经告诉我，在 19 世纪 60 年代和 70 年代，当时所有的大操盘手都有一个野心，就是要做一次逼空。在很多情况下，这都是自负的产物，有时也可能出自报复的欲望。无论如何，如果有人被指出来是成功逼空这只或那只股票的人，实际上是被认可为有头脑、有胆略和有心计的人。这就给予逼空者一种高贵的特权，他可以心安理得地接受同行们的喝彩，就好像这一切都是实至名归。逼空的始作俑者竭尽全力所追求的不只是赢得利润的前景，而且还有一种唯我独尊的感觉，这也表明了这些操盘手冷血的一面。

狗咬狗是那个时代某些人的品味和乐趣所在。我想我已经告诉过你，之前我不止一次地设法逃脱被逼空的境地，不仅是因为我拥有神秘的报价机预感，而且还因为在一般情况下我能够说出某个时刻股票买进的特征，并据此判断是否适合我继续做空。我是通过常识性的测试得出的，这个方法在旧时代有人用过。老丹尼尔·德鲁就惯于逼空那些年轻人，迫使他们为伊利湖公司的股票付出高价，他们将股票卖给了他。后来他自己在伊利湖公司股票上也遭到康门多尔·范德比尔特的逼空，当老德鲁祈求康门多尔的宽恕时，康门多尔冷酷地引用了这位大空头自己的传世格言：

> 他卖掉了不属于自己的东西，
> 要么买回来，要么蹲监狱。

华尔街上已经很少有人记得一位纵横一个多世纪的操盘手，他堪称巨头，能够说明他不凡业绩的主要是一个词——"稀释股票"[5]。

在 1863 年的春季，埃迪森·G·杰罗姆是大众公认的公众监督委员会

---

[5] 稀释股票（Stock dilution）也称股票稀释效应。上市公司增发新股和送红股的行为都会造成股票的稀释。比如，上市公司 A 在外流通的普通股股数是 100 股，当前股价为 10 元/股，现决定增发新股 100 股。也就是说，增发后，流通中的股数为 200 股，而公司市值没变，还是 100 股 * 10 元/股 = 1000 元。增发后，每股价值 = 1000 元/股 ÷ 200 股 = 5 元，即股价稀释为 5 元/股。通常来说，小股东利益将受到伤害。

之王。他们告诉我说，埃迪森的市场贴士被视为如同银行存款一样，具有实实在在的价值。无论从哪一方面来看，他都是一个了不起的交易者，盈利数百万美元。他任意挥洒财富到了奢侈的地步，在华尔街有大批的追随者——直到以"沉默者威廉"而著称的亨利·基普在原南方铁路公司股票上逼空，将他的几百万美元扫光。顺便说一句，基普是罗斯维尔·P·弗洛尔州长的姻亲兄弟。

在大部分旧时代的逼空案例中，操作市场的主要目的是不让其他人获知你在逼空的股票，而对手正在受到各种卖空的诱惑。因此，逼空主要是针对同行中的职业交易者，而一般大众不会被"好心地"列入逼空的行列中。促动这些精明的职业交易人在这类股票上建立空头头寸的原因和当今诱使他们卖空的原因非常相似。除了康门多尔·范德比尔特通过不守信用的政客卖出哈勒姆铁路股票逼空之外，我还搜集了其他的案例报道，我了解到，职业交易者卖出股票是因为股价太高。而他们认为股价过高的理由是，以前从来没有达到这么高的价位，所以，是因为股价太高以至于不能再买进了，那么既然太高而不能买进，那么就是卖出的时机。听上去很合时尚，不是吗？他们想的都是价格，而康门多尔考虑的是价值！就是这样，时隔多年之后，老一辈的人告诉我，无论何时，人们想要描述一个一贫如洗的人，就会习惯地说："就是他做空了哈勒姆铁路公司的股票。"

多年前，我碰巧见到杰伊·古尔德的经纪商之一，并和他一起交谈。他很诚恳地向我保证，古尔德先生不仅是一个杰出的人，而且远远超越了过去和现在所有的市场操作者。就是这个人，老丹尼尔·德鲁曾战栗着声音评论他："他的触碰就意味着灭亡！"古尔德一定是一位金融魔法师，否则达不到那样的业绩。这是毫无疑问的。即使过了这么多年，我也能领略到他那令人惊异的巧妙手法，他可以迅速调整自己以适应出现的各种复杂局面，这对一个交易者而言是难能可贵的。他不断地变换进攻和防守的策略，游刃有余，在操作市场的过程中，他更关心的是资产的运作，而不是股票投机。他对市场的操作更的是为了投资，而不是市场的反转。他早就看出，要获取巨额利润，必须拥有铁路，而不是靠在股票交易所的交易厅买卖证券来赚钱。当然，他需要利用股票市场。但是，我推测这是因为股票市场是最容易赚钱和赚钱最快的地方，也是最便捷的融资方式，他需要几千万美元的资金来投资铁路，就像老科利斯·P·亨廷顿，他一直觉得资金短缺，因为除了银行愿意借给他的数目之外，他总觉得自己还需要2000万~3000万美元的资金。只有远见没有资金，仅仅是空想而已，既有远见又有资金，就意味着成就和权力，权力意味着金钱，金钱意味着更大的成就，如此循环往复。

当然，在那个时代，操作市场的并不限于大人物，也有众多小规模的市场操作者。我记得一位老经纪商说过的故事，谈到19世纪60年代早期股票市场上的行为方式和道德准则。

他说道：

"我对华尔街最初的记忆是我第一次走进金融区所看到的情形。我的父亲需要去那里打理一些生意上的事情，因为这样那样的一些原因，他带我同往。我们沿着百老汇大街往前走，我记得在华尔街有一处要拐弯下去。我们在华尔街上走着，就在快到布罗德街或者更确切地说是拿骚街——拐角处现在矗立着银行家信托公司的大楼，我看到一群人尾随着另外两个人。第一个向东走，显出一副满不在乎的神态。另外一个紧跟着他，满脸通红，一只手拿着帽子狂乱地舞着，另一只手握着拳头在空中晃着。他声嘶力竭地喊着：'夏洛克！夏洛克！昧心钱是什么价？夏洛克！夏洛克！'我看见临街的窗户里探出了许多脑袋。那个时代还没有摩天大楼，但是，我敢肯定二三层楼的窗户里伸长脖子看热闹的人都快掉下来了。我父亲向人打听消息，别人告诉了他一些事情，我也没听清。我正忙着拼命拽住我父亲的手，免得被拥挤的人群冲散了。人群越积越多，在大街上被困在人群中的我，感到非常不安。暴怒的人群从拿骚街、布罗德街以及华尔街的各个方向聚集而来。当我们终于挤出人群时，我父亲对我解释叫喊夏洛克的人是谁，我忘记了他的名字，只记得他是城里派系中最大的操盘手，据说他盈利和亏损的数目比华尔街上的任何人都多，除了雅各布·里特尔之外。我之所以还记得雅各布·里特尔的名字，是因为我觉得一个男人叫这个名字很可笑。另一位被称作夏洛克的人，是臭名昭著的锁定资金者。他的全名我也记不起来了，只记得他是一个高个子，瘦瘦的，脸色苍白。在那个时代，这类人惯于通过借款的手法来锁定资金，或者更确切地说，是通过减少华尔街借款者可获得资金的数量来占有资金，他们预先借入，将保付支票拿到手。实际上，他们不会真正提取或动用这笔资金。当然，这就是垄断。我想，这是一种操纵市场的方式。"

我赞同这位老先生的看法。这是一段市场操作的历史，在当今的股票市场上，这样的手法已经销声匿迹了。

20

战略与战术

我本人从来没有和华尔街至今还在谈论的那些股票市场的大操盘手有过直接交谈。我指的不是那些大公司的领导人，而是市场操作者。他们属于我所处的时代之前的人物，尽管在我第一次来到纽约时，有一位声名显赫的人，就是詹姆斯·R·基恩，当时的他鹤立鸡群，如日中天。不过，那时我太年轻，一心想在一家信誉良好的经纪行的营业厅复制我在老家对价行所享有的成功交易方式。也就是在那时，基恩正忙于操作美国钢铁股票——这是他操纵市场的杰作。我当时还没有任何市场操作的经历，实际上，我对市场操作的知识、价值及其意义一无所知，我也不怎么需要了解这类知识。如果说我曾经对它有什么想法的话，我想一定是把它看作是包装更精美的骗术，这和我在对价行所遭遇的骗局是一样的，那些家伙曾对我屡次轮番施展各种骗术。我所听到的这类话题大部分是由推测和疑惑构成的，与其说是理性的分析，倒不如说是胡乱猜疑。

在熟悉基恩的人当中，不止一位曾经告诉我说，基恩是华尔街有史以来所有交易者中最无畏和最出色的操盘手。这在很大程度上说明了他的能力，因为华尔街毕竟曾出现过一批杰出的交易者。尽管现在这些人的名字大多被遗忘了，然而，他们毕竟都是他们那个时代的风云人物——哪怕是一日之王！他们从那些默默无闻的阅读行情纸带的无名鼠辈中脱颖而出，被罩上了金融家的光环。然而，小纸带的作用毕竟有限，不足以长久维持他们的声望，以至于载入金融史册。无论如何，基恩在属于他的那一天，无疑是最优秀的市场操作者——那是漫长和令人兴奋的一天。

他受雇于哈丁兄弟公司的时候，哈丁要求他为糖业股票开拓市场，在这个过程中，他充分利用了对交易知识的了解和做为一个操盘手的经历以及他的天分。他当时正处于破产状态，否则，他可以继续用自己的资金做自营交易，他本来就是一名豪赌客！他在糖业股票交易上做得非常成功，使得这只股票成为受吹捧的热门股，很容易卖出去。在此之后，时常有人请他来管理资产池。据说他在操作这些资产池的时候，从来都不要求或接受管理费，而是像其他加入资产池的成员一样，按份额付酬。当然，对资产池股票的市场运作由他独家代理。他和惠特尼－瑞安派系之间的争执就是由此发难的。操作者很容易被他的合作者误解，他们看不出有些事是操作者不得已而为之的。我是从自身的经历中体会到这一点的。

　　遗憾的是，对于他这次最出色的功绩，基恩没有留下精确的记录——对 1901 年春对美国钢铁公司股票交易的成功操控。根据我的理解，基恩从来没有就此事与 J. P·摩根面谈过。摩根公司是通过塔尔伯特·J·泰勒公司来交涉此事的，基恩将自己的总部设在泰勒公司的营业部。塔尔伯特·泰勒是基恩的女婿。我确信，基恩从工作中得到的回报，肯定包括了他在交易过程中所体验的乐趣。那年春天，他为推动行情上涨助了一臂之力，交易利润为几百万美元，此事人人皆知。他告诉我的一位朋友说，他在公开市场上用几周的时间为股票承购团卖出了 75 万股股票。考虑到两个因素，这成绩不错：第一，这是一家公司初次发行并上市的新股，尚未经受市场的考验，公司的资本总市值比当时美国政府的全部债务还要大；第二，D. G·里德、W. B·利兹、摩尔兄弟、亨利·菲利普斯、H. C·弗里克和其他一些钢铁巨头也在利用基恩所助推的同一个市场，并在同一时间向公众发售成百上千万的股票。

　　当然，市场的基本条件对基恩有利。这不仅仅是指实际的商业形势及乐观的情绪，还有对他源源不断的资金支持，都增加了他成功的可能性。我们所面对的不只是一个巨大的牛市行情，还有经济景气的局面以及高昂的精神状态。这些证券并没有完全被市场所消化吸收，于是，发生了后来的恐慌。基恩在 1901 年对美国钢铁公司操作的普通股曾标价为 55 美元，1903 年只能卖到 10 美元，而 1904 年就只能卖到 $8^7/_8$ 美元。

　　我们无从分析基恩当时操作市场的过程。找不到他的著作，也不存在足够翔实的交易记录。如果我们能看到他在联合铜业公司股票交易上的处理手法，将是十分有趣的事情。H. H·罗杰斯在他那个时代曾经是华尔街最精明强干的交易者之一，威廉森·洛克菲勒是整个石油业内最大胆进取的投机商。他们实际上拥有无尽的资源，显赫的声望和多年的股市交易经历。但是，他们不得不求助于基恩。我之所以指出这一点，是要说明有些事情是需要专业人士来做的。联合铜业公司股票曾是广受吹捧的股票，由美国最有实力的资本家控股，但是，却很难出手，除非牺牲部分资金和声誉。罗杰斯和洛克菲勒都是很明智的人，他们决定求助于基恩，认为只有基恩出马才可以解决他们的问题。

基恩马上着手工作。他在市场处于牛市行情时入市，在接近面值的价位上卖出22万股联合铜业公司的股票。在他把内部人的持仓减持之后，公众依然保持着买进的势头，价格上涨了10点。内部人卖出股票后看到公众对这只股票趋之若鹜，也转而看涨。有一则故事讲到，罗杰斯实际上建议基恩做联合铜业股票的多头。如果说罗杰斯有意将股票转嫁给基恩，那也太让人难以置信了。罗杰斯是非常精明的人，他知道基恩不会像驯服的羊羔。基恩的操作方式一如既往——就是说，在行情上涨后下跌的期间大规模卖出。当然，他的战术会随着交易的需要而变动，也取决于每日市场短线趋势的变化。股市有如战场，最好能时刻牢记战略和战术的区别。

基恩的亲信之一——也是我认识的最好的飞线钓鱼手——就在前几天告诉我，在运作联合铜业公司的股票期间，基恩有一天发现自己几乎卖掉了所有的股票——就是说，在推高价格的过程中，他不得不购进一些股票，而现在全部卖光了，第二天，他可能会买回几千股。接下来的一天再卖出，以保持头寸平衡。然后，他就会彻底出市，看看市场是否可以自我调节，同时让市场逐渐独立适应这个过程。当他真正要出售这笔头寸的时候，他正是采取刚才我所讲述的方法：在市场行情下跌期间卖出，公众交易者总在寻求市场的反弹，此外，做空头的人也要在此时买入平仓。

那位基恩的亲信对我说，基恩在操作这只股票期间，他一直伴随基恩左右。当基恩为罗杰斯－洛克菲勒减持头寸，收回2000万到2500万美元的资金时，罗杰斯派人送来一张20万美元的支票。这让我想起了另一则故事，一位百万富翁的妻子在大都会歌剧院遗失了一条价值10万美元的珍珠项链，剧院清扫女工捡到这条珍珠项链后完璧归赵，而这位尊贵的百万富翁的妻子给了那女工 50 美分作为酬谢。基恩原封不动地退回那张支票，并很有礼貌地附了一张便条，他写道，他并不是股票经纪商，不过，他很高兴为他们服务。他们留下支票，回信道，他们很乐意再次跟他合作。在那以后不久，H.H·罗杰斯好意地给了基恩一个贴士，要他在 130 美元左右的价位上买进联合铜业公司的股票！

一位卓越的操盘手！詹姆斯·R·基恩！他的私人秘书告诉我，当市场按照他的预期在演变时，基恩先生会显得性情暴躁，那些了解他的人都说，他发怒时常常会妙语连珠，发表一些带嘲讽的警句，而这些警句会在听者的脑海中萦绕日久。然而，当他亏损的时候，他却显得风趣幽默，举止优雅，和蔼可亲，机智诙谐。

在世界各地具有强悍心理素质的成功投机者当中，基恩达到了极致。显然，他从不和纸带争辩。他是勇敢无畏的，然而从不轻率鲁莽。一旦发现自己做错了，他能够而且也做到了在瞬间调转方向。

从基恩的时代起，股票交易所的规则已经发生了太多的变化，新规则的实施也比过去严格得多，对股票买卖及其收益的征税也增加了很多新的税种，等等不一而足，这样一来，股票交易似乎与以往有很大的不同。基恩曾经灵活运用并持续盈利的那些技巧已经不再适用了。管理者也向我们保证，华尔街的商业道德已经达到了一个更高的水准。尽管如此，可以公允地说，无论用金融史上哪个阶段的标准来衡量，基恩无疑都是杰出的市场操作者，因为他是一位卓越的股票操盘手，深谙股票投机之道。他之所以取得骄人的成绩，就在于他可以顺势而动，在当时的市场条件允许的情况下做到最好。如果基恩是在 1922 年接手那些业务，那么，他会获得与 1901 年或者 1876 年同样的成功。他是在 1876 年从加州来到纽约的，两年内赚取的利润达 900 万美元。在这个世界上，有些人的步伐总是快于芸芸众生，他们注定是领先者——无论众生的步伐发生了怎样的变化。

事实上，这些变化并不像我们想象的那么激进。只是回报不像过去那么大，因为工作也没有什么开创性，因此，也不会得到拓荒者那么高的回报。但是，在某些方面，市场操作比过去更容易，而在其他方面要比基恩时代困难得多。

毫无疑问，广告是一种艺术，而市场操作是以纸带为媒介的广告艺术。纸带讲述着操作者希望读者看到的故事。故事越真实，说服力越强，从而广告的效果会更好。例如，当今的股市操作者不仅可以让股票行情看上去坚挺，而且能让它成为事实上的坚挺。因此，股市操作必须建立在稳健的交易原则的基础上。正是这些原则使得基恩成为一位如此不平凡的操作者，当然，他首先是一位完美的交易者。

"操作"一词现在听上去有些恶名昭著了。它需要有一个代称。我认为，若操作的目的只是为了大量卖出股票，那么，操作过程本身并不带有任何神秘的色彩或者诈骗的意味，当然，前提是操作过程中不存在虚假的信息和对公众的误导。一个操作者必须在投机者中间为他操作的股票寻求买主，这是情理之中的。他要转向那些追求资本高回报的交易者，后者因此也情愿承受比常规商业经营更大的风险。有些人明明知道这一点，却总是想轻松赚钱，并因自己交易的失败而指责他人，我对这种人没多少同情心。这种人在盈利和亏损时判若两人，赚钱时自认为聪明如诸葛，亏损时，同道人就成了骗子、操纵者！在这样的时刻，从这种人嘴里冒出来的话常常含有言外之意，即有人在洗牌搞鬼。事实并非如此。

通常情况下，操作的目的是扩充市场能力——在任何时候以某种介位处理大宗股票的能力。当然，在整体市场条件发生逆转的情况下，资产池的管理者会发现，仅靠自身无法卖出股票，除非做出难以接受的价格折让。那么，他们会决定雇用专业操盘手，他们相信专业人员的技巧和经历可以实施有序的出市战略而不至于酿成骇人听闻的大溃败结局。

你会注意到，我所谈到的不是借操作市场尽可能以低廉的价格积累大量头寸的做法，比如，为控制行情而买进，因为这在当今的市场上是不常见的。

当杰伊·古尔德打算确保自己对西联快汇公司①的控制地位时，他决定买入一大笔这家公司的股票。一位名字叫华盛顿·E·康纳的人，已经多年

① 西联快汇（Western Union），是办理快捷汇款的公司，直接将客户的姓名和所在的城市告诉办理人，汇款后会告诉客户一个取款密码，凭身份证就可以直接去当地邮政局取款。

没有在纽约股票交易所场内露面，有一天突然在西联快汇公司的席位上现身。他开始出价买进西联快汇公司的股票。场内的交易者都在嘲笑他——笑他如此愚蠢，把他们想得这么简单——他们开心地将他叫价买进的股票都抛给了他。这个花招太粗陋了，他以为像古尔德先生那样假装要买进西联快汇公司的股票就可以抬高这只股票的价格。这是市场操作吗？我想我只能这样回答："既不是，也是！"

就像我说过的，在大多数的交易案例中，市场操作就是以尽可能高的价格将股票出售给公众。这不仅仅是一个卖出股票的问题，也关系到股票的派发。很明显，无论怎么看，由上千人持有一只股票总比一个人持有好得多——对该股票的市场更有利。因此，一个市场操纵者不仅要考虑将股票卖出一个好的价格，而且要使得股票在市场上具有一定的分布结构。

将股票价格推升到一个很高的水平不见得有什么意义，如果你随后不能引导公众从你手中接过股票，就毫无道理可言。无论何时，每当缺乏经验的市场操作者试图从行情的顶部卖出而失败，交易老手们就会显出一副万能而睿智的模样，告诫你，你可以将马牵到水边，可是没有办法让它喝水。真是聪明到家了！事实上，最好还是记住一条市场操作规则，这条规则是基恩和先行的开拓者们烂熟于心的。这就是：将股票价格尽可能地推向最高点，然后，在价格下跌的过程中卖给公众。

让我从头说起。假如有人——比如一个承购辛迪加集团、一个资产池集团或是个人——拥有大宗股票，希望在尽可能高的价格卖出。这只股票当然是要在纽约股票交易所上市的公司股票。卖出这只股票的最佳场所应该是公开市场，最佳的买入者应该是一般公众。有专人负责谈判有关的发售事宜。他作为一位现任管理人或与前任管理人有关的人——已经试图在股票交易所卖出股票，但未获成功。他要么非常熟悉股票市场的操作，或者很快就会熟悉操作，无论如何，他开始意识到，发行工作对经验和资质的要求远远超过他目前所具备的水平。他本人认识或听说过有几位操盘手已经成功地处理过类似的案例，于是，他决定利用他们的专业技能来完成这项工作。他在他们中间寻求一位可以帮助自己的人，就像生病时要找一位医生或者需要解决专业技术问题时要找一位工程师一样。

假定他听说过我很熟悉股票交易这行，那么，他会多方查访有关我的信息，然后安排与我面谈，在约定的时间里造访我的办公室。

当然，机会就摆在那儿，因为我熟悉股票，懂得股票交易意味着什么。我就是从事这个行业的，理应了解其中的奥妙，我以此谋生。我的来访者告诉我他和他的合作者们的意图，请求我来操作这笔交易。

那么，下面该轮到我说话了。我要求得到所有必要的相关信息，这样我可以充分地了解我工作的内容。我要确定股票的价值，估计市场对这只股票的容纳能力。这个过程再加上我对当前市场条件的解读，反过来会帮助我精确地估量待操作项目成功的可能性。

如果这些信息让我得出了乐观和有利于我的结论，那么我会接受提议，然后告诉他与提供服务有关的条款。如果他能接受我的条件——包括酬金和其他条件，我便立即着手工作。

我通常要求并接受大额股票的买入期权②，考虑到对各方参与者的公平，我坚持逐步设置买入期权的执行价格③。买入期权的执行价格从稍低于现行市场的价位起步，逐渐升高，假如说，我共计得到 10 万股买入期权，股票当前的价格为 40 美元。我从比如 1000 股买入期权并且执行价格为 35 美元的交易开始，随后分别逐笔得到执行价格为 37 美元、40 美元、45 美元和 50 美元的买入期权，以此类推，直到最后执行价格升至 75 美元或 80 美元。

如果我的专业工作有了结果——我是指我的操作，价格在升高，如果在价格的最高点市场对这只股票的需求旺盛，那么，我就可以卖出相当大的一笔标的股票④，之后我自然会行使买入权。我在赚钱，我的客户当然也

②　买入期权（call option）是金融创新工具之一。买入期权赋予其持有者在到期日或到期日之前按一定的价格买入某种资产的权力。

③　执行价格（exercise price；strike price）是期权合约规定好的价格，不论将来期货价格涨得多高、跌得多深，买方都有权利以执行价格买入或卖出。

④　标的股票，即衍生工具交易中的基础工具。比如，股票期权是衍生工具，其基础工具或标的工具就是某只特定股票的交易。

在赚钱，这是名之所归。如果他们为我的技能而付出，他们也应该得到回报。当然，在有些情况下，某个资产池的运作结果也会出现亏损，尽管这种情况十分罕见，一般而言，除非我清楚地预见盈利的前景，否则我不会承接项目。今年我做的项目中，有一两个项目不太走运，没有盈利。不过事出有因，那是另外一个故事了，或许以后可以聊一聊。

要推动某只股票行情上涨，第一步是大造声势，让大家知道上涨行情即将到来。听上去很愚蠢，不是吗？不过，稍微想一想，实际上并不像听上去那么愚蠢，是不是？做广告的最有效方法实际上是促使股票交易活跃和保持市场坚挺，让公众知道你的实际意图。归根结底，大千世界，最有效的公共关系部门是报价机，而迄今为止最出色的广告媒体是行情纸带。我不需要对我的客户引经据典，也没有有必要通知各家日报说明股票的价值，或者对财经评论人说明该公司的经营前景，更不需要寻求他人跟风买进。我要实现上述所有愿望的方法是让股票交易活跃起来。只要市场活跃，自有同步需求给予解释，当然，这意味着，最充分的理由——就发布而言——就是供给自身，根本无需我在其中推波助澜。

交易活跃是场内交易者的唯一要求。只要存在流动性良好的市场，他们就可以在任何价位上买卖任何股票。无论什么时候，只要他们面对交易活跃的市场，他们就能够成千上万股地交易，这些交易者整体的交易能力是相当大的。他们必然是市场操作者所能争取到的第一批买家。他们在股价上升时一路跟随着你，因而在你操作市场的各个阶段都发挥着很大的协同作用。我了解到，詹姆斯·R·基恩惯于雇用场内最活跃的交易者，藉此掩盖市场操作的源头，也是因为他了解这些人是目前最佳的业务推广者和贴士的传播者。他时常给予他们一些买入期权——口头授予，执行价格在市场价格以上，如此一来，他们也许可以做一些对活跃市场有帮助的事情，而后将股票期权变现。他让这些人自己赚取利润。为了得到职业交易者的跟进，我本人所做的事情除了促使某只股票的交易活跃起来别无作为。交易者不会要求的比这更多。当然，最好要记住，这些股票交易所场内的职业交易者买进股票的意图就是为了卖出股票并赚取利润。他们并不刻意收进大笔利润，但必定是能够迅速实现的利润。

我促使股票交易活跃的目的是为了吸引投机者的注意力，原因我已经做过说明。我买进以后再卖出，其他交易者也照此跟进。如果一个人并不是像我这样坚持要求通过买入期权的方式控制这么多的投机性持股，那么卖出的压力不一定很强。因此，买进的压力超越了卖出的压力，公众更多地追随场内交易者，而不是市场操作者。他们实际上是作为买方入市的，我会满足这些急切的需求，就是说，我卖出股票以求平衡。如果市场需求达到正常水平，那么市场吸纳的数量将超过我在操作初期不得不累积的头寸，这种情况一旦出现，我就卖出股票，转做空头——从技术上说是如此。换言之，我卖出的股票多于我实际上持有的股票。对我而言，这样做是绝对安全的，因为我实际上是凭借自己的买入期权来卖出的。当然，当公众对股票的需求放缓之后，这只股票的行情将停止上行。于是，我耐心等待。

比如说，这只股票的行情已经停止上涨了，整个交易日处于疲软状态。总体市场或许在酝酿形成新的回落趋势，或者某位眼尖的交易者注意到我在操作的股票上没有发出买进指令，于是，他卖出股票，他的追随者也在跟进。无论出自何种原因，我操作的股票行情开始下跌。那么，我开始买进。如果这只股票的筹资人对它依然情有独钟的话，就可以支撑这只股票的行情，将其拉升到应有的程度。此外，我有能力支撑这只股票，而且不会堆积头寸——就是说，不会增加随后需要卖出的股票数量。注意，我这样做并没有导致我运作资金的减少。当然，我真正在做的是买入平仓之前在较高的价位上卖出做空的头寸，因为来自公众的需求或来自交易者的需求抑或是二者兼而有之，使得价格得到提升，使得我有可能做到这一点。在股票行情下跌时同样存在着市场需求，让交易者——当然也包括公众——了解到这一点是非常有益的。这种倾向既能抑制鲁莽的职业交易者做空，也可以防止惊恐的股票持有者变现——当一只股票的行情越来越弱的时候，你通常会看到这类的卖出行为，这种情况反过来又会使这只股票的行情由于缺乏支撑而变得更加疲软，这是一种恶性循环。我买入平仓的交易实际上构成了我称之为稳定过程的操作。

　　随着市场的拓展，我当然会在行情上涨时卖出股票，但是决不会阻止价格的上升趋势。这与我的稳定计划是完全吻合的。很明显，我以合理有序的方式在涨势中卖出的越多，对保守的投机者越是一种鼓励，这些人比鲁莽的场内交易员的数目要大得多。不仅如此，在随后不可避免要到来的回落时期，我能够为这只股票提供更多的支撑力量。我一向总是做空，通过这种方式，我可以随时依靠这个地位来支撑这只股票，而不会将我自己置于危险之中。通常，我会在显示利润的价位上开始卖出股票。但是，我也时常在没有利润的情况下卖出股票，只是为了创造或增强买进的力量，我将其称为无风险买进能力。我要做的不只是推高价格，或者为哪一位客户卖出大额股票，而是靠我自己的能力来盈利。这就是为什么我不要求任何客户为我的操作提供资金融通。我的项目收入视我成功的大小而定。

　　当然，我所描述的方法并非一成不变。我从来没有也不会将自己禁锢在一种刻板的体系中。我会根据环境的变化修正我的条款和条件。

　　如果有意分销某只股票，就需要操作市场，使股票价格达到尽可能高的价位，然后卖出。我重申这一点，不仅因为这是一项基本的原则，而且是因为公众显然相信股票售出必然都发生在行情的最高点。有时候，一只股票如同渍水泡胀的物体，再也涨不起来，这便是卖出的时机。随着你的卖出，价格自然应声而落，而且下跌的幅度超过你的意愿，不过一般来说你可以细心调理，让它再涨回来。只要我所操作的这只股票随着我的买入在上涨，我就知道一切随心所愿，如果必要的话，我会很自信地动用我自己的资金买进这只股票而无需担忧资金的风险——准确地说，任何其他股票如果出现同样的趋势，我也会买进。这就是最低阻力线。你还记得我提到的有关最低阻力线的交易理论是不是？所以，当最低价格阻力线出现时，我就跟随阻力线建仓，并不是因为我在这一特定的时刻正在操作这只特定的股票，而是因为我在任何时候首先都是一名股票操盘手。

　　当我的买进没有推升这只股票价格时，我便停止买进，随后转而卖出，使价格下行，同样，即使我不是碰巧在操作这只股票，我也会对同一只股票采取相同的做法。你知道，股票分销的主要过程发生在价格下跌的途中。

在下跌时如果你能脱手那么多的股票，实在是非常不易。

　　我想再次强调，在操作过程中，我每时每刻都没有忘记我是一名股票操盘手。作为一名股票操作者和作为一名交易者所面对的问题是一样的。当操作者不能使某只股票按照自己策划的思路来表现，那么市场操作就应该终结。如果你所操作的股票没有按照应有的方式变化，交易就应该叫停，不要试图与纸带争辩，不要谋求将利润引诱回来，在一切都还来得及的时候终止，至少付出的代价会更低一些。

21

完美的操盘手

我很清楚，像这样泛泛而谈听起来很难给人留下深刻的印象，概述极少能在听众的脑海里留下什么痕迹。如果我讲述一些具体实例，或许能收到更好的效果。下面我就来谈谈我是如何将一只股票的价格推高 30 点的，我在这个过程中只累积了 7000 股，将市场拓展的几乎可以吸纳所有股票。

这只股票是帝国钢铁公司。发行股票的是一些信誉良好的人，市场推广也做得相当出色，这只股票被视为有价值的投资标的。总股本中大约 30% 通过华尔街的几家不同经纪行承购之后，向普通公众发售，然而，在股票上市之后，股票行情始终没有太大起色。不时会有人打听这只股票，这位或那位内部人——最初承购辛迪加集团的成员，会出面说这家公司的收益比预期的要好，公司的前景令人鼓舞。这倒是真实情况，持续下去效果也不错。但是，还不足以让投资者振奋，也缺乏对投机者的吸引力。从投资者的角度来看，这只股票价格的稳定性与分红的持久性还有待证明。这只股票的表现总是很平淡。它的风度实在太过绅士，以至于无论内部人如何大肆吹嘘公司的财务状况，股价都没有出现呼应性的上涨姿态。另一方面，这只股票的价格也没有出现下跌的苗头。

帝国钢铁公司的股票维持着无声无息、无人问津的状态，就好像已经被埋没了。它安于现状，如同其他某些股票一样，因为无人卖出，价格也就没有下跌，市场上没人卖出这只股票的原因在于，如果一只股票分销的效果不佳，就没有人愿意卖空。内部人集团持有重仓，卖空者将不得不完全听任他们的支配。同样，市场上不存在买进这只股票的诱因。因此，对投资者而言，帝国钢铁公司的股票仍然属于投机性股票，然而对于投机者而言，这只股票是无用之物——其行为已经违背了投资者的初衷，就在你买进的那一刻便恰如其分地进入了一种昏睡状态。投资者不得不在一两年之内总是被迫拖着这些沉睡的股票，其间的亏损会远远超过这些股票的价值本身。当一些新的投资机会出现在他的面前，他才确定无误地发现自己被这些无用之物所束缚。

有一天，帝国钢铁公司的承购辛迪加集团中最重要的一位成员，代表他本人和合作方的利益来见我。他们希望为这只股票开发市场，实际上，他们自己控制着尚未分销的 70% 的股票，要求我帮助他们以更好的价格减持股份，他们认为这样做比在公开市场分销可以获得更好的收益。所以，想了解我承接这一项目的条件。

我告诉他，我将在几天之内给予答复。随后，我研究了这项资产。我请了一些专家实地调研了这家公司的各个部门——生产、销售和财务。他们向我提交了独立的调研报告。我并不是要找出这家公司业务的优点或者缺点，而是为了掌握事实，实事求是地了解这家公司的运作。

调研报告显示，这是一份很有价值的资产。公司的前景证明，按当前的市价买入这家公司的股票是有利的——只要投资者愿意稍稍等待一段时间。在目前的市场环境下，这只股票价格的上涨相对于整个市场行情的运动而言，实际上是非常普通与合理的事情——这个过程不过是对未来价值的贴现而已。因此，我看不出有什么理由拒绝接受这个项目，无论出自良知还是自信心，我都应该接手操作帝国钢铁公司股票的上涨行情。

我让我的助手了解我的想法，由他从我的办公室打电话与对方洽谈所有细节。我告诉对方我需要哪些条件。我的服务不要求对方支付现金，而是 10 万股帝国钢铁公司股票的买入期权。买入期权的执行价格逐渐从 70 美元上升至 100 美元。听上去这笔费用不低。但是，他们应该考虑到内部人可以确信他们自身无法在 70 美元的价格上卖出 10 万股，甚至 5 万股都卖不出去，这只股票目前根本没有市场。所有关于帝国钢铁公司的高额盈利和美好前景都没有引来买主，至少没有任何明显的进展。此外，如果我不能让我的客户首先赚取几百万美元的利润，我自己也不可能将我的收费变现。我并没有要求过高的股票销售佣金。我要求的是视销售程度而确定的收费，只要公平合理。

了解到这只股票具有实际价值，而且整体市场行情是上涨的，这对所有的好股票都是有利的。我估计这个项目我应该能做得相当好。我的客户从我陈述的项目设计方案中备受鼓舞，立即接受了我提出的条件，项目在愉快的气氛中启动。

我采取了彻底的防范措施来保护自己。辛迪加承购集团拥有或者说控制了总股本的70%。我让他们将这70%的股份存入一份信托协议①的名下，我无意沦为大股东们倾泻股份的垃圾场。有了这份协议，就可以将大部分的股份安全地捆绑住，这样，我还剩下30%的分散持股需要考虑，当然，这也是我需要承担的风险。有经验的投机者从不会期望全无风险的投资。事实上，余下的未进入信托协议的股份不可能一下子同时倾泻到市场上，正如保险公司的投保人不可能在同一天的同一时间去世是一样的道理。股票市场风险有一份不成文的死亡率统计表，就像人类的死亡率统计表一样。

我已经为避免这只股票交易所发生的风险做好了自我防护，我对项目的操作已做好万全的准备。其目标是要使我的买入期权产生价值。为了达到这个目标，我必须推高价格、做热市场，从而能够卖出10万股帝国钢铁公司的股票——这是我持有这只股票的买入期权的标的股份。

我做的第一件事情是观察有多少股票在价格上涨后会冲进市场。通过我的经纪行可以很容易地做到，他们不必费什么周折就可以确定有多少股票打算按市价或按稍高于市价的价位卖出。我不知道交易所的场内专家是否会将交易指令册上的信息告诉他们。当时市场上的名义价格是70美元，不过，在这个价位上我卖不出1000股。我没有在这个价位看到哪怕一丁点儿的买入需求，甚至价格再低几点也不可能。我不得不再研究一下经纪商提供的情况。不过，这已经足以向我表明，有这么多的股票有待卖出，却有那么小的买入需求。

我在这些点位建仓之后，就开始悄悄接下所有在70美元或稍高价格卖出的全部股票。当我提到"我"这一个字的时候，你应当明白我指的是我的经纪商。这些卖出的股票来自小额持股者，因为我的客户很自然已经取

---

① 股权投资信托（equity investment trust）是指信托机构"受人之托，代人理财"，其核心目标是投资回报，而不是对目标公司进行控制。股权投资信托的实质是资金信托。

消了或许在信托协议绑定之前发出的任何卖出指令。

我不需要买进太多的股票。此外，我知道如果价格上涨的幅度适当，就会出现更多的买进指令——当然也同样会有更多的卖出指令。

我并没有向任何人传递帝国钢铁公司股票看涨的贴士，我没有必要这么做。我的工作就是尽可能寻求能够直接影响人气的最佳传播途径。我并不是说任何时候都不需要进行行情上涨的宣传活动。通过广告宣传一只新股票的价值是可取的方法，既合理又有必要。正如做广告宣传新款毛衣、鞋子和汽车的价值一样是可取的。公众有权获取准确与可信的信息。不过我的意思是，行情纸带已经实现了所有我需要达到的目的。前面曾说过，那些有声望的报纸总是力图对股票市场的运动作出解释，这就是新闻。但他们的读者不仅需要了解股票市场发生了什么，而且还想知道为什么会发生。所以，甚至无需市场操作者动一根手指，金融媒体的写手们就会将所有能够获取的信息和传言统统印刷出来，这些报道也包括收入报告、贸易形势和前景预测，简言之，无论是什么新闻，只要与解释股票市场行情上涨有关即可。无论何时，只要报纸记者或熟人要我谈谈有关一只股票的观点，只要我有任何看法，都会毫无犹豫地和盘托出。我不会主动提供建议，我也从来不传播贴士，其实，对我的操作过程保密没有任何益处。我同时也意识到，最佳的贴士传播者以及最有说服力的推销员就是行情纸带。

当我吸纳了在 70 美元和稍高一些价位卖出的全部股票之后，我释放了市场所承受的压力，这很自然使得帝国钢铁公司股票交易的最低价格阻力线变得更清晰了，这条阻力线明显地上升了。在善于观察的场内交易者察觉到这一事实的那一刻，他们合乎逻辑地推论该股票已经为上行作好了准备，尽管上涨的程度究竟有多大尚不清楚，不过，就他们所了解的事实而言，足以促使他们开始买进。他们对帝国钢铁公司股票的需求完全产生于这只股票明显的上涨趋势——纸带才是绝对可靠的看涨贴士！我立即出手满足他们的需求。我将刚开始从筋疲力尽的持有者那里买进的股票在此时卖出。当然，卖出的过程中要谨慎从事，我卖出的股份也仅限于满足他们的需求。我并没有将我的全部股票强加于市场，也不想使上涨的势头过猛。如果在项目刚启动的阶段就卖掉 10 万股的半数，并不是个好主意。我的工作是要开发一个市场，足以承受我要卖出的全部头寸。

然而，即使我只卖掉了能够满足场内交易者急于买进的需求，市场也同时暂时减少了我自己买进力量的支撑，这是我到目前为止稳步推进的策略。场内交易者的购买也顺势停止了，价格停止了上行。这种情况一出现，失望的多头就开始抛出，或者，对于场内交易者而言，持续的上涨趋势受阻，买进的理由也就消失了。不过，我已经为这轮的卖出做好了准备，在行情的下行过程中，我买回原本在高于现行价格几点时卖给场内交易者的那些股票。我知道，这次的买进必定在下轮止跌回升的时候转而卖出，而且，当价格停止下滑时，就不会再出现新的卖出指令。

然后，我从头开始新一轮的操作。我买进所有在价格上行过程中卖出的股票——当然数量不会太多，股票价格开始了第二轮的上涨行情，起点高于70美元。不要忘记，在此前价格下挫时，有许多曾对天发誓要卖出的持有者并没有按预想卖出，而现在价格比最高点低了3~4点，他们又不情愿卖出。这些投机者总是发誓，如果价格再度上涨，他们一定会卖出无疑。在市场行情上涨的过程中，他们发出了卖出指令，随后便随着价格的变动趋势改变了主意。当然，那些进行保险交易的快手总是可以平仓获利的，对他们而言，利润只有到手才是最安全的。

在此之后，我只需要重复上述过程，交替地买进和卖出，不过，总要使股价不断走高。

有时，在你购进所有卖出的股票之后，其结果是股价的急剧上升，你所操作的股票出现了上涨行情的短暂波动。这便是绝妙的广告，因为这样可以引起众人的议论，由此招揽职业交易者和投机大众中的活跃分子。我认为，这部分人占有很大的比重。我在操作帝国钢铁公司股票时就是这样做的，无论市场行情上涨中产生了多大的需求，我都会充分供给。我的卖出无论是在程度上还是速度上都可以将股价的上涨控制在一定限度之内。在价格下跌时买进，在价格上升时卖出，我所做的不只是提高股票的价格：我实际上正在拓展帝国钢铁股票的市场适销性。

在我操作开始之后，从来都不会出现有人无法自由买卖这只股票的情况；我的意思是，无论买进或者卖出，只要数量合理，都不会引起股票价格的剧烈波动。至于担心多头者在高位被套牢或者空头者被挤压一空，更是没有必要的。职业交易者和公众中有一种信念在逐渐扩散，即帝国钢铁公司股票有一个持久的市场，这在很大程度上增强了市场对这只股票行情的信心。当然，这只股票的活跃也清除了其他种种障碍。其结果，在我买进和卖出成千上万股之后，我成功地以这只股票的面值价格卖出。当帝国钢铁公司股票每股价格在 100 美元时，每个人都想买进这只股票。为什么不？这时，每个人都明白帝国钢铁是只好股票，一直都有利可图，现在依然如此。事实胜于雄辩，帝国钢铁公司股票的价格一直在上升就是明证。一只股票既然可以从 70 美元上升 30 点达到面值价格，当然也可以从面值价格再上升 30 点。很多人就是这样看问题的。

将这只股票价格推高 30 点的过程中，我只累积了 7000 股的多头。这批头寸的成交价格几乎刚好在平均 85 美元的价位上，这意味着 15 个点的利润。不过，我的利润总额要大得多，当然还是指账面利润。这笔利润已经足以让我感到安全，因为我拥有了一个可以卖掉我所有股票的市场。只要谨慎操作，就可以在更高的价格卖出。我拥有 10 万股的帝国钢铁公司股票，执行价可从 70 美元到 100 美元起始并逐步安排的期权。

当时的情形使我难以执行原有的计划——将账面利润转为实实在在的现金。如果我可以这么说自己的话，那么，我应该说，这的确是一次非常完美的操作，十分合理并且成功在握。这家公司的资产确实物有所值。股票的市场价格即使再度上升到更高的水平也是可以接受的。最初的辛迪加承购集团中的一员产生了要确保公司资产控制权的意愿——这是一家拥有丰富资源的著名银行。控制一家像帝国钢铁公司这样的业务兴旺发达并具有良好成长前景的公司，对于一家银行的价值可能比作单一的投资者更大。无论如何，这家公司出价要买下我所有的股票期权。这对于我来说意味着一笔巨额的利润，我当即接受并兑现。如果能够赚取大量的利润，我总是乐意卖出的。我对这次的成交相当满意。

在我卖出 10 万股帝国钢铁公司股票期权之前，我得知这些银行家已经招聘了很多专家对公司的资产进行了更彻底的核查。他们的评估报告足以说明他们对我的出价是合理的。我保留了几千股作为对这只股票的投资，我相信这只股票值得投资。

关于我对帝国钢铁公司股票的操作，可以说所有事情都是合规的和可靠的。只要价格随着我的买入而上涨，我就会知道一切正常。这只股票从未像某些股票那样陷入泥沼。当你买入时，如果没有引起充分的市场反应，只要卖出即可，没有比这更好的贴士了。你应该清楚，如果一只股票还存有任何价值，而且市场条件也适当，那么，你总是可以在价格回落之后再精心调制回来，哪怕它的跌幅达到了 20 点。但是，我在操作帝国钢铁公司的股票时，从不需要采取任何这类的措施。

在我操作的股票中，我从未忽略过基本的交易准则。也许你会纳闷，为什么我一再重复这一点，或者为什么我一直在反复述说这样一个事实：我从不和纸带争辩，或者我从不会因为市场的行为失常而动怒。你可能以为，那些精明的交易者在自己的投机生意中赚取了几百万美元，除此之外，有时还在华尔街的市场上成功地操作，他们已经意识到投机生意的真谛，而且可以在交易中不为情绪所左右。难道你不是这样想的吗？那么，你会感到吃惊的，在我们这些最成功的市场推动者中，有些人的行为时常表现得像脾气暴躁的女人，只因为市场并没有按照他们预想得那样演进。他们似乎将这种情况看作是对个人的侮辱，他们由此而变得失态，同时也失掉了金钱。

华尔街对于约翰·普伦提斯和我本人之间的关系曾有很多传言。这些议论使得人们期待着发生一则戏剧性的故事，据说是一笔股票交易出了问题，一方被欺骗，要么是我，要么是他——损失几百万美元，或者诸如此类的问题。其实，根本不是这么回事。

普伦提斯和我曾是多年好友。他曾在不同时期给过我一些信息，我因此有可能利用这些信息而获利，我也给过他一些建议，他也许采纳，也许没有采纳。但凡他采纳过我的建议，总会节约成本。

他在组织和推介石油产品公司的项目中发挥过重要作用。在首次发行股票取得或大或小的成功之后，总体市场形势有了变化，条件越来越恶劣，新股票的发行并不像普伦提斯和他的合作人预期的那么顺利。当市场的基本条件有了好转时，普伦提斯组建了一个资产池，开始操作石油产品公司的股票。

有关普伦提斯的操作手法我一无所知。他并没有告诉过我他的工作过程，我也没有问过他。但是很明显，尽管他在华尔街有着多年的经历，而且他智慧过人——这是毫无疑问的，然而他的这次操作并无太大建树，而且参与资产池的投资者很快就发现他们卖不出多少股票。他一定尝试过他所知道的每一种方法，因为资产池的管理人并不想请求一个局外人取代自己，除非他感觉到自己无法胜任，一般人不到万不得已时是不愿意承认这一点的。总之，他最终找到我，像老朋友似地寒暄了一番之后，他希望我接手并负责石油产品公司股票的市场操作，卖掉资产池成员的持股，这些持股超过 10 万股。这只股票当时的售价在 102 美元至 103 美元之间。

我觉得事情有些蹊跷，一开始委婉谢绝了他的提议。但是，他坚持要我接受，他以个人的交情请求我这样做，最终我还是同意了。本质上，我不愿将自己和那些我对他们缺乏信心的企业联系在一起，然而，我也想过，一个人对他的朋友或熟人总该承担某些义务。我对他说，我会尽力而为，同时，我也告诉他，我对这件事并没有太大把握，并历数了一些我必须面对的不利因素。然而，普伦提斯听完之后只强调一点，他并没有要求我对资产池的成员担保几百万的利润。他向我保证，只要我接手这个项目，他会设法让所有通情达理的成员对最终的结果表示满意。

就这样，我违背了自己的本意，卷入了这场是非。正如我所担心的那样，我发现这件事情很棘手，这在很大程度上归咎于普伦提斯本人为资产池成员操作这只股票的过程中犯了大量错误。然而，对我最不利的因素是时间。我确信，我们在快速接近牛市行情的终点。因此，普伦提斯一直受其鼓舞的市场条件的改善在目前看来不过是昙花一现的上涨行情。我担心，我还来不及脱手石油产品公司的股票，市场便毫无悬念地转向熊市。无论如何，我已经做出了承诺，我决定全力以赴，苦战一番。

于是，我开始推高股价，稍有成功。我想我可以将股价推升至每股 107 美元或者相近的价位，这已经相当不错了，我甚至能够卖掉部分股票达到收支相抵。尽管卖出的股票不多，但是，我还是很高兴没有再增加资产池成员的持股额。资产池之外的很多人都在等待着股价小幅上涨以便倾销他们持有的股票，而我的出现对他们而言正是天赐之物。如果市场大势转好，我可能会做得更好。只是他们没有早一点找我来操作这个项目，这实在是太糟糕了。我觉得，此时我所能做的就是尽可能地减少资产池成员的损失。

我派人找来了普伦提斯，告诉他我的想法。但是，他开始表示反对。后来我对他解释了我这样做的理由。我对他说："普伦提斯，我能明显地感觉到市场变化的脉搏。你的股票并没有人跟进。只要看看公众对我操作的反应就很容易明白。听我说：当你已经尽全力使得石油产品公司的股票对公众产生尽可能大的吸引力时，你已经给予了这只股票所需的全部支撑，尽管如此，你发现公众还是舍它而去，那么你或许能够断定有什么地方出错了，当然不是股票出了差错，而是市场的形势有变。那么再去强求事情的改观是毫无意义的。如果你这么做，那么注定是要亏损的。资产池的管理人有同盟军，他应当愿意买入自己的股票。但是，如果他是市场上唯一的买家，那么此时再买进就太愚蠢了。因为，我每每买进 5000 股，公众就应当愿意或有能力也买进 5000 股。不过，我当然不打算全数买进。如果我这么做，那么我所得到的结果就是让自己落入多头的陷阱，而这些股票是我不想要的。所以，只有一件事情可以做，就是卖出。能够脱手的唯一方法就是卖出。"

"你的意思是卖掉所有的股票？"普伦提斯问道。

"是的！"我说道，我看出来他正准备反驳我。"如果我将资产池成员的所有股票全部卖出，你就会确定，股价将跌破面值而且……"

"噢，不！绝不！"他喊叫起来。你可以想象得到，看上去我好像在请他加入自杀俱乐部。

"普伦提斯。"我对他说道，"这是股票操作的主要原则，推升股价是为了卖出股票。但是，你不会在股价大幅上涨时卖出。你不能这么做，大量的卖出发生在股价从价格波动的顶部下跌时。我不可能将你的股票推升至 125 美元或 130 美元的价位上，我非常想这么做，但是我不可能做到。所以，你不得不以这个水平为起点卖出。我认为，所有股票的价格都在下跌，石油产品公司的股票也不可能成为唯一的例外。最好是现在由资产池承购集团卖出而招致股价下跌，而不是在下月由其他人卖出而导致下跌。

无论如何，股价总是要下跌的，先下手为强。"

我看不出我说的话有什么令人惊恐之处，然而，即使你在大洋彼岸的中国也分明能听到他的哀嚎。他只是不想听到这样的事情发生，绝不会的。这在股票史上简直就是一种晦气，更不用说银行贷款都是以股票作抵押，这会增加银行种种不便的可能性，如此等等。

我再次坦言相告，根据我的判断，世上没有哪种力量可以阻止石油产品公司的股价下跌 15 ~ 20 个点，因为整个市场的情势在引领跌势。我再次对普伦提斯说明，期待他的股票成为唯一的例外而炫耀于股市是非常荒唐的。然而，我还是白费口舌，他坚持要我支撑起这只股票。

这是一位精明的生意人，是当今最成功的股票推介人之一，在华尔街的交易中赚取了几百万美元，他所懂得的投机要领要比一般人多得多，但他在已发端的熊市行情中却坚持支撑一只股票。毫无疑问，这是他自己的股票，然而，他在这只股票根本做不成好生意。这桩生意违背我的意愿到如此程度，我不得不再次与他争辩。然而还是无济于事，他坚持发出交易指令支撑股价。

当然，当整个市场出现弱势且下跌过程正式开始时，石油产品公司的股票价格随着其他股票的价格同步下降。实际上，我却在替内部资产池的成员买进而非卖出股票——按普伦提斯的指令而行事。

对普伦提斯这种行为的唯一解释是，他不相信熊市正朝我们袭来。我本人确信牛市已经告终。我已经通过石油产品公司的股票和其他股票对此进行了测试，证实了我最初的预测。我并未静待熊市行情充分显露，而是抢在行情下跌之前就开始卖出股票。当然，我没有卖空一股石油产品公司的股票，尽管我也持有其他股票的空头。

不出我的所料，石油产品公司资产池的投资者固守着一开始上市时便持有的所有股票不放，还包括他们在徒劳无功地支撑股价时不得不购进的所有股票。最终，他们的确卖出了股票，然而，却大大低于我建议普伦提斯卖出时的价格，也远远不及我所期望的价格。当然了，在这种情况下不可能出现其他结果。但是，普伦提斯依然认为他是正确的——或者至少他是这么说的。据我理解，他之所以这么说的原因，在于他认为我当初提出的建议是出于我持有其他股票的空头这一点来考虑的，而整体市场正在上行。当然，这是在暗示，持有石油产品公司的资产池成员在任何价格上卖出股票都会造成价格下挫，从而对于我持有的其他股票的空头头寸有利。

这纯粹是胡说。我并不是因持有股票的空头头寸而看空，恰恰相反，我是因为我捕捉了市场形势发展的蛛丝马迹才做空，仅当我转为看空之后才会卖出股票。任何事情如果做错了方向便不会有利可图，股市更是如此。我对石油产品公司资产池的股票售出计划是建立在我 20 年股票交易经历的基础之上的，经验告诉我，这样做是合理的，因而也是明智的。普伦提斯作为一名有足够经验的交易者，可以和我一样，明显地看出我行动的目的，而要采取其他任何行动都已经太晚了。

我料想，普伦提斯和上千的场外交易者一样怀有一种幻觉，认为一名股票操作者可以无所不能。而实际上，操作者的确有所不能。基恩交易生涯中最有名的案例是 1901 年春天操纵美国钢铁公司的普通股和优先股。他的成功不仅仅是因为他的智慧和丰富的资源，也不只是因为他拥有全国最富有的人组成的辛迪加认购集团。当然，这些因素部分地促成了他的成功，但是，更主要的原因是当时市场的整体形势是利好的，而且公众的心态也是端正的。

一个人做事置经验教训于不顾，反其道而行之，而且有悖常理，注定不会有什么好结果。然而，华尔街上的上当受骗者都不是局外人。普伦提斯对我抱怨的缘由我刚刚对你讲述过。他之所以感到恼怒是因为我的操作并非我所愿，而是按照他的要求来做的。

这场操作并没有任何神秘之处，也没有卑劣的花招，更没有欺诈可言，因为操作本身不过是为了大批量地卖出股票，其中不含有刻意的误导。稳健的操作必须建立在可靠的交易原则基础之上。人们过多地关注旧时的交易做法（比如虚假交易）。但是，我可以向你保证，纯属欺诈的机制几乎是不存在的。股票市场的操作与场外市场②销售股票和债券的区别在于客户群

---

② 场外交易（Over The Counter – OTC）市场是世界上最古老的证券交易场所。这源自于当初银行兼营股票买卖业务，因为采取在银行柜台上向客户出售股票的做法，被称柜台交易市场；又因为这种交易不在交易所里进行，所以也叫作场外市场或店头市场。

体的特征，而不是招揽方式的差异，比如 J. P·摩根公司面向公众即投资者发行一批债券，股票操作者面向公众即投机者处置一批股票。投资者寻求的是对其所拥有资本的安全投资，并能够带来长期的利息回报；而投机者追求的是快速的收益。

股票操作者有必要在投机者中找到主要的买家——这些投机者愿意承担比正常的生意更大的风险，只要他们投入的资本有合理的机会获得更大的回报。我本人从不迷信盲目赌博的所谓运气。我或许会倾尽全部资金一搏，或许只买 100 股。但是，无论是哪种情况，我的所作所为都必须有恰当的理由。

对于我当初介入股票操作业务的过程——为他人推销股票，我至今还记忆犹新。回首往事常常带给我愉悦的心情，因为这一经历如此绝妙地展示了职业的华尔街人士对于股票市场操作的态度。这件事情发生在我"东山再起"之后——也就是在我经历了 1915 年伯利恒钢铁公司股票交易之后，正是这次交易将我带入了资本再生之路。

我当时的交易非常稳定，而且运气也很好。我既没有求助于报纸将我的经历公开化，也没有隐迹于江湖。同时，正如你所知道的，只要碰巧有一位活跃的股票操作者，无论是成功还是失败，华尔街的专业人士总会大肆夸张，当然，报社记者如果听到风声，也会大做文章，谣言四起。按照那些街谈巷议的传言，我曾破产过无数次；而根据同样权威的说法，我已经赚取了数百万美元。对这类报道我唯一的反应就是惊愕，这些传言因何而起，从何而来，我感到疑惑不已。这是怎样的以讹传讹！我的那些做经纪商的朋友一个接一个地将同样的故事传给我，每次都会加入新的细节与演绎，越来越详尽。

所有这些序文不过是想告诉你，我最初是如何了解为他人操作股票这项业务的。报纸大肆渲染我是如何全额偿还我所欠的数百万美元的债务，这为我做了很好的广告。我的豪赌和盈利的经历也被夸大其词，充斥着报纸的版面，以至于我成为华尔街的主要话题。在过去，如果一名股票操作者能够动用 20 万股头寸的资金就可以主导市场，这样的时代一去不返。然而，如你所知，公众总是希望发现一些新人作为旧时领导者的继承人。基恩先生作为一位技巧娴熟的股票操盘手，并且以自己的本领赢得数百万美元，正是由于他的这种声誉，使得华尔街的证券发行人和投资银行集团求助于他来出售大量证券。简言之，他所提供的操作股票的服务之所以有需求，是因为华尔街对他以往的成功交易早有耳闻。

然而，基恩已经走了——去了天堂，也就是他曾经说过的，除非他知道赛桑比[③]在天堂等他，否则他宁愿不去天堂。其他两三位曾在股票市场历史上扬名数月的人物已经沦落已久，销声匿迹了。我要特别指出那些在1901年来华尔街闯荡的西部豪赌客，通过持有钢铁公司的股份而获利数百万美元，他们依然呆在华尔街。这些人已经成为股票的超级推销者，而不是像基恩那种类型的操盘手。而且，他们都极其有能力和极其富有，在他们自己或朋友控制的公司证券市场推广领域也极其成功。他们并不是像基恩或者弗劳尔州长那样的股票操作者。尽管如此，华尔街依然热衷于谈论这些人物，他们在职业交易者和一些活跃的佣金经纪商中间自然也不乏一些追随者。当他们停止活跃的交易而偃旗息鼓之后，华尔街发现，似乎再也找不到市场操作者了，至少在报纸上已见不到有关他们的蛛丝马迹。

你一定还记得1915年由纽约股票交易所恢复开业所启动的那场大牛市行情。随着市场的拓宽和协约国在这个国家数10亿美元的大采购，美国进入了繁荣时期。只要操作者轻轻动一动手指，无需任何人的帮助就可以在战时的市场繁荣中创造出无限的市场空间。很多人只靠一纸以现价计算的合同甚至是一纸合同的承诺就可以赚取几百万美元。他们都变成了成功的证券推销者，无论是借助于大发善心的投资银行家的帮忙，还是通过将他们自己的公司带入场外交易市场上市的方法。总之，只要会招揽顾客，公众便争相购买。

当繁荣的鼎盛期淡去之后，这些证券推销者中的部分人发现自己在股票销售领域需要求助于专家。当公众被各种各样的证券套牢，而且其中的部分人是在高价位买进的，此时，要出售从未面市的新股绝非易事。繁荣过后，公众确信任何证券价格都没有上涨的可能。并不是买方更有识别力，

---

③　赛桑比（Sysonby，1902–1906）曾是美国受过严格训练的良种马赛马冠军。

而是因为盲目购买的时代过去了。公众的心态已经发生了变化。甚至不必出现价格的下跌，人们的情绪已经变得很悲观。如果市场能够转为平淡而且保持一段时间的平淡就已经够好了。

在每一个繁荣时期，总会有大量的公司出现，即使不是完全也主要是为了迎合公众对于购买各种股票的欲望。也有一些公司股票的推介姗姗来迟。这些迟到的推介者犯错误的原因在于，他们也是普通人，不愿意看到繁荣时期的终结。此外，只要赚取利润的可能性足够大，冒险还是值得的。一旦被欲望蒙蔽了眼睛，对价格波动的顶部就会视而不见了。一般人看到一只股票价位在 12 美元或 14 美元时，没有人想要，然而这只股票的价格突然上升至 30 美元——有人会认为这个价位肯定是顶点——直到价位升至 50 美元。那么，这个价位绝对是上涨的终点了。可是，股价继而又升至 60 美元、70 美元，直到升至 75 美元。此时，几周之前价位低于 15 美元的这只股票，现在居然一再上涨，那么目前这个价位确定无疑不可能再继续上涨了。岂料，股价更升至 80 美元，继而升至 85 美元。因此，一般人从不考虑股票的价值而只是盯着价格，其行动不是受市场条件的控制，而是出自恐惧。对此，最简单的处理方法是：不再思考上涨必然会有一个限度。这就是为什么那些局外人虽然足够聪明，不在顶部买入，却也不会平仓获利。在繁荣时期，获取大额利润的首先是公众——这里是指账面利润，而且始终只是账面利润而已。

22

"狗咬狗"

有一天，吉姆·巴恩斯来访。他不仅是我最主要的经纪商之一，而且也是我的一位至交。他说有事要请我帮忙。他以前从未以这种口气讲话，所以，我要他告诉我究竟有什么事需要我来帮他，只要能办得到，我倒希望能够对他有所帮助。接着他告诉我说，他的公司对某只股票感兴趣，实际上，他们是那家公司股票的主要承销者，并且承购了很大的比例。市场形势的变化使得他们急需扩大这只股票的市场需求，吉姆要我承担为这只股票拓展市场的任务。这只股票是联合锅炉公司发行的。

出于各种各样的原因，我并不希望与这件事有什么牵连。但是巴恩斯坚持要我看在私交的情分上帮这个忙，我也觉得对他的事情负有某种义务，仅就这一点，我也无法拒绝。他是个好人，一位朋友。而且我了解到他的公司的确介入很深，于是，我最终还是同意尽我所能帮助他。

我总是觉得战时繁荣与其他繁荣之间最生动的区别就在于：在股票市场各项事务中，一批新的人物扮演了其中的部分角色——年轻的银行家。

繁荣景象是惊人的，它的起因和缘由对所有人来说都是一目了然的。不过，与此同时，全国最大的银行和信托公司当然会不遗余力地为各种类型的证券推销者和军火制造商们成就一夜之间变为百万富翁的梦想。事情发展到了如此地步，以至于一个人只需说出他有一位朋友是协约国采购委员会成员的朋友，就可以得到对方所提供的执行合同的全部资金，尽管合同尚未得到担保。我常常听到一些难以置信的故事，诸如小职员成为公司总裁，依靠所信赖的信托公司提供的借款，经营着几百万美元的生意，而且合同不断地转手，每转手一次都可以形成一笔利润。黄金如同洪水般地从欧洲涌入这个国家，银行不得不为储存黄金而大费周章、各显其能。

　　这种经营方式也许会让老派人物倍感担忧，不过，这样的老式人物也不多见。头发灰白的银行总裁的做派与安宁的和平年代更为协调，然而，年轻人在激烈的竞争年代却更得心应手。银行家当然会日进斗金，利润丰厚。

　　吉姆·巴恩斯和他的合作者钟情于马歇尔国民银行年轻总裁们的友谊和信任，决定将三家最有名的锅炉公司合并，并向公众发售这家新公司的股票，几个月以来，公众一直是见什么都买，甚至包括雕刻印刷的股票凭证。

　　他们遇到了一个难题，锅炉生意如此兴旺，以至于三家公司有史以来首次为普通股的股东赢得了红利。他们的主要股东都不希望放弃控股权。他们的股票在场外交易市场上的行情很好，如果想要减持，想卖多少股就可以卖出多少股，他们对现状感到满意。三家公司各自的股本太小了，不足以调节太大的市场行情，这就是吉姆·巴恩斯所在公司介入的原因。这家公司提出，合并后的公司规模必须足够大，以便在纽约股票交易所上市，纽约股票交易所上市的新股票有可能比旧股票更有价值。这是华尔街的老发明——变一变股票证书的颜色，以便使得它显得更有价值。假如说一只股票在面值价位上销售停滞，那么通过分拆，一股变四股，有时每份这样的新股可卖到 30 美元或 35 美元的价格。这相当于一只旧股票每股 120 美元或 140 美元的价值——这是旧股票无法达到的价位。

　　看上去巴恩斯和他的合作者成功地说服了他们的一些老朋友，这些人持有大批格雷锅炉公司的股票——相当大的一笔，他们接受了劝告，按每四股重组后的公司股票换取一股格雷公司的股票。随后，中部和西部的锅炉公司效法本行老大格雷锅炉公司，以一股对一股的方式参与合并。这两家公司的股票在场外交易市场上的标价大约为 25 美元至 30 美元，格雷锅炉公司名气更大一些，而且可以分红，因而股价在 125 美元左右。

　　为了筹措资金买下那些坚持以现金支付的持有者手中的股票，也为了提供重组改造和发行推广证券所需要的额外运营资金，承购集团必须设法筹集几百万美元的资金。于是，巴恩斯拜访了他一位时任银行总裁的朋友，这位朋友慷慨地为他的辛迪加承购集团提供了 350 万美元的贷款。以重组后新公司的 10 万股股票作为抵押品。辛迪加承购集团对银行总裁承诺，或者说有人是这样告诉我的，即股票价格不会低于 50 美元。就标的公司所具有的价值而言，这无疑是一笔利润非常可观的交易。

这只股票的承销集团所犯下的第一个错误是没有把握好时机。市场已经达到了新股票发行的饱和点，他们应该事先有所预见。不过，即使如此，如果他们不去试图像其他股票推介者在繁荣的高峰时期追逐不合理的巨额利润的话，他们还是有机会赚取相当高的盈利。

此刻，你不要匆忙下结论，以为巴恩斯和他的合作人都很愚蠢或者是未经世事的幼稚角色。其实，他们都是很精明的人。他们中所有的人都深谙华尔街的交易方式，其中一些人在股票交易中取得了不寻常的成功，他们这次只是过高地估计了公众认购股票的能力。无论如何，认购能力只能通过实际检验来确定。

他们犯下的另一个错误代价更为昂贵：他们预期牛市行情将会比实际持续的时间更长久。我猜想，原因在于他们是同类人，他们同时经历了大繁荣时代，尤其是如此快速地获得成功，以至于他们对自己在牛市行情逆转之前可以顺利完成交易这件事没有产生任何疑虑。他们都是知名之士，在职业交易者和经纪行中都有相当的一批追随者。

这项交易的推广工作做得非常好。报纸当然对这一交易慷慨地提供了版面。三家旧的企业现在相当于占据了全美的锅炉行业，他们的产品闻名于世界各地。这是一次爱国性的整合行动，各种日报连篇累牍地发表有关"征服世界"之类的文章，占领亚洲市场、非洲市场和南美市场简直易如反掌。

这家公司的董事们都是财经类报刊读者耳熟能详的大人物。公关工作处理得如此得心应手，而且不知名的内部人所承诺的股价看上去很有把握并如此令人信服，以至于公众产生了对新股的巨大需求。其结果是，当新股筹集期结束之后，他们发现，公众按照每股 50 美元的发行价申购的股票数额超出了 25%。

想想看！股票发行者本来期望的最佳结果是按照发行价成功地卖出新股，为此，他们花了几周的时间辛苦工作，力图将股票的价格推升到 75 美元或更高，以便将平均价维持在 50 美元。这个价格水平意味着参与重组的三家公司的原股票价格都需要上涨 100%。这就是风险所在，他们并没有达到本该实现的预定价格目标。这说明，每一种行业都有自身所必需的技能，通用的智慧远不及专业技能更有价值。股票发行者为意外的超额认购而兴奋，并由此推论公众愿意付出任何价格买进任何数量的股票。他们实际上愚蠢地减少了应向申购人配售的股票数额。即使发行人下决心要做利己者，也应当努力成为聪明的利己者。

当然，他们应当做的是按照申购数量全额配售股票。相对于他们本来向公众提供的发行数额来说，他们将有 25% 的空头头寸，这当然会使得他们在必要时无需付出成本就可以买入股票以支撑股票价格。对他们这一方而言，毫不费力就可以处于强大的战略地位，对于这一点，我在操作一只股票时总是力图发现自己的地位优势。他们可以维持价格不再下滑，从而鼓舞市场对新股价格稳定的信心，以及对辛迪加承购团支撑新股的信心。他们应当记住，股票的推广工作并没有就此完结，尽管他们已经将股票卖给了公众，但这只是拓展市场工作的一部分。

他们以为自己已经做得非常成功，然而，无需多久，他们在资本运作过程中出现的两大败笔的后果便开始显现。公众不再买进任何新股。因为整个市场正欲出现回落的趋势。内部人临阵退缩，不再支撑联合锅炉公司的股票；如果内部人在行情萧条时不买进自己的股票，那么谁应该买进呢？缺乏内部人支撑的情形通常被视为是相当有价值的看跌贴士。

没有必要再深入考察详细的统计数据。联合锅炉公司的股票价格随着市场其他股票的价格同步变动，不过，这只股票的价格从来没有上升到最初上市的标价之上，标价水平只是 50 美元多一点儿。巴恩斯和他的朋友们最终不得不作为买家入市，以便将价格支撑在 40 美元的价位上。他们没有能够在股票上市的初期采取行动来支撑股票价格是令人遗憾的。然而，没有全数卖出股票以满足公众认购股票的数额，才是更为糟糕的事情。

最终，这只股票如期在纽约股票交易所上市，其价格从此保持着下跌的势头，直到，名义上维持在 37 美元的价位上。这只股票的股价之所以粘住不动，是因为吉姆·巴恩斯和他的合作者一直设法支撑，银行提供给他们贷款时所抵押的 10 万股股票相当于每股 35 美元。如果银行一旦要清偿贷款而卖出股票，那么这只股票的股价将跌破多少就很难说了。公众曾在 50 美元的价位上对该股票趋之若鹜，现在股价跌至 37 美元反而漠然视之，即使跌至 27 美元，恐怕也没有人要买入。

随着时间的推移，银行过度扩张信用的问题引起人们的思考，年轻银行家弄潮的时代已经过去了。银行业务看来正处于精疲力竭的边缘，突然间故态重萌，进入保守主义的状态。即使是至交，现在也被要求偿还贷款。如今，就好像他们从来都没有和银行总裁们一起玩过高尔夫球。

借出方无需出言威胁对方，借入方也羞于主动恳求对方提供延期还款的便利，事态的发展令借贷双方处于尴尬的境地。我的朋友吉姆·巴恩斯与银行表面上依然保持友好的状态，然而，实际上后者心里却想着"看在上帝的分上，还了那笔贷款，否则我们都得下地狱！"

这种混乱的特征以及爆发危机的可能性如此之大，足以促使吉姆·巴恩斯找到我，请求我卖出 10 万股，以便用于偿还银行的 350 万美元贷款。吉姆现在已经不再期待在这只股票上赚取利润。只要辛迪加承购团损失能够减少，他们就会感激不尽。

看起来完成这项任务毫无希望。总体市场既不活跃也不坚挺，尽管时而会出现上涨的行情，此时，每个人都会为之一振，试图相信牛市行情即将恢复。

我给予巴恩斯的答复是，我需要认真观察并考虑一下整件事情，以及如果接手这一工作将开出什么样的条件，这些要求我都会一一告知。不错，我的确做了一番观察和思考。我没有分析这家公司最近一期的年度报告。我研究的重点限定在出现问题时股票市场所处的不同阶段。我并不打算以公司的盈利或前景来招揽顾客兜售股票，从而拉动股价上涨，而是要通过在公开市场上卖出这笔股票的方式来推升股价。我所考虑的全部问题在于，有哪些因素应当或者能够抑或有可能帮助或阻碍我完成这项任务。

我发现了一件事情，就是太多的股票被少数人所持有——少数人持有如此多的股票，令人不安而且使人焦虑不堪。首先是克里夫顿·P·凯恩有限公司，银行家和经纪商们皆为纽约股票交易所的会员，他们持有的股票达到了 7 万股。他们都是巴恩斯的至交，对合并事宜一直有着举足轻重的影响力，因为他们多年持有三家锅炉公司的股票，具有运作这只股票的专长。他们的客户在这些运作过程中也分享了厚利。前参议员塞缪尔·戈登，是他侄子的公司——戈登兄弟公司的特殊合伙人，是第二个 7 万股联合锅炉公司股票的持有者；还有闻名的乔舒亚·沃尔夫，持有 6 万股。这几位华尔街的职业高手持有联合锅炉公司的股票共计 20 万股。他们不需要任何人告诉他们应当在什么时候出手卖出股票。如果我在这笔头寸的操作中设法吸引公众买进，就是说，如果我促使这只股票行情坚挺并交易活跃——我就会看到凯恩和戈登以及沃尔夫将借机卸货卖出股票，即使采取抗击措施也无济于事。想象一下，如果他们的 20 万股像尼亚加拉河水一样倾泻到股市中，那可就不是观看尼亚加拉瀑布时所产生的令人入迷的感觉了。不要忘记，牛市行情最重要的阶段已经过去了，无论我在操作中施展什么样的技巧，都不可能创造压倒一切的买入需求。吉姆·巴恩斯对这项工作不抱任何幻想，只是利用我的专长，将这桩棘手的事情推给我。他给我的是一只浸透了水的股票，让我在牛市行情奄奄一息之时卖出。当然，报纸上尚未开始谈论任何有关牛市行情即将结束的话题，然而，我心里很清楚这一点，吉姆·巴恩斯也心知肚明，你可以打赌，银行也同样了解这种局势。

既然我已经对巴恩斯做出了承诺，于是我派人请来凯恩、戈登和沃尔夫。他们持有联合锅炉公司 20 万股的股票，如同高悬在我头上的达摩克利斯之剑①。我想，我要设法将系剑的马鬃替换为一条铁链。在我看来，最简单容易的方法就是达成某种互惠协议。如果他们哪怕能被动地助我一臂之力，在我卖出银行持有的 10 万股时延迟卖出他们手中的股票，我则可以主动地助他们一臂之力，尽全力拉动市场需求，以便我们能将所有的股票全数卖出。根据当时的情况，只要他们卖出所持有的联合锅炉公司股票的 1/10，股价就不可避免地会急速下滑。他们对此十分清楚，因而不曾梦想去做这种尝试。我所要求他们的只是对卖出的时机要有足够的判断力，为

---

① 达摩克利斯之剑（The Sword of Damocles），用来表示时刻存在的危险。源自古希腊传说：迪奥尼修斯国王请他的大臣达摩克利斯赴宴，命其坐在用一根马鬃悬挂的一把寒光闪闪的利剑下，由此而产生了这一成语，意指令人处于一种危机状态，"临绝地而不衰"。

了避免不明智的自私行为而采取明智的行动。无论是华尔街或其他什么地方，无所事事总是得不偿失的。我希望能说服他们，过早的或考虑不周的卖出行为都可能造成所有人无法全数卖出的结果。而且时间非常紧迫。

我希望我的建议对他们产生吸引力，因为他们都是在华尔街久经沙场的老将，对联合锅炉公司股票的实际需求也不曾抱有幻想。克里夫顿·P·凯恩是一家生意兴盛的佣金经纪行的总裁，这家经纪行在 11 个城市设有分部，拥有的客户成百上千。他的公司曾经不止一次担任过资产池的管理方。

戈登参议员是一位腰缠万贯极为富有的人，持有的联合锅炉公司股票为 7 万股。他的大名为大都市媒体的读者们所熟悉，尽管他曾因违约而被一位 16 岁的指甲美容师起诉。那位美容师拿出了她拥有的证物：一件价值 5000 美元的崭新的貂皮大衣和被告写给她的 132 封书信。他为他的侄子们创办了经纪行的生意，并成为他们公司的特殊合伙人。他曾经介入十几家资产池的项目。他继承了中部锅炉公司的大笔权益，并拥有联合锅炉公司的 10 万股份。他持有的股份太大，因此，置吉姆·巴恩斯的强烈看好牛市行情的贴士于不顾，抢在市场出现对他不利的情况之前卖出了 3 万股。他事后告诉他的一位朋友说，他本来可以卖出更多的股票，只因为其他大额持股人都是他的至交和多年的老朋友，请求他不要再卖出，出于对老友的体谅他方才停手。除此之外，我已经说过，他已经没有市场可以继续卸货卖出了。

第三位是乔舒亚·沃尔夫，他或许是交易者中最为知名的。20 年来，人人都知道他是交易所场内的豪赌客之一。他深谙连续报价以推升股价或打压股价之道，无所匹敌，对他来说，操作一两万股的股票与做两三百股没什么两样。在我投身纽约华尔街之前，对他这位豪赌客的名气就早有耳闻。后来，他混迹于豪赌圈内，无论在赛马场还是股票市场上，他们的交易都毫无节制。

人们指责他是一位纯粹的赌徒，然而，他对投机交易确有才干，并通过实践练就了非凡的技巧。不仅如此，他从不附庸风雅的处世态度也是颇有名气的，这使他成为无数趣闻轶事中的主角。其中有一则广为流传的奇谈。

有一次，乔舒亚出席一场被他称之为时髦的晚宴，有几位客人开始谈论文学，女主人照顾不周，没能及时岔开话题。

坐在乔舒亚旁边的是一位女士，她除了听到乔治亚大嚼食物之外，没有听到他说过什么话，于是，这位女士转向他，一心期待这位金融大鳄能发表一些高论，她问道："噢，沃尔夫先生，您对巴尔扎克有什么看法?"

乔舒亚有礼貌地停止了咀嚼，咽下嘴里的食物，回答道："我在场外市场上从未交易过这只股票。"

就是这样的三位联合锅炉公司最大的个人股东，他们拥有该公司的股票总计达到 20 万股。当他们赶来与我见面时，我告诉他们，如果他们组成一个辛迪加财团，筹集一笔资金让我来运作，并且在稍高于市场价格以上的价位授予我买入他们股票的期权，我将会尽全力为这只股票开拓市场。他们立即问我需要多少资金。

我答道："你们拥有这只股票已经很久了，现在你们什么也做不了。你们三人持有的股票是 20 万股，你们也很清楚，除非你能为它打造一个市场，否则，你们没有一丝机会卸货卖出。必须开拓一个市场来吸纳你们将要卖出的股票，首先必须筹集一笔资金，无论股票行情有什么变化，必要时需以这笔资金赎进，这才是明智的。如果因为没有足够的资金，开始运作而中途又不得不停顿，那么这样做毫无意义。我建议你们组成一个辛迪加财团筹措 600 万美元的资金。然后，授予辛迪加财团一份买入期权的合约，以 40 美元作为买入 20 万股期权合约的执行价，并将你们所有的股票暂交由第三方托管。如果一切顺利，你们都可以将手中奄奄一息的宠物脱手，辛迪加财团也会有些盈利。"

我在前面说过，关于我在股票市场上如何盈利，华尔街有着五花八门的流言飞语。我猜想这些传言起了作用，因为没有什么比成功更能招致新的成功。无论如何，我对这些人无需多费口舌。他们确切地知道，如果他们各自单枪匹马盲干会输得多惨。他们认为我的计划不错，当即应允马上组成辛迪加财团，殖后告辞离去。

他们没有费多大周折就说服了他们的朋友加盟辛迪加财团。我推测他们对辛迪加财团利润前景的描述比我的担保要强得多。从我听到的消息来

251

判断，他们三位的确对这个计划抱有信心，因此，他们对别人的保证并不是毫无良心的贴士。无论如何，他们几天之内就组成了辛迪加财团。凯恩和戈登以及沃尔夫授予辛迪加财团一份20万股执行价为40美元的买入期权合约，而且由我来处理将所有的股票交由第三方托管的事宜，如此一来，在我推升这只股票的价格时，这些股票没有一张能够流入市场。我不得不采取措施来保护我自己。我不止一次地遭遇对方不能严守承诺而达不到预期效果的交易，因为资产池的成员或圈内人无法相互诚实守信。华尔街出现狗咬狗时，大家都是一路货色。当美国钢铁与电缆公司的股票公开发行时，内部人相互指责对方违约，试图卸货卖出。在约翰·W·盖茨及他的同僚与塞利格曼以及他们的银行合伙人之间曾经达成君子协定时，我在经纪行的营业厅曾经听到有人吟诵过下面的四行诗，据说出自约翰·W·盖茨的手笔：

> 毒蜘蛛跳到了蜈蚣的背脊，
> 食尸鬼般笑得洋洋得意：
> "我要毒你这个倒霉鬼，
> 你毒不了我，我就毒你。"

我想提醒你，我从来没有暗示我在华尔街的任何一位朋友曾在股票交易上有欺骗我的意思，甚至做梦也不会这样对我。但是，按照一般的行为准则，害人之心不可有，防人之心不可无，这是最简单的常识。

在沃尔夫、凯恩和戈登告诉我，他们已经组成了辛迪加财团并筹措了600万美元的资金之后，我心无旁骛，只等待资金到位。我不断地催促他们，抓紧时间是当务之急。然而，资金还是在一点一点地到账。我想大概有四五次的分期付款，至于原因我不得而知，只是记得我曾对沃尔夫、凯恩和戈登发出救援信号。

那天下午，我拿到了几张大额支票，汇入我名下的现金大约为400万美元，并承诺在一两天之内付清余下的200万美元。事情终于有些眉目了，看来辛迪加财团会在牛市行情终结之前有所作为。即使在最佳状态下操作这件事也绝非易事，越快采取行动就越有利。公众对非活跃股票出现新行情的参与意识还不是很强烈。不过，有了 400 万美元的资金，你就可能调动起人们对任何股票的兴趣。这笔现金足以吸纳所有可能出价卖出的股票。我已经说过，由于时间紧迫，坐待另外 200 万美元到账是没有道理的。股票价格越能早一天被推升到 50 美元，对辛迪加财团就越有利。这是非常浅显的道理。

第二天早晨开盘时，我吃惊地看到联合锅炉公司股票交易的活跃程度异常升高。我已经说过，这只股票跌入泥沼已有数月之久。股价始终黏在 37 美元附近，吉姆·巴恩斯一直不遗余力地守护着这个价位，使它不至于下跌至作为银行贷款抵押的股票价格以下，即 35 美元。至于说这只股票的价格是否有任何上涨的可能性，那就如同期盼能目睹直布罗陀山突然晃动着飘过直布罗陀海峡一样，要看到联合锅炉公司股票的纸带行情有一点点爬升也同样是不可能的。

正是这样，先生。那天早晨，这只股票出现了相当大的需求，每股价格升至 39 美元。营业开始的第一个小时，交易量比此前半年的累计总额还多。这在当日是轰动一时的交易事件，对整个股市产生了有利的影响。我事后听说，这成了当时佣金经纪行的客户大厅里唯一被谈论的话题。

我不清楚这意味着什么，不过，看到联合锅炉公司的股票行情上涨，我也没有觉得心里有什么不舒服。通常情况下，如果任何股票出现这种情况，我不需要四处询问是否有不寻常的事件发生，因为我在交易场内的朋友们——为我工作的经纪商以及我一些在场内交易的朋友都会及时告知我。他们认为我希望得到这些信息，无论是媒体的消息还是街谈巷议的小道消息，只要他们搜集得到，都会给我打电话。这一天我所听到的全部消息说明，联合锅炉公司的股票毫无疑问出现了内部人购入的情况。并没有任何虚假交易的成分。所有的交易都是真实的。购入者吸纳了所有出价在 37 美元至 39 美元的股票，如果有人请求他们告知买进的缘由，或恳求他们透露一个贴士，他们一律断然拒绝。那些处事精明而又善于观察的交易者由此推论，一定有什么蹊跷的事情发生，而且来者不善。当一只股票随内部人的买进而上涨，而内部人却拒绝透露任何消息，并不鼓励他人大量跟进时，那些企图从行情纸带上探寻踪迹的交易者就会产生疑惑，鼓噪着何时公司将发布公告。

　　我自己什么事情都没有做。我注意观察，但同样充满着疑虑，不停地追踪着市场交易的变化。然而，接下来的一天，不仅买进的需求量在加大，而且其交易特征更具有攻击性。过去数月之内，在专业交易者的账面记录上按黏性价格 37 美元以上的价格卖出的交易指令一直未能兑现，而如今却不费吹灰之力就被市场所吸纳，并且，即使有新的卖出指令入市也未能阻止这只股票价格的上涨。很自然，股价一路飙升。先是突破了 40 美元。眼下已经触及 42 美元的价位。

　　就在股价刚刚触及这个数字的那一瞬间，我觉得有了结论，现在是卖出给银行贷款做抵押品的 10 万股股票的时机了。当然，我能预料到，随着我的抛出，股价将会应声下跌，不过只要我所有卖出头寸的平均成交价维持在 37 美元，那么，我的做法就是无可指责的。我懂得这只股票价值如何，根据我搜集到的信息，几个月以来这只股票行情沉寂，对该股票的可销售性已形成了自己的一些想法。就是如此，先生，我谨慎地向需求者抛出股票，直到我出手达到 3 万股为止。股价并没有因此而停止上涨！

　　那天下午，有人告诉我有关这次既合时宜又神秘莫测的上涨到底是怎么回事。看上去似乎是场内交易者在这几天开盘和收盘的前前后后都得到了贴士，说是我对联合锅炉公司股票极度看涨，并且打算很快将股价推升 15～20 点而不会造成价格回落，如同我通常的交易习惯一样——就是说，所谓"我的交易习惯"是那些从未研究过我交易记录的人杜撰出来的。而贴士的主要来源不是别人，竟然是名士乔舒亚·沃尔夫，他作为自己财团的内部人在行情开始上涨之前买进。他的那些在场内交易的密友心甘情愿地跟随他的贴士行动，因为他是知情人，不可能误导他的同盟军。

　　事实上，情况并不像最初担心的那样，市场上并不存在太多股票要抛售的压力。考虑到我已经将 20 万股通过暂由第三者委托的方式锁定，你可以体会到，在此之前的担忧并非空穴来风。现在的状况证实，推高股价这项任务要比我预料的轻松得多。无论如何，弗劳尔州长是正确的。有人指责他操作其公司所擅长的几只股票，诸如芝加哥煤气公司、联邦钢铁公司或者 B. R. T 公司等，每当此时，他通常会说："要使一只股票的价格上涨，我所了解的唯一途径是买进。"这也是场内交易者所了解的唯一途径，股价的变化也做出了类似的反响。

接下来的一天早餐之前，我和成千上万的读者一样，在晨报上读到了有关"拉瑞·利文斯顿看好联合锅炉公司股票，即将大展宏图"之类的报道，毫无疑问，这一消息早已通过电报传遍城里城外的成百上千家分支机构和营业厅。一些添枝加叶的细节各不相同。其中有一个版本说，我已组成了一家内部人资产池，打算惩罚一些过度做空的交易者。另一个版本暗示，该公司在不久的将来会派发红利。还有一个版本在提醒全世界，如果我看好一只股票，那么，对我的交易手法要留心。更有一个版本指责该公司瞒报资产，目的是让内部人积累头寸。所有这些版本传达着同一个信息：该股票的价格上涨只不过是刚刚开始。

我赶到办公室，在开盘之前查阅我的一些信件，此时，我意识到，华尔街马上就要被铺天盖地的抢手贴士所淹没，这些贴士无一例外地都是关于买进联合锅炉公司股票的。我的电话响个不停，负责接打电话的办公室职员听到的都是同一个问题，这个问题在那天早上以各种方式被打听了不下100次：联合锅炉公司的股票真的会上涨吗？我必须说，乔舒亚·沃尔夫、凯恩以及戈登——或许还有吉姆·巴恩斯——在这场贴士的转播中处理得非常出色。

我没有料到我竟拥有这么大一批追随者。那天早晨，买进指令从全美各地蜂拥而至——所有的指令都要买进几千股，而三天之前这只股票无论在什么价位上都无人问津。不要忘了，所有的公众实际上都是基于报纸封我为成功的豪赌客这一点做出判断的，这多少要感谢记者们的丰富想象力。

就这样，先生，在这只股票上涨的第三天，我开始卖出联合锅炉公司的股票，接下去的第四天和第五天，我继续抛售。我很清楚，首先要完成的任务是为吉姆·巴恩斯卖掉10万股，这批股票是他借入马歇尔国民银行350万美元贷款的抵押品，必须按期偿还。如果最成功的操作是在达到预期目的同时实现最低的成本，那么联合锅炉公司股票的操作无论从哪个角度说，都称得上我在华尔街职业生涯中最成功的案例。是的，在整个操作过程中，我无需承接任何股票。我不需为随后能够卖出而首先买进。我也不需要将价格尽可能地推高，而后再开始真正卖出。我甚至不需要在价格回落的过程中卖出股票的主要头寸，而是在价格一路上涨的途中卖出的。整个过程犹如堕入天堂之梦，甚至无需动一动手指就可以拉动足够大的买方市场，尤其是在如此紧急的情况下，这种操作更是恍若梦境。我曾听到弗劳尔州长的一位朋友说过，州长通过资产池操作的 B. R. T 公司股票称得上是主导牛市行情的最经典案例之一，该资产池卖出的股票为 5 万股并有盈利，而弗劳尔公司赚取了超过 25 万股交易量的佣金。W. P·汉密尔顿曾说过，为了派发 22 万股联合铜业公司的股票，詹姆斯·R·基恩在主要的操作过程中必须处理至少 70 万股该股票的交易。真是一笔巨额佣金账单！想想这些，再考虑一下我为巴恩斯卖出 10 万股股票所需要付出的佣金，仅仅是我实际卖出的数额。我可以说，的确节约了一大笔钱。

我已经为我的朋友吉姆卖掉了我所承诺的股票，而辛迪加财团承诺的基金筹措尚未完全入账，我也没有任何欲望将卖出的股票再次买进，我宁愿离开此地，找一个地方轻松地享受几天假期。当时的具体情况我记不清了，不过有一点我还记忆犹新，我再也没有关注过那只股票，而且不久以后，股价开始下跌。有一天，整个股市行情不振，一位颇为失望的多头交易者急于甩出他所持有的联合锅炉公司的股票，他出价之后，价格下跌至买入期权的执行价以下，即 40 美元。似乎没有人打算买下这只股票。正如我之前说过的，我对整体市场并不看好，这让我比以往任何时候都感激那场奇迹的出现，我并没有像那些善意的贴士传播者所预言的那样，在一周之内费力将价格推升 20～30 点，而是轻松派发了 10 万股联合锅炉公司的股票。

由于没有支撑的力量，这只股票的价格形成了一种惯性的下跌趋势，直到有一天大幅下滑，跌破 35 美元，触及 32 美元的价位，报出了这只股票上市之后创纪录的最低价，你大概还记得，因为吉姆·巴恩斯和最初的辛迪加承购团将价格维持在 37 美元，目的在于防止借款银行向市场倾销作为抵押品的 10 万股股票。

那天我正安静地坐在办公室研究行情纸带，这时，乔舒亚·沃尔夫求见。我答应可以见他。他匆匆忙忙闯了进来。他个子不高，然而看上去全身都在膨胀——怀着一腔怒气，我立刻感觉到这一点。

我正站在纸带机旁边，他冲过来大吼："嘿，你在搞什么鬼名堂?"

"请坐，沃尔夫先生。"我很有礼貌地对他说，并且自己先坐下来，这样可以心平气和地与他交谈。

"我不需要什么椅子！我要知道这是什么意思！"他放开嗓门大吼。

"你是指什么?"

"该死的，你到底对它做了什么?"

"你指的是什么事情?"

"那只股票！就是那只股票!"

"哪只股票?"我问他。

不过，我这样问反而惹恼了他，他气急败坏地大喊起来："联合锅炉公司的股票！你对它做了什么?"

"什么都没做！我绝对没做什么。出了什么事?"我说道。

他瞪着我足足有 5 秒钟，然后爆发了出来："你看看它的价格！你看!"

他勃然大怒。于是，我站起身查看行情纸带。

我说，"现在的价位是 $31^1/_4$。"

"是的，$31^1/_4$，我这里有一大堆呢。"

"我知道你持有 6 万股。你放在手里很久了，这是因为你在最初买进了格雷锅炉公司的原始股……"

但是，他打断了我的话，抢白说，"可我又买了很多。有些股票的交易成本价甚至高到 40 美元！现在还没出手!"

他充满敌意地对我怒目而视，我说道："我并没有告诉你要买进。"

"你说什么? 没有让我买进?"

"我没有让你大笔买进这只股票啊。"

"我也没说是你让我买进的。可是，你本来打算推升股价的……"

"我为什么要那么做?"我打断他的话头。

他看着我，气得说不出话来。待他回过神来，他又说道："你本来应该推高股价的。你是有资金买进的。"

"是的，我有钱买进，可是我一股都没买。"我告诉他。

这句话成了导火索。

"你一股都没买进，你不是有 400 万美元的资金可以买进吗？你一股都没买？"

"我一股也没买！"我重复了一遍。

这一刻，他简直气疯了，有些语无伦次。最终他挣扎着说了一句话："你这是玩的什么把戏？"

他在心里一定对我恨之入骨，将各种令人不齿的罪名强加于我。我确信从他的眼睛里就可以看出来他罗列的一长串罪名。看到他这个样子，我只好对他说："沃尔夫，你的意思实际上是在责问我，为什么我没有在这只股票价位超过 50 美元以上时买进你在 40 美元以下买进的股票，是这样吗？"

"不，不是的。你有一份执行价在 40 美元的买方期权合约和 400 万美元的资金，完全可以将价格推高。"

"是的，可是，我并没有动用那笔资金，辛迪加财团并没有因为我的操作而损失一分钱。"

"听着，利文斯顿……"他又开始争辩。

不过，我不想让他说下去。

"你听我说，沃尔夫。你应该清楚，你和戈登、凯恩的 20 万股股票已经锁定，即使我推升价格，也不会有太多的股票流入到市场。我之所以推升股价有两个缘由：首先是要为这只股票拓展市场；其次是要在 40 美元的买入期权执行价位上赚取利润。但是，你持有 6 万股的股票已有数月之久，而且价格粘住不动，你不可能满足于在 40 美元的价位上卖出，或者你不满足于从辛迪加财团中分享的利润，无论出自什么原因，你决定在 40 美元的价位上大量买进，待我动用辛迪加财团的资金将股价推升之后，你要我接手买进你的这些股票，你确信我会这么做。你是要在我买进之前抢先买进，在我卖出之前也抢先卖出，无论是那种可能性，我都可能成为接手你股票的对象。我猜想你是否曾经估计出我会将股价推升至 60 美元。这实在是一种很便捷的方法，因为你可能为了随后的出货的确已经买进了 1 万股。为了保证在我不愿接货的情况下还有其他人为你张开口袋接货，你给美国、加拿大和墨西哥所有的人都发了贴士，根本不考虑这将给我带来多少额外的困难。你所有的朋友都知道我打算如何采取行动。在你的朋友和我之间竞相买进时，你打算坐收渔人之利。是的，你将贴士转播给你的至交，他们买好股票之后，再将贴士传播给他们的亲朋好友，第三层接到贴士的朋友圈也照此办理，再传给第四层，甚至还有第五层或第六层的贴士接受者，以此类推。这样一来，最终当我需要卖出的时候，我发现我自己被成千上万的精明的投机者所围困。按照你的观念，你的这些盘算对我算是仁至义尽了，沃尔夫。在我还没有来得及思考是否要买进联合锅炉公司的股票时，股价已经开始攀升。你很难想象，我当时是多么吃惊。当然，当辛迪加承购团在 40 美元的价位上卖出 10 万股给那些正打算在股价升至 50 美元或 60 美元的价位上再卖出的人们，我的感激之情你也很难想象。我真是够蠢的，没有动用 400 万美元资金去为这些人赚钱，不是吗？这笔资金本来是用于买进股票的，但是，只有当我认为有必要动用时，我才会那么做。我没有看到这个必要性，所以，我没有动它。"

乔舒亚混迹于华尔街多年，足以控制自己的情绪，不至于影响生意的来往。听了我的一番话，他逐渐冷静下来，等我说完，他便以友好的语气对我说："说说看，立瑞，老朋友，现在该怎么办？"

"怎么办都可以，只要你高兴。"

"哦，讲点交情嘛。如果你处于我们的这种境地会怎么做？"

"如果我是你。"我严肃地对他说，"你知道我会怎么做？"

"什么？"

"卖掉所有的股票！"我告诉他。

他盯着我看了一会儿，再也没说一句话，转身走出了我的办公室。从此，他再也没有来过。

没过多久，戈登参议员也来访过。同样是怒气冲冲，为他们的失误而指责我。接着，凯恩也加入了这场铁砧大合唱。他们已经忘记，当他们组成辛迪加财团的时候，他们的股票早已无法大批卖出。他们只是记得，我手握辛迪加财团 400 万美元的资金，却没有能让他们卖出所持有的股票，而且这只股票在 44 美元的价位上曾出现过交易活跃的时期。现在，这只股票的价位在 30 美元，如同泔水一样兴味索然。按照他们的想法，我应该全部卖出，获利丰厚。

当然，经过一段时间之后，他们也会冷静下来。辛迪加财团没有损失过一分钱，他们面临的主要问题依旧保持不变：卖掉所有的股票。一两天之后，他们回来找我，请求我帮他们走出困境。戈登尤其坚持要我帮忙，最终，我让他们按照我的要求去做，将所有集中起来的股票按 $25^1/_2$ 美元的价格并入资产池。我的服务收费是卖出价格高出这个价格部分的 50%，无论这个价格差异是多少。最新的成交价大约在 30 美元左右。

现在我又要帮他们出清股票了。在既定的总体市场条件下，以及联合锅炉公司股票的特殊表现，要卖出股票只有一种途径，当然是在行情下跌的途中卖出股票，而不是试图拉高价格。如果要推升价格，就必须大量买入股票。但是，在价格下跌的过程中，我能够接触到那些坚持在最低价买进的交易者，他们总是认为当一只股票价格在波动的顶部以下 15～20 点时才是便宜的股票，特别是在顶部形成于近期的行情波动中则更为理想。在他们看来，这时应该是到了上涨的时间了。在他们看来，联合锅炉公司的股票成交价曾经接近于 44 美元，那么现在的价格低于 30 美元，的确是抄底的时机了。

就像以往一样，事情进展顺利。准备买进廉价股票的交易者购入的数量足够多，这样我就有可能将资产池成员的持股抛进市场。然而，你是否认为戈登或沃尔夫以及凯恩他们会怀有任何的感激之情呢？完全没有。他们依然对我心怀不满，至少他们的朋友是这样对我说的。他们经常对人们讲述我是如何对待他们的。对于我没能像他们所期望的那样凭我的个人能力推升股价这件事，他们始终不肯释怀。

事实上，如果沃尔夫和其他人没有将那些抢手的贴士传播开来，那么，我永远都不可能卖出为银行贷款作抵押品的那批 10 万股的股票。如果我按照通常的方式来操作的话——就是说，按照符合逻辑的更自然的方式来操作——我就不得不接受任何可能的出价。我告诉过你，我们实际上进入了下跌的市场行情。在这样一个市场上卖出股票，即使没有必要不计后果地抛卖，也不可能真正关注价格的高低。其他方法几乎都不可能，不过，我推测他们并不相信这一点。他们始终耿耿于怀，而我不会。发怒对任何人都无济于事。多次的经验教训使我确信，一个投机者如果无法控制自己的情绪，就无可救药了。在这个案例中，不满与怨恨并没有造成不幸的后果。不过我想告诉你另一个离奇的案例。一天，利文斯顿太太去拜访一位别人热心推荐的裁缝，那是位能干的女子，待人热情，有着令人愉悦的性格。在第三次或第四次拜访时，彼此逐渐由陌生到熟悉，那位女士就对利文斯顿太太说："我希望利文斯顿先生很快就能把联合锅炉公司股票的价格推上去。我们也买进了一些这家公司的股票，因为我们听说他打算推升这只股票的价格，我们一直听说他所有的交易都非常成功。"

我告诉你，想到一些无辜的人听信这类贴士而遭受损失，我总是于心不忍。也许你能够理解为什么我自己从不给别人任何贴士。那位裁缝让我觉得，如果有什么人应该受到指责，我认为真正该遭指责的是沃尔夫。

23

内部人交易

　　股票投机这个行业永远都不会消亡。人们并不希望看到它的消亡。无论如何警示它的风险也不可能制止投机。你无法杜绝人们推测错误的发生，无论这些人能力有多么强，或者经验多么丰富。精密周到的计划也许会中途受挫，因为有许多非预期的甚至不可能预期的情况发生。灾难可以来自动乱，也可能来自天灾，或来自于你自己的贪婪和一个人的虚荣心，也可以来自恐惧或无法控制的欲望。然而，除了这些你可能称之为人的天性而构成的天敌之外，一个股票投机者还不得不与某些不地道的商业行为和欺骗行为抗争，从道德意义上和商业意义上说，这类行为常常防不胜防。

　　当我回首往事，想到 25 年前我第一次来到华尔街时所接触到的商业习俗，我不得不承认，当今的商业规则已经发生了很多有益的变化。旧式的对价行已经消失了，不过，冒牌的经纪行生意依然兴隆，无论男女，只要存有一夜致富的幻想，还是会对投机生意趋之若鹜。股票交易所经营得非常出色，不仅表现在追踪那些地地道道的骗子上，而且表现在严格监督自己的会员坚守交易所的规则。许多有益于市场的健全规章制度和限制条款现在都得到强制的严格实施，当然，还有进一步改善的空间。华尔街的某些痼疾归咎于其根深蒂固的保守主义，而不是道德观念的冷酷。

　　靠股票投机盈利本来就不是容易的事情，现在变得越来越困难了，而且难度与日俱增。不久以前，职业交易者实际上对每只上市的股票都具有充分的了解。1901 年，J. P·摩根将美国钢铁公司股票发行上市时，不过是与更小的联合体重新组合，其中大多数的经营历史都不足两年，当时在纽约股票交易所交易的有 275 家上市公司的股票，其中有 100 家的股票属于

"非挂牌部门"① 交易的股票，后者还包括了这样一些股票，它们的公开信息并不是很明确，因为这些股票发行量很小或者交易不活跃，它们要么是公开流通比例很小的股票，要么是被担保付息的股票，所以缺乏对投机者的吸引力。事实上，占压倒多数的股票是那些几年内都没有任何成交额的股票。当今正常上市的股票则大约有 900 种，在最近活跃交易的市场上，有 600 种不同的股票处在交易的活跃期。此外，过去一组或一类股票都很容易追踪其动向，这样的股票不仅数量少，而且总市值也比较低。交易者不得不关注的信息面也不可能那么宽泛。然而，当今的交易者在市场上交易各种类型的股票，世界上几乎每个行业都有代表性的股票上市。这需要更多的时间和精力来对这些股票进行研究，从这个意义上说，股票投机即使对那些理性的交易者而言也变得困难多了。

有成千上万的人在股市上做投机性的买卖，然而，能够靠股票投机获取利润的人不过是凤毛麟角。因为公众在某种程度上一直是处在"入市"的状态，所以，无论何时，总有部分公众要亏损。投机者最致命的敌人是：无知、贪婪、恐惧和欲望。世界上所有的法律法规手册和地球上所有股票交易所的规则都不可能消除这些人类的动物天性。意外事故可以将精心构思的计划撞得粉碎，当然，这些也超出了冷血的经济学家或乐善好施的慈善家所能掌控的范畴。还有另外一种导致亏损的根源，那就是有意误导的虚假信息，它和直截了当的贴士大相径庭，因为它以伪装和欺骗来误导股票交易者，更狡诈并且更危险。

当然，一般的局外人凭着各种消息来源进行交易，或贴士或谣言，或亲耳所闻或白纸黑字，或直接或暗示。例如，你的一位终生好友真心要助你致富，将他的投资计划与行动对你坦诚相告，就是说，他告诉你买卖了某只股票。他的动机很好。但是，如果贴士不灵，你将如何是好？另外，公众对于职业性贴士转播者或以诈骗为生的情报贩子的防范意识，相对于

---

① 非挂牌部门（unlisted department）也称第三市场，是指非交易所会员在交易所以外从事大笔的在交易所上市的股票交易而形成的市场。换言之，是已上市却在证券交易所之外进行交易的股票买卖市场。它是一种场外市场。第三市场交易属于场外市场交易，但与其他场外市场的区别在于，第三市场的交易对象是在交易所上市的股票，而其他场外交易市场则是从事未上市的股票在交易所以外交易。

防范兜售假首饰或假酒的人，其程度大概是相当的。然而，要防范来自典型的华尔街的流言飞语，有着投机心理的公众既无保护自己的能力，也得不到任何补偿。证券批发商、股票操盘手、资产池管理者和个体交易者，所有的人都在借用各种各样的手段来帮助自己以尽可能的最佳成交价来派发他们手中多余的头寸。报纸和新闻收报机上不断传播的利好消息才是最致命的。

随便翻一翻任何一天财经类的新闻报刊，你都会惊奇地发现，有那么多的暗示自己有半官方性质的语言。处处都有这样一些权威性的表述，诸如"某位重要的内部人士"或"一位著名董事"，亦或"一位高级官员"、"某官方人士"，他一定知道他在说些什么。这里就有今天的报纸，我随意翻出一页。你可以听听这段："一位地位显赫的银行家表示，现在预期股市行情下跌为时尚早。"

果真有这样的一位银行家说过这样的话吗？如果是，那么何以不肯透露真实姓名？是否在担心读者轻信他说过的话？

这里还有另外一段有关一家公司的股票本周交易活跃的报道。这次，写这篇报道的人使用的称谓是一位"著名董事"。如果真有其事，那么，在该公司的几十位董事中，到底是哪一位董事发表的谈话呢？很明显，如果采用匿名的措辞，即使这番讲话造成了什么不良影响，也不会有人为此承担责任。

股票交易者除了要了解和研究各地的投机活动以外，还必须考虑与华尔街交易活动相关的某些事实。不仅要掌握盈利的技能，而且要学会避免亏损的本领。要懂得，有所不为与有所为具有同等重要的意义。因此，要牢记，不同股票在所有的上涨行情中实际上都有某种形式的操作，这样的上涨往往是由内部人精心策划的，其目的而且唯一的目的就是尽可能以最好的价格卖出股票。然而，如果经纪行的客户能坚持要得到某种可以解释行情上涨的理由，那么他总是不会轻易上当受骗。股票操作者很自然地被"解释"为借助于行情上涨的便利派发股票。我坚持认为，如果禁止刊登以匿名方式发表的股市利好的言论，那么公众的损失将大大减少。我的意思是，这些不负责任的言论蓄意设计公众，促使他们买进并且持有股票。

在报纸上以不具名的董事或内部人的权威名义发表的利好消息的文章中，占压倒多数的言论是在传递不可靠和误导公众的信息。公众由于接受这些所谓半官方的、貌似可信的言论，每年都要蒙受成百上千万美元的损失。

例如，一家公司某项业务经历了一段相当长时间的萧条期。该公司的股票交易已不活跃。市场上股票的报价通常能代表一家上市公司股票的实际价值，很可能体现了其价值的准确度。如果这只股票当时的报价过低，有人就会意识到这一点而买进，该股票就会上涨。相反，如果股价过高，同样是这些精明的交易者，就会借机卖出，股价就会下跌。如果该股票所代表的公司没有任何特别的事情发生，这只股票就会变得无人问津。

假如这家公司的某项业务突然有了转机。谁会最先得到这个消息呢？是内部人还是公众？你完全可以肯定，不会是公众捷足先登。那么，接下来将发生什么事情？当然是业务的持续改善，收益增加，公司将对股东重新派发红利，或者如果公司本来并没有停发红利，就有能力按更高的红利比例再增发红利。这就是说，股票的价格将会上升。

假定这家公司的业务持续得到改善。公司的管理层是否会将这个事实公之于众？公司的董事长是否会将这一消息向股东们通报？是否有哪位信仰博爱主义的董事出自公众的利益站出来发表一篇具名的讲话？而这些公众正是每天阅读报纸的金融版面和翻阅新闻社新闻快报的那些人。是否会有哪一位谦逊的内部人按照他一贯追求的匿名风格站出来发表一份不具名的讲话，说明公司的未来大有前途？当然没有，任何人都不会吐露一个字，无论是报纸还是新闻收报机，都只会保持沉默。

真正有价值的信息都会远离公众，被小心谨慎地掩藏起来。此时此刻，那些沉默寡言的"著名董事"们正忙着进入市场，尽他们所能，将所有便宜股票统统买下。随着这些深知内情而又不事张扬的买入者大量购进，股票价格随之上升。那些金融报刊的记者也清楚，这些内部人一定了解行情上涨的原因，所以会向他们询问缘由。而这些千篇一律的匿名内部人异口同声地宣称，他们没有任何消息可以透露，也没有任何可靠的依据来说明股价上涨的原因。有时，他们甚至会声称，他们实际上并没有特别关注股票市场的异常表现，或者说也没有在意股票投机者的行为。

行情继续上涨，知情者将所有想买到手的股票或者说能够最大量持有或控制的股票尽收囊中，迎来了洋洋得意的一天。新闻收报机告诉交易者们，"据官方称"，该公司确定无疑地转向了新的拐点。依然是那位谦逊的董事，当他说没有任何可靠的证据说明股价上涨的原因时，他不希望透露姓名。现在，他仍然不希望具名引用他的高论，他要说的是，该公司的股票持有人具有充分的理由对公司的前景感到备受鼓舞。

利好消息四处泛滥，怂恿公众开始买进股票。公众的这轮购进使价格继续升高。到了一定的时间，曾不约而同奉行匿名原则的董事们的预言成为现实，公司恢复了红利支付，或者提高了红利派发的比率，事情也许是这样。随着上述情况的出现，利好消息呈倍数扩散，不仅数量增多，而且炙手可热。一位"地位显赫的董事"要求直言不讳地发表有关市场形势的讲话，向全世界说明，公司状况不仅持续得到改善，而且目前如日中天。另一位"重要的内部人士"经不住记者的软缠硬磨，终于对媒体坦言，该公司盈利状况的改善异常惊人。还有一位曾与该公司保持密切业务关系的"知名的银行家"，被记者追问不过，不得已而透露，该公司销售额的扩张实在超出了预料，即使不再接受新的订单，完成现有的订货合同也需要日夜兼程加班加点，只有天知道这种状况要持续到何年何月。一位"财务委员会的成员"在字大行稀的声明中表达了他对股市的看法，让他惊讶的是公众何以对上涨的行情感到如此惊讶。唯一令人惊讶的事情是股市行情的爬升表现得如此温和。任何人，只要分析一下即将出台的年度报告，就能轻易地看出股票的账面价值已经远远超过它的市场价格，如此这般。只不过，在这些健谈的博爱主义者所发表的言论中，没有任何一番讲话是具名的。

只要该公司的收益继续维持在良好的水平上，内部人也没有察觉到公司业务的繁荣有任何减弱的苗头，他们就会继续持有他们在低价位买入的股票。既然没有什么因素促成股价的下跌，他们又有什么理由要卖出呢？但是，当公司业务的繁荣景象发生逆转的那一刻，将会发生什么呢？他们还会站出来发表讲话或者提出警示甚至哪怕是一点点的暗示吗？同样不大可能。现在的行情走势是下跌，正如公司业务发生好转时他们并没有大肆声张却悄然买进股票一样，他们现在故伎重演，悄无声息地卖出。随着内部人的卖出，股价必然下跌。随后，公众又开始寻求他们习惯于得到的所谓"解释"。一位"显赫的内部人"宣称，一切正常，股价的下跌不过是一些空头交易者试图通过卖出而影响整个市场所引起的。如果在风和日丽的一天，股票行情在下滑了一段时间之后，必然会跌破某个点，公众便会强烈要求听到"原因"或者"解释"，除非有人站出来说些什么，否则，公众会担心更糟的事情发生。于是，新闻收报机会印发出这样的消息："当我们要求该公司一位重要的董事解释股票价格下跌的原因时，他回答说，他可能得到的唯一结论是，今日的行情下跌是由空头交易者的打压引起的。公司的经营状况没有发生任何变化。公司的业务从来没有像现在这么好，除非存在某些完全不可预见的可能性，否则，公司下一次的分红大会将会提高分红比例。市场上的空头一方变得越来越具攻击性，股价的疲软状态很显然是受此袭击所致，他们意图将一些脆弱的持股人逐出市场。"新闻收报机希望能吸引读者的眼球，或许还要添枝加叶、故弄玄虚地宣称他们"根据可靠的消息来源"获悉，当日股市下跌行情中的买家主要来自内部人集团，空头交易者将会发现，他们的抛卖只是让自己落入了陷阱。接下来将会是清算休整的一天。

公众除了听信利好消息而买进股票蒙受损失，从而支撑股市运转以外，他们也会因为听信劝阻握住股票不肯卖出而遭受同样亏损。下一步精心的设计就是让公众买进"重要内部人"希望卖出的股票，在内部人希望不再支撑该股票或不准备累积头寸时，防止公众对同一只股票也产生卖出的念头。公众在阅读完"地位显赫的董事"所发表的声明之后还能相信什么呢？一般局外人还能产生什么样的想法呢？当然，这只股票不会再发生下跌的情形了；当日的下跌只是由于空头交易者卖出而打压市场造成的，只要空头者停手，内部人将策动惩罚性的上涨，空头者就不得不在行情上涨途中在高价位买入平仓。公众很可能会相信这样的解释，如果行情下跌真的是由空头交易者打压引起的，那么确实会出现这样的结果。

然而，股票的问题还是会出现，尽管所有这些威胁或承诺都是针对大规模地反击过度打压股价的空头交易者，但股价还是不会出现上涨行情，只能保持一路下滑。威胁和承诺无济于事。太多的股票从内部人手中抛入市场，市场一时难以消化。

这只内部人的股票由于"重要董事"和"显赫内部人"的抛卖变成了职业交易者脚下的足球。股价持续下挫，似乎看不到底线。内部人很清楚，交易条件对公司未来的收益将产生负面影响，所以也没有勇气支撑着这只股票，直到公司业务再次出现好转的迹象。随后将有另一轮内部人的买进，同样是悄无声息地进行。

多年以来，我经历了大量的股票交易实践，对股市有相当深的了解。可以说，在我见过的案例中，没有一例表明是空头者打压引起股市大幅度下滑的。被称为空头者打压的行为只不过是依据对实际市场条件的准确理解而卖出股票而已。当然，也不能说股价的下跌是因为内部人的卖出或内部人的不肯买进所致。这时，每个人都争相卖出，而如果每个人都要卖出，却没有人买进，公众必然会付出惨重的代价。

公众应当牢牢掌握这样一点：行情长期持续下跌的原因绝不会是空头者的打压。当股票行情持续下滑时，你可以肯定的是，这只股票有什么地方出错了，要么是它的市场推广有问题，要么是发行股票的公司有问题。如果下跌的行情得不到调整，这只股票不久就会在它的实际价值以下被卖出，此时，将有买家入市，他们的购买将阻止股价进一步下跌。实际上，空头交易者能够赚取大笔利润的唯一时机是在股价过高时卖出。当然，在这种情况下，内部人决不会将这一事实告白天下，这一点是毫无疑问的。

当然，最经典的案例与纽黑文铁路公司的股票有关。这个今天人人都知道的案例，在当时却只有几个人知情。这只股票在 1902 年卖到 255 美元，是新英格兰地区②最主要的铁路投资项目。在这个国家的这个地区，人们通常用持有多少这家公司的股票来衡量一个人在本地社区的影响和地位。

---

② 新英格兰（New England），当地华人常称之为"纽英仑"，是位于美国大陆东北角、濒临大西洋、毗邻加拿大的区域。新英格兰地区包括美国的六个州，由北至南分别为：缅因州、新罕布什尔州、佛蒙特州、马萨诸塞州、罗德岛、康涅狄格州。马萨诸塞州首府波士顿是该地区的最大城市以及经济与文化中心。

如果有人说这家公司正在濒临破产的边缘，这个人虽不至于被发配到监狱，但人们也会以为他精神错乱，将他送进疯人院，和其他患精神病的人关在一起。然而，当摩根先生委派了一位胆大妄为的新任总裁梅兰上任负责这家公司之后，这家公司不久就土崩瓦解了，最初，人们还不能看清这位新任总裁的政策会将公司引向绝路。然而，随着这位总裁以联合铁路公司的名义按虚高的价格购置了一笔又一笔的资产，加重了公司的负担，少数目光敏锐的观察者开始怀疑梅兰的政策是否明智。比如，其他人购进一部电车系统的价格是 200 万美元，而卖给纽黑文公司则可以得到 1000 万美元。因此，公司里一两位鲁莽的工作人员冒着大不敬的风险，指责管理层工作疏漏。并暗示，即使纽黑文铁路公司实力再强也无法承受如此的奢侈，这种行为在当时的人们看来，如同怀疑直布罗陀山的坚固一样荒谬。

当然，最初看出前方有障碍的是内部人。他们对公司的真实情况越来越警觉，开始减持手中所持有的纽黑文铁路公司的股票。由于他们在卖出的同时，并没有采取措施支撑市场，新英格兰这只镶着金边的铁路股票开始后退。人们按惯例开始发出疑问，要求得到解释。因而，通常的解释很快就出笼了。"重要的内部人"宣称，据他们所知没出现什么问题，股价的下跌是由于鲁莽的空头者的卖出行为所致。因此，新英格兰地区的"投资者"继续保留他们所持有的纽约、纽黑文和哈特福德铁路的股票。为什么不呢？内部人不是公开说了吗？根本没有出现任何问题，不过是空头者的卖出而已。难道没有宣布分红和按时派发红利么？

与此同时，承诺挤压空头的行动并没有兑现，不过股价变动的记录却出现了新低。内部人的抛售越发急切，越来越难以掩人耳目了。不过，波士顿地区那些热心公益的人却被指责为股票掮客和蛊惑人心者，因为他们要求该公司解释股票行情大幅下挫的真正缘由。这场行情的变故意味着新英格兰地区的每一个人都遭受了令人震惊的损失，这些人期待的是安全的投资和稳定的红利收入。

这只股票在历史性的大崩跌中，从每股 255 美元跌至 12 美元，这样的跌幅决不是也决不可能是空头交易者突袭的结果。它既不是由空头者启动的行情，也不是空头者操作的过程。内部人一直在卖出，而且总是在较高的价位卖出，如果他们能说出真相，或者允许真相公之于众，他们就不会以这样的价格卖出。价位是在 250 美元或 200 美元，还是下跌到 150 美元或 100 美元，甚至跌到 50 美元或 25 美元，这些并不重要，即使是 25 美元，对于这只股票而言也还是太高了，内部人是知情者，而公众一无所知。当公众不停地买进卖出一家公司的股票，试图从中赚取利润时，如果能够清醒地意识到自己的不利处境，或许还有获利的希望，而实际上，只有少数几个人通晓真实的情况。

这只股票的崩跌是过去 20 年的股市中最惨烈的一次，其下跌显然不是因为空头打压。然而，以这样的理由来解释是最容易被接受的，正因为有了这种解释，公众成千上万美元的损失都可以用这样的解释来包揽责任。同样是因为这种解释而阻止公众卖出股票，他们本来对股票的表现不满，期待在空头交易者停止打压后，在价格的回升中卖出股票。在以往的岁月中，我常常听到有人指责基恩。在他之前，他们习惯于指责查理·沃瑞肖弗或者埃迪森·卡麦克。后来，我成了股票市场的替罪羊。

我还记得有关英特威尔石油公司的案例。这只股票由于背后有一个资产池支撑而推高了股价，在股价上涨的过程中吸引了一些买家。股票操作者将股价推升至 50 美元，资产池的成员在这个价位上卖出股票，导致股价大幅下挫。紧接着像通常一样，公司被公众要求作出解释。为什么英特威尔石油公司的股票行情如此疲软？询问这同一个问题的公众如此之多，以至于这个问题的答案成了当时报纸上的重要新闻。有一家金融新闻社打电话采访了了解英特威尔石油公司股票下跌行情内情的几家经纪行，因为他们同样也了解当初这家公司股票行情上涨的内情。他们同属于推升股票行情的资产池的成员，这家新闻社问起相关的原因，答案或者被印刷成铅字在报纸上登出来，或者通过无线电传播到全美各地。那么，这些经纪商会怎么回答呢？为什么股价下跌？当然是因为拉瑞·利文斯顿在做空头打压，袭击市场！这还不够，他们又加上了一句，他们打算"逮住"他。不过，构成英特威尔石油公司股票资产池的内部人当然还在继续抛出股票，股价一路下滑，直到每股 12 美元的时候才停下来，他们还可以继续卖出，使股价跌至 10 美元甚至更低，而他们卖出的平均成交价仍然高于成本价。

内部人在股价下跌途中卖出股票是明智和适当的。然而，这对那些付出 35 美元或 40 美元的代价买入股票的圈外人而言，则完全是另外一回事。圈外人从新闻收报机所印刷出来的报纸上得到消息，买入并持有这只股票，他们期待拉瑞·利文斯顿在内部持有人组成的资产池入市进行愤愤不平的反击中，得到应有的惩罚。

在牛市行情中，尤其是在繁荣时期，公众通常都会先盈利后亏损，这只是因为牛市行情不可能持续得太久。所谓的"空头打压"有助于上涨的行情持续得久一些。公众应该对那些不具名的"著名内部人"的解释备加小心，正是这些内部人希望公众相信他们的言论，正所谓"请君入瓮"。

24

公众

公众总是会期待从别人那里听到些什么。正是这一点使得散播贴士者乐此不疲，接受贴士者大有人在，成为通行于各地股票市场的国际惯例。经纪商应该给予他们的客户一些交易建议，或通过编写市场通讯的方式，或以口头交流的方式，这样做无可厚非。只是，经纪商不应该过于注重现实条件的细节，因为市场进程通常比现实的市场条件超前 6 个月甚至 9 个月。今天的盈利不能作为经纪商建议客户买进股票的依据，除非有一定的把握作出判断，从今天起到 6 个月或 9 个月之间，经营前景能够保证收益率将保持不变。如果你能有这样的远见，那么就能充分意识到，基本条件的变化在酝酿之中，这将改变现实的市场力量，而今天认为股价便宜的种种理由都会消失。交易者必须做到风物长宜放眼量，然而，经纪商更关心的是现在所能获取的佣金，因此，有关的市场信息就不可避免地带有谬误。经纪商是靠公众交易的佣金谋生的。同时，也试图引诱公众通过他们的市场信息或口头交流的方式，买入他们已经接到内部人或股票操作者的卖出指令的同一只股票。

下面这些事情时有发生，内部人去找经纪公司的管理人，对他说："我希望你能为我的股票开拓市场，帮我卖出 5 万股。"

经纪商会询问进一步的细节，让我们假定这只股票的标价为 50 美元，内部人告诉他："我会给你一份 5000 股的买入期权，执行价为 45 美元，每推高一点再加 5000 股，共计 5 万股的期权。同时，我还会给你 5 万股的卖出期权①，执行价依市价而定。"

---

① 卖出期权（put option）又称看跌期权，它赋予投资者在合约有效期限内按某一确定价格（合约中规定的执行价）卖出一定数量的有价证券或期货的权利。

现在，对经纪商而言，这笔钱很容易赚到手，如果这个经纪商有很多追随者，当然，这类经纪商正是内部人梦寐以求的。一家经纪行如果直接连线它在全美各地的分支机构或营业厅，通常在这类交易中能够找到大量的跟风者。不过要记住，由于这家经纪商握有一笔卖出期权，在任何情况下他的交易都是万无一失的。如果他有办法让公众跟风，他就能够派发他的全部头寸，除了正常的佣金之外，他还可以赚取大笔利润。

在我的脑海中还保留着闻名华尔街的一位"内部人"的杰出业绩。

他会去拜访大的经纪公司中最重要的客户经理。有时，他还会屈尊拜访这家公司较低级别的合伙人。他会做下面这样的表白：

"你好，老朋友，我想对你表示我的谢意，承蒙你多次关照。我想给你一个机会，能获取真正的盈利。我们正在组建一家新公司，将原来一家公司的资产吸收进来，我们准备按高于目前的标价接管这家公司的股份。我打算让给你 500 股汪塔姆商场的股票，每股股价为 65 美元。目前这只股票的标价是 72 美元。"

心存感激的这位内部人分别到十几家不同的大经纪公司约见那些重要的客户经理，表达了同样的意愿。既然这位内部人对华尔街的各大经纪公司都施以恩惠，他们得到的股份已经显示了不菲的利润，那么，他们还需要做什么呢？当然是劝导他们所能接触到的男男女女买入这只股票。他们将为这只股票的推广助一臂之力，为它创造出一个市场，以便这些内部人能够在这个市场上将他们的宝物以高价卖给可怜的公众。

推销股票的承购人的其他一些伎俩，也应该在被禁之列。在交易所内应该禁止那些已经公开上市的股票在场外交易中以保证金支付方式所进行的交易。公开上市公司股票的正式报价带有官方批准的色彩，对任何股票都构成了某种约束力。此外，自由市场的官方色彩以及不时出现的价格差异，构成了市场所需要的全部诱因。

另一类常见的推销术也可以使毫不设防的公众损失成百上千万美元，却没有任何人因此而坐牢，因为它是完全合法的。这就是单纯为了开拓市场的紧急需要，通过拆分股票来增加股本的数额。整个过程除了变换股票证书的颜色，并没有其他实际意义。

这一过程如同变戏法一般，拿出 2 股或 4 股甚至 10 股新股票用于换取旧股票的 1 股。通常情况下，这种做法的意图在于使旧的商品更容易销售。比如，原来一磅商品的价格为 1 美元。如果改换包装，每 1/4 磅以 25 美分的价格售出，情况也许会有所改善，每份新包装的商品或许可以卖到 27 美分或 30 美分。

为什么公众不提出疑问，分拆后的股票何以那么有吸引力而情不自禁地买进？这又是华尔街慈善家所操作的把戏。明智的交易者不会轻易触碰对手奉送的礼物。这些行为本身就是警示信号，必须时时提防。公众视而不见，年复一年地损失成百上千万美元。

无论谁是始作俑者，企图通过编造或传播谣言，损害个人或公司的信用或商业信誉，也就是说，通过影响公众的卖出意愿压低证券的价值，法律都会予以惩罚。最初，制定该项法律的主要意图是通过惩罚那些在面对经济压力时公开诋毁银行支付能力的人，以减少恐慌的风险。不过，该法律当然也会保护公众，使他们避免在低于股票实际价值以下的价格卖出。换言之，本国的法律将惩罚散布谣言唱衰市场的一类人。

如何保护公众，使他们避免在股票的实际价值以上购入股票？由谁来惩罚那些散布不正当的看涨消息的人？没有这样的法律。而且，匿名的内部人诱导公众在股价远远高于实际价值时买进股票所造成的损失，远远大于所谓"突袭"期间公众受空头者看跌建议的影响在股价大大低于实际价值卖出时所遭受的损失。

如果能够通过一项法律来惩处散播看涨谎言的人，就像目前的法律惩处散布看跌谎言的人一样，我相信，公众将会避免巨额亏损。

当然，股票推介人、股票操盘人以及其他匿名的乐观派的受益人，他们会告诉你，如果有人因听信谣言或不具名的观点而进行交易，发生了亏损就只能自我抱怨。那么，以此类推，如果有人愚蠢到沦为吸毒者，就不再具有受保护的资格。

股票交易所应当有所作为，保护公众免受不公平交易的侵害，是交易所至关重要的利益所在。如果一个人所处的位置能够了解公众的渴望，要使公众接受他所陈述的事实甚至他的观点，那么请让他签署真名实姓。签署实名不一定意味着利好消息成真，然而却一定会使"内部人士"和"董事们"出言谨慎。

公众应当时刻牢记股票交易的基本要素。当一只股票行情上涨，并不需要详细地解释它为什么会上涨。市场将出现持续的买进以维持这只股票行情上涨的势头。只要出现这种情况，并且不时出现小幅的自然回落，那么只要跟随其上涨的趋势就是相当安全的交易计划。然而，如果一只股票在经历了长期稳定的上涨之后发生了逆转，开始逐渐下跌，只有偶然的小幅回升，那么很明显，价格最低阻力线已从上升转为下降。如果出现了这种情况，为什么还有人要求得到解释呢？如果问起为什么行情会下跌，也许确实有很好的理由，不过这些理由只能为少数人所了解，他们或者会严守这些秘密，或者实际上只是对公众说这只股票很便宜。这便是这种游戏本身所具有的特征。公众应该意识到，少数知情者不可能道破真相。

许多被称为"内部人"或官方的观点都是没有事实作为依据的。有时，甚至并没有什么人要求这些内部人发表言论，无论是匿名的还是实名的。某人或他人之所以杜撰这些故事，是因为他们与市场利益攸关。在证券的市场价格上涨过程中的某个阶段，内部人中的大户并不会抗拒职业交易者在这只股票的交易上推波助澜。尽管，内部人也许会告诉你这位大投机家适时买进的时机，然而你可以肯定一点，他决不会告诉你何时应该卖出。这就使得职业交易者中的大户处在与公众相同的境地，唯一不同的是，他不得不寻求足够大的市场卖出股票。随后便是你可能得到最具有误导性"信息"的时候。当然，某些内部人在这场游戏的任何阶段都是不可信的。通常情况下，大公司的头面人物会依据内幕消息在市场上运作，不过，这些人实际上不会以谎言面对局外人。他们只是不发一言，因为他们深知，在某些场合，沉默是金。

有些话我已经重复了多次，即使说得再多也不为过：身为一名股票操盘手的多年经验让我深信，没有任何人能够始终如一和持续不断地在股票市场赢得交易，尽管一个人或许在某些股票或某些场合的交易中盈利。

无论一名交易者经验多么丰富，亏损的可能性总是存在的，因为股票投机不可能是百分之百的安全。华尔街的职业交易者都清楚，与饥荒、瘟疫、粮食减产、政治动荡或者通常被称为意外事故的这些遭遇相比较，听信"内部人"的贴士将会更快地将一个人推向破产的境地。无论是在华尔街还是任何别的地方，并不存在通向成功的坦途。既然如此，为什么还要设置额外的路障呢？

附录

一个真实的大作手

——杰西·利弗莫尔和他生活的时代

在 20 世纪初的美国，做股票买卖的风险非常大，有的人一夜之间成了暴发户，但也可能在一夜之间成为穷光蛋，甚至负债累累。

本书主人公拉瑞·利文斯顿的原型名叫杰西·拉瑞斯顿·利弗莫尔（Jesse Laurston Livermore），他是 20 世纪 20 年代纽约华尔街叱咤风云的传奇人物。

利弗莫尔有一头金黄头发，蓝眼睛，身材瘦削。他不修边幅，西装老是皱巴巴的，领带歪打着。这个英格兰人的后代嘴里总是叼着香烟，一天要抽掉 10 支哈瓦那雪茄。

利弗莫尔 1877 年 7 月 26 日出生于美国的马萨诸塞州，14 岁就进了一家经纪行做抄写员。凭着自己在股票交易方面的天赋，他迅速积累起了不菲的财富。不久，他便只身来到纽约闯荡。

1906 年，利弗莫尔和一位女友在大西洋城度假，他偶然走进一家经纪厅，到里面匆匆看了一眼。那时正值牛市，股票价格在大幅上涨。如本书中所说，联合太平洋铁路公司引起了利弗莫尔的注意。他认定这只股票将要下跌，于是立即卖空了3000股。但这只股票却继续上涨，他在第二天又卖空了2000股。

那天是1906年4月18日，利弗莫尔一共做了5000股空头，联合太平洋铁路公司的股票仍然居高不下。就在这一天，旧金山被一场地震毁掉了。铁路大乱，联合太平洋铁路公司的股票一落千丈，傍晚未过，利弗莫尔已经成了百万富翁。

后来不到一年，利弗莫尔感觉种种迹象表明牛市将尽，于是在纽约交易所大做空头。1907年10月，美国银行危机爆发，纽约一半左右的银行贷款都被高利息回报的信托投资公司作为抵押投在高风险的股市和债券上，整个金融市场陷入极度投机状态。

1907年，美国第三大信托公司尼克伯克信托公司（Knickerbocker Trust）大肆举债，在股市上收购联合铜业公司（United Copper）股票，但此举失利，引发了华尔街的大恐慌和关于尼克伯克即将破产的传言。银行纷纷收回贷款，股市暴跌，民众挤兑，几家大银行濒临倒闭。时任摩根财团总裁的约翰·皮尔庞特·摩根联合其他银行共同出手，筹集流动资金，才使市场重归平静。而正是出于对该事件的教训总结，1914年成立了美国中央银行，也就是简称美联储的美国联邦储备局。在这场股市危机过程中，利弗莫尔每天都能赚好几万美元。

第一次世界大战期间，利弗莫尔在钢铁和汽油股上攫取了巨大的利润。他正确地判断美国会从战争中捞取好处，促使工业繁荣起来。在那段时间里他一直做多头。在停战协定签订的时候，他又转做空头，因为他知道回国的士兵会增加失业率，那将必然搅乱过热的经济。

到1925年时，据说利弗莫尔的个人资产已经超过2500万美元，他也借此过着奢华的生活。他的资产包括一幢位于曼哈顿的漂亮公寓、一节自用的铁路客车车厢、位于欧洲的别墅、在纽约长岛北岸的一所周末住宅……他还拥有那个时代几乎闻所未闻的一架自用的专用飞机。

利弗莫尔的办事处设在赫克谢尔大厦的第18层。楼下的看门人只允许预约名单上的客人进入大楼，来客到达利弗莫尔的房间门口，又会有一名保镖作安全检查。房间里大约有 60 人在照看电话、电报以及股票行情自动收录器。他们还有反映最新价格的大块的股市行情栏。这里是那个时代最精致复杂的指挥部，它向利弗莫尔提供股市动向的最新内部情况，还提供整个华尔街的情况和最新的消息。

1929 年，赫伯特·胡佛当选美国总统，利弗莫尔感到，这个国家经济的不确定性使得股票市场出现了他从没见过的状况——简直好到难以相信的程度。

在 1929 年的整个夏季直到秋天，美国经济持续高涨。人们都把这个时候叫"好时光"。注入华尔街的资金越来越多。以前，资金主要是从欧洲流入，但眼下英国投资者在工党政府治理下，拼命维护自己，英国的钱流入美国股市的速度已不那么快了。尽管如此，钱仍从美国的各个角落涌向华尔街。股票市场成为全国性的消遣娱乐场所。进入股市的入场券不过是一份报纸的价钱。由小赌客们组成的大军，从银行里提出他们的 100 美元、200 美元或 300 美元的存款，投入股票市场。

但是利弗莫尔并没有像众人那样盲目乐观。他竭力要从这种经济大好的形势中看出真相，于是努力搜阅金融报刊，并把自己的情报来源和报刊上的分析相互比较。利弗莫尔预测出美国的工业即将走入困境，美国的银行业也即将走入困境，若不经一番风雨折腾，美国经济就不可能再度繁荣发达起来。

利弗莫尔相信，美国的股票市场将会出现一个前所未有的最大熊市，股市指数将会暴跌。

1929 年 9 月来了首次信号。这时候利弗莫尔从报纸上看到一条消息：英国人正为他们的货币担心，因为英国出现了一个前所未有的哈特雷金融诈骗案。消息传到美国，利弗莫尔对于英格兰银行为何不采取补救措施大感不解。或许他们不救是因为无能为力吗？困惑不明的利弗莫尔要他的英国"间谍"探明情况。"间谍"们通知利弗莫尔，英格兰银行准备提高利率。利弗莫尔还得知，美国联邦储备银行也打算把利率提高 1 个百分点。利弗莫尔判断，银行利率一旦提高，许多人就会把钱拿去存银行了，这么一来，股市的资金就会大大减少。而且，接着就会出现抛售股票的浪潮。

抛的人多买的人少，股价必定下跌无疑。

与此同时，利弗莫尔了解到有个名叫巴布森的经济学家，三年来连续在全国的商业会议上作演说。他知道巴布森跟自己一样，是个股市空头投机家。实际上在过去两年里，巴布森就预言经济的黑暗时期要到来。1928年，巴布森在一次会议上说过，如果民主党人史密斯当上总统的话，就会把人们带进经济萧条。然而那一年史密斯和民主党人并没有上台，上台的是胡佛和共和党人，于是巴布森的警告就被人们当成耳旁风了。精明的利弗莫尔通过各种剪报分析，发现巴布森的警告对他有利用价值。

利弗莫尔命令他的下属守好电话机，他自己走进股市，通过全国各地的经纪人着手卖出股票。

与此同时，巴布森也在发表演讲时对一大群记者说："用不了多久，就会发生一场大崩溃，那会使得权重股股票遭殃，并使道琼斯指数下降 60 至 80 点。"此后不到半小时，各报社记者都通过电话向编辑部发回消息："经济学家预测股市将下降 60 至 80 点。"

利弗莫尔抢先一步继续不停地抛售卖空。

几乎所有的晚报都报道了这个消息，几乎每一家美国电台都广播了这个消息。

直到当天收盘之前，利弗莫尔都在不停地卖空。这时候，又有其他经济学家出来驳斥巴布森的观点。第二天上午，利弗莫尔突然把他的交易地位变换，买回了他所卖出的股票。果然，几天之内股市又恢复原状，平安无事。利弗莫尔从中大大捞了一笔。

利弗莫尔赚了一大笔，又在策划另一场"大屠杀"了。

1929 年 10 月来到了。10 月 24 日，星期四，股市价格狂跌，这第一场"爆炸"便把股市炸得粉身碎骨；10 月 29 日，股市依然狂跌不止，第二场"爆炸"把股市炸得寿终正寝。许许多多的股票持有者，眼睁睁看着手中的证券成了废纸，财富随着股市的惨跌化为乌有。

可是，利弗莫尔这个股市的投机家，和少数几个人一样，早已将股票脱手。

这时，利弗莫尔拥有的财富，足够他挥霍好几辈子了。但他仍然不肯歇手，继续在股市上弄潮，乐此不疲。

不幸的是，利弗莫尔的好运已经过去了。

到1930年的时候，情况发生变化。谁都不知道是怎么一回事，也不知道他的脑子里究竟发生了什么变化，利弗莫尔开始有些不灵了。

或许是因为家事的干扰，妻子因为他的不忠，正在闹离婚。或许像一些伟大的体育明星，他们的体育生涯中总有个巅峰，一旦他们走过了，下坡就非常快了。

没人知道原因，总之，利弗莫尔突然之间变成了进入冬眠状态的昏昏沉沉的大熊。

到1931年年底，他财产的半数不见了。

到1933年，剩下的另一半也不见了。

大萧条之后，证券交易委员会对于卖空的规则作了许多修改。在这以前，规则是"买方得多留神"，而这时已变成"卖方得多留神"了。利弗莫尔过去专做卖空，新规则对他有了诸多限制。

到了1934年，利弗莫尔已成为一个醉鬼。人们看到他穿着邋遢的衣服，喝得醉醺醺的，疯疯癫癫地出现在股票交易大厅里。他变成了以前他自己的影子，在股市摔得头破血流。他成为他以前敌手们鹰嘴啄食的一块肉，很快，这块肉被啄食光了。

利弗莫尔穷困潦倒，1934年3月4日，他不得不申请破产。不久，利弗莫尔的妻子也离他而去。他孑然一身，住进了到处透风的公寓。劳斯莱斯轿车没有了，豪华住宅和别墅、游泳池没有了，前呼后拥的仆人没有了，一切都烟消云散了。

为了苦度光阴，1939年，利弗莫尔出版了《股票大作手操盘术》（How to Trade in Stocks）一书。但是这本书出得太晚了，在他一帆风顺的年代，这本书稿肯定会卖得上百万美元。可是世界上没有一个人喜欢输家。为出版这本书，他东奔西走，欠下了一屁股的债。出版这本书成为了他的又一场惨败。

1940年11月，一个大雪纷飞的日子，利弗莫尔喝下仅剩的半瓶威士忌，从寓所溜了出来，走进一家大旅馆（Sherry Netherland Hotels）的卫生间，从口袋里掏出手枪，朝自己的脑袋扣动了扳机。

他留下的遗书写道："我的一生是一场失败。"

经多方分析，利弗莫尔最后自杀应该是因为婚姻生活的失败导致的抑郁症，而非破产。根据本书中的记录，他曾经多次破产，所以破产对于他不是什么打击，并且他曾为自己的家庭买过信托基金，所以破产后的生活还是有保障的。1934年破产后，利弗莫尔做的第一件事是与他妻子去欧洲旅行了20个月，在上甲板前，他对记者说："我希望解决我思想中的一些问题。"

江恩在《江恩：华尔街四十五年》中列举了不少大炒家的故事，其中一个就是股票作手利弗莫尔。江恩称利弗莫尔是个有信用的人，他虽然屡屡破产，但只要恢复元气，一定还债（包括欠江恩的钱）。

《金融心理学》的作者拉斯·特维德也提到过利弗莫尔是如何逃过1929年大崩盘的，当时他雇用40名"统计员"作为助手，在没有计算机的情况下，对下跌和上涨的股票家数进行计算。在他们广泛选取的1002只股票中，有614只同一时期下跌，只有338只上涨，所以尽管道琼斯工业指数成分股涨势喜人，但利弗莫尔还是感到大事不妙，决定赶紧走人。

杰西·利弗莫尔的一生就像他在1929年华尔街做的伟大空头一样，最终他依旧选择了以自己最陶醉的方式，在1940年做空了他自己。

杰西·利弗莫尔大事记

1877年7月26日，杰西·利弗莫尔出生于马萨诸塞州。

1892年，14岁，在经纪行做抄写员。

1893年，15岁，第一次投机获利3.12美元。

1893年，15岁，赚得人生中第一个1000美元。

1898年，20岁，赚得人生中第一个10 000美元。

1899年，21岁，搬到纽约，开始在纽约证券交易所交易。

1900年，22岁，亏掉全部资金，不得不带着借来的500美元回到对价行中。

1901年5月9日，23岁，获利50 000美元，但是又都输光。

1902 年，25 岁，重新获得成功。

1906 年春天，29 岁，在对联合太平洋铁路公司股票的卖空中获利250 000美元。

1906 年夏天，29 岁，听信了艾德·哈丁的消息，亏损 40 000 美元。

1907 年 10 月，30 岁，杰西·利弗莫尔在市场崩溃中放空，赚到人生中第一个 100 万美元。

1908 年，31 岁，杰西·利弗莫尔听信了棉花大王佩斯·托马斯的建议，在棉花投机中失利。

1915 年，38 岁，在交易中获利 145 000 美元。

1916 年，39 岁，投机技巧日趋成熟，获利 3 000 000 美元。

1917 年，40 岁，杰西·利弗莫尔又在交易中获利 1 500 000 美元并还清 1914 年的欠债。他给整个家庭购买了 800 000 美元的信托养老基金。

1922 年，45 岁，接受埃德文·拉斐尔的访谈，后者以第一人称写出《股票大作手回忆录》（Reminiscences of a Stock Operator）一书，成为最经典的股市投资作品之一。

1924 年，47 岁，在小麦期货中获利 3 000 000 美元。

1929 年，52 岁，事业达到顶峰，在 1929 年股市大崩盘中获利 1 亿美元。

1934 年，56 岁，杰西·利弗莫尔再度破产，但是没有人知道是怎么回事。不过因为信托养老基金，他并没有陷入贫穷，他与妻子到欧洲旅游了20 个月。

1939 年，62 岁，杰西·利弗莫尔完成了自己唯一一部亲笔作品——《如何在股市中交易》（How To Trade In Stocks）。

1940 年 11 月 28 日，63 岁，杰西·利弗莫尔自杀。

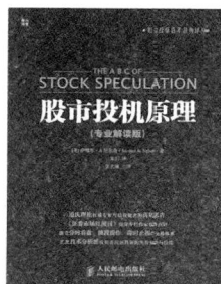

· 好 书 推 荐 ·

书名： 股票大作手操盘术

副书名： ——融合时间和价格的利弗莫尔准则

英文书名： How to Trade in Stocks

作者： ［美］杰西·利弗莫尔（Jesse Livermore）著　丁圣元　译

定价： 35.00 元

书号： 978-7-115-29236-0

大萧条时代传奇人物利弗莫尔的唯一亲笔作品

丁圣元十年倾力改版译作

现代技术分析思想的源头

你只需**关注**上升趋势、下降趋势、自然回升、自然回撤、次级回升、次级回撤

忽略其他一切微小的波动

按照利弗莫尔的操盘规则**亲手填制**数据表

依据数据表上**关键点**发出的信号买入和卖出

近一个世纪之前，利弗莫尔用这个方法收获了亿万美元

如今，**你依然可以做到**，甚至比利弗莫尔做得更好

编辑电话：010-81055647　　读者热线：010-81055656　010-81055657